国际法原理

GUOJIFA YUANLI

欧阳安 著

中国社会科学出版社

图书在版编目(CIP)数据

国际法原理/欧阳安著.—北京：中国社会科学出版社，2011.5
ISBN 978-7-5004-9381-5

Ⅰ.①国… Ⅱ.①欧… Ⅲ.①国际法—法的理论 Ⅳ.①D990

中国版本图书馆CIP数据核字(2010)第244960号

策划编辑 郭沂纹
特约编辑 段启增
责任校对 石春梅
封面设计 四色土图文设计工作室
技术编辑 张汉林

出版发行 中国社会科学出版社
社 址 北京鼓楼西大街甲158号 邮 编 100720
电 话 010—84029450(邮购)
网 址 http://www.csspw.cn
经 销 新华书店
印 刷 北京新魏印刷厂 装 订 广增装订厂
版 次 2011年5月第1版 印 次 2011年5月第1次印刷
开 本 787×1000 1/16
印 张 20 插 页 2
字 数 336千字
定 价 45.00元

《云南民族大学学术文库》总序

云南民族大学党委书记、教授、博导　甄朝党
云南民族大学校长、教授、博导　张英杰

云南民族大学是一所培养包括汉族在内的各民族高级专门人才的综合性大学，是云南省省属重点大学，是国家民委和云南省人民政府共建的全国重点民族院校。学校始建于1951年8月，受到毛泽东、周恩来、邓小平、江泽民、胡锦涛等几代党和国家领导人的亲切关怀而创立和不断发展，被党和国家特别是云南省委、省政府以及全省各族人民寄予厚望。几代民族大学师生不负重托，励精图治，经过近60年的建设尤其是最近几年的创新发展，云南民族大学已经成为我国重要的民族高层次人才培养基地、民族问题研究基地、民族文化传承基地和国家对外开放与交流的重要窗口，在国家高等教育体系中占有重要地位，并享有较高的国际声誉。

云南民族大学是一所学科门类较为齐全、办学层次较为丰富、办学形式多样、师资力量雄厚、学校规模较大、特色鲜明、优势突出的综合性大学。目前拥有1个联合培养博士点，50个一级、二级学科硕士学位点和专业硕士学位点，60个本科专业，涵盖哲学、经济学、法学、教育学、文学、历史学、理学、工学和管理学9大学科门类。学校1979年开始招收培养研究生，2003年被教育部批准与中国人民大学联合招收培养社会学博士研究生，2009年被确定为国家立项建设的新增博士学位授予单位。国家级、省部级特色专业、重点学科、重点实验室、研究基地，国家级和省部级科研项目立项数、获奖数等衡量高校办学质量和水平的重要指标持续增长。民族学、社会学、经济学、管理学、民族语言文化、民族药资源化学、东南亚南亚语言文化等特色学科实力显著增强，在国内外的影响力不断扩大。学校科学合理的人才培养体系和科学研究体系得到较好形成和健全完善，特色得以不断彰显，优势得以不断突出，影响力得以不断扩大，地位与水平得以不断提升，学校改革、建设、发展不断取得重大突破，学

科建设、师资队伍建设、校区建设、党的建设等工作不断取得标志性成就，通过人才培养、科学研究、服务社会、传承文明，为国家特别是西南边境民族地区发挥作用、做出贡献的力度越来越大。

云南民族大学高度重视科学研究，形成了深厚的学术积淀和优良的学术传统。长期以来，学校围绕经济社会发展和学科建设需要，大力开展科学研究，产出大量学术创新成果，提出一些原创性理论和观点，受到党和政府的肯定，以及学术界的好评。早在20世纪50年代，以著名民族学家马曜教授为代表的一批学者就从云南边疆民族地区实际出发，提出“直接过渡民族”理论，得到党和国家领导人刘少奇、周恩来、李维汉等的充分肯定并被采纳，直接转化为指导民族工作的方针政策，为顺利完成边疆民族地区社会主义改造、维护边疆民族地区团结稳定和持续发展发挥了重要作用，做出了突出贡献。汪宁生教授是我国解放后较早从事民族考古学研究并取得突出成就的专家，为民族考古学中国化做出重要贡献，他的研究成果被国内外学术界广泛引用。最近几年，我校专家主持完成的国家社会科学基金项目数量多，成果质量高，结项成果中有3项由全国哲学社会科学规划办公室刊发《成果要报》报送党和国家高层领导，发挥了咨政作用。主要由我校专家完成的国家民委《民族问题五种丛书》云南部分、云南民族文化史丛书等都是民族研究中的基本文献，为解决民族问题和深化学术研究提供了有力支持。此外，还有不少论著成为我国现代学术中具有代表性的成果。

改革开放30多年来，我国迅速崛起，成为国际影响力越来越大的国家。国家的崛起为高等教育发展创造了机遇，也对高等教育提出了更高的要求。2009年，胡锦涛总书记考察云南，提出要把云南建成我国面向西南开放的重要桥头堡的指导思想。云南省委、省政府作出把云南建成绿色经济强省、民族文化强省和我国面向西南开放重要桥头堡的战略部署。作为负有特殊责任和使命的高校，云南民族大学将根据国家和区域发展战略，进一步强化人才培养、科学研究、社会服务和文化传承的功能，围绕把学校建成“国内一流、国际知名的高水平民族大学”的战略目标，进一步加大学科建设力度，培育和建设一批国内省内领先的学科；进一步加强人才队伍建设，全面提高教师队伍整体水平；进一步深化教育教学改革，提高教育国际化水平和人才培养质量；进一步抓好科技创新，提高学术水平和学术地位，把云南民族大学建设成为立足云南、面向全国、辐射东南亚南亚的高水平民族大学，为我国经济社会发展特别是云南边疆民族地区经济社会发展做出更大贡献。

学科建设是高等学校龙头性、核心性、基础性的建设工程，科学研究是高等学校的基本职能与重要任务。为更好地促进学校科学研究工作、加强学科建设、推进学术创新，学校党委和行政决定编辑出版《云南民族大学学术文库》。

这套文库将体现科学研究为经济社会发展服务的特点。经济社会的需要是学术研究的动力，也是科研成果的价值得以实现的途径。当前，我国和我省处于快速发展时期，经济社会发展中有许多问题需要高校研究，提出解决思路和办法，供党和政府及社会各界参考和采择，为发展提供智力支持。我们必须增强科学研究的现实性、针对性，加强学术研究与经济社会发展的联系，才能充分发挥科学研究的社会作用，提高高校对经济社会发展的影响力和贡献度，并在这一过程中实现自己的价值，提升高校的学术地位和社会地位。云南民族大学过去有这方面的成功经验，我们相信，随着文库的陆续出版，学校致力于为边疆民族地区经济社会发展服务、促进民族团结进步、社会和谐稳定的优良传统将进一步得到弘扬，学校作为社会思想库与政府智库的作用将进一步得到巩固和增强。

这套文库将与我校学科建设紧密结合，体现学术积累和文化创造的特点，突出我校学科特色和优势，为进一步增强学科实力服务。我校 2009 年被确定为国家立项建设的新增博士学位授予单位，这是对我校办学实力和水平的肯定，也为学校发展提供了重要机遇，同时还对学校建设发展提出了更高要求。博士生教育是高校人才培养的最高层次，它要求有高水平的师资和高水平的科学研究能力和研究成果支持。学科建设是培养高层次人才的重要基础，我们将按照国家和云南省关于新增博士学位授予单位立项建设的要求，遵循“以学科建设为龙头，人才队伍建设为关键，以创新打造特色，以特色强化优势，以优势谋求发展”的思路，大力促进民族学、社会学、应用经济学、中国语言文学、公共管理学等博士授权与支撑学科的建设与发展，并将这些学科产出的优秀成果体现在这套学术文库中，并用这些重点与特色优势学科的建设发展更好地带动全校各类学科的建设与发展，努力使全校学科建设体现出战略规划、立体布局、突出重点、统筹兼顾、全面发展、产出成果的态势与格局，用高水平的学科促进高水平的大学建设。

这套文库将体现良好的学术品格和学术规范。科学研究的目的是探寻真理，创新知识，完善社会，促进人类进步。这就要求研究者必需有健全的主体精神和科学的研究方法。我们倡导实事求是的研究态度，文库作者要以为国家负责、为社会负责、为公众负责、为学术负责的高度责任感，严谨治学，追求真理，保证科研成果的精神品质。要谨守学术道德，加强学术自律，按照学术界公认的学术规范开展研究，撰写著作，提高学术质量，为学术研究的实质性进步做出不懈努力。只有这样，才能做出有思想深度、学术创见和社会影响的成果，也才能让科学研究真正发挥作用。

我们相信，在社会各界和专家学者们的关心支持及全校教学科研人员的共同努力下，《云南民族大学学术文库》一定能成为反映我校学科建设成果的重要平台和展示我校科学研究成果的精品库，一定能成为我校知识创新、文明创造、服务社会宝贵的精神财富。我们的文库建设肯定会存在一些问题或不足，恳请各位领导、各位专家和广大读者不吝批评指正，以帮助我们将文库编辑出版工作做得更好。

二〇〇九年国庆于春城昆明

目　　录

第一章　国际法导论

国际法是在国际关系中，通过国家间的惯例和协议形成的，以国家间关系为主要调整对象的，对国家具有法律约束力的行为规范的总称。

第一节　国际法的概念

一　国际法的名称

国际法的名称，并非与国际法规则同时产生。17 世纪以前，尽管存在一些国际法规范，却没有一个表述国际法的专用名称。

国际法最早在西方文献中出现时采用的是拉丁文“jus gentium”（万民法）一词。国际法之父格劳秀斯在其名著《战争与和平法》（1625）中也采用了万民法这个词。万民法是罗马法中的一个组成部分，与市民法（jus civil）相对称，市民法适用于罗马公民之间的关系，万民法则适用于罗马人与外国人，以及外国人相互之间的关系，所以，以现代人的眼光看，万民法不是今天意义上的国际法，而是国内法，18 世纪末（1780）、英国哲学家和法学家边沁第一次提出并且使用“国际法”（international law）这个名称。由于这个名称科学地反映这门法律的本质特征，为各国普遍接受并沿用至今。为了与国际私法相区别，人们又把国际法称为国际公法。

对中国而言，国际法是外来的，国际法的名称也是外来的。1864 年，国际法传到中国时，用的是“万国公法”这个名称，清末随着大量的日本政法名词输入中国，国际法也由日本传入中国，从其内涵来讲，中文国际法一词是比较恰当的，充分表明了国家之间的法律的意思。

二　国际法的性质

国际法从其诞生开始，就遭到不少人的质疑，这些人站在国内法的立场上，或者说用国内法的观点来看待国际法，在与国内法进行比较之后，他们对国际法的性质，也就是说，国际法是不是法律产生了怀疑，经过论证以后，他们断言国际法并不是真正实际有效的法律，从而完全否认了国际法的法律性质。这一派人中有一些赫赫有名的人物，如意大利的马基雅维利，英国的霍布斯，德国的黑格尔等。他们的主要理由是：

1. 主权是绝对的，也是最高的，所以主权国家之上不可能有一个更高的法律对它们发号施令。

2. 法是有上下位之分的，即由上位令下位强制遵守，不可能由同位者共同制定并共同遵守。

3. 强国违反国际法的事件时有发生，而国际社会对此却无法防止也无法制裁，所以，国际法不能被认为是一种法律，充其量也只能算是一种“国际道德”。

以上三种观点在过去较长时间内流行于国际社会，但是它们都存在着明显的缺陷，它们的共同之处在于，它们都过分强调了某一因素，而忽视了另一些因素，没有综合地看待国际法。

就第一种观点而言，的确，国家是有主权的，但主权有对内主权和对外主权之分，对内的主权是绝对的也是最高的，但对外主权却是平等的，一国保持主权以相互尊重他国主权为基础。假如国家之间不是平等的，也不相互尊重主权，那么国际社会就处于混乱状态，根本不可能保持国家主权。

第二种观点先入为主地认定法律就是类似国内法的行为规范，如果与国内法不同那就不是法律，这是人们习惯上用国内法的标准来衡量国际法，但国内法与国际法是两种不同性质的法，不能用国内法来说明国际法，同样也不能用国际法来说明国内法。

第三种观点更是错误的，实际上它是以违法现象来说明法律。因为法律的存在并不意味着违法现象的消失。如同国内法一样，法律禁止犯罪，但各国国内仍有各种各样的犯罪，你能据此否认国内法就不是法律了吗？实际上，在国际社会中，所有国家承认国际法的存在并愿意遵守它，至今也没有哪一个国家公开宣称过它不遵守国际法。即使有些国家违反了国际法，也总要找出国际法上的各种理由来为自己的行为辩解。日常生活中，99%以上的国家行为都是严格遵守国际法的，对于少数国家的违法行为，这些国家不仅应承担责任，而且要受到法律的制裁，这也是被许多事例所证明了的。所不同的是，国际法的强制实施是依靠国家本身或者国家集体的力量来实施的。

三　国际法的特征

与国内法相比，国际法是法律的一个特殊体系。说它特殊，是因为它与我们所说的传统意义上的法律——国内法截然不同。这些不同之处就体现在它的三个特征之上。

1. 国际法的主体主要是国家，说它是主要的，是因为除国家之外，还有类似国家的政治实体和国际组织。政治实体是缺乏国家构成的某一要素，例如领土，而国际组织是国家组成的，所以，基本上主要是指国家。而国内法的主体是自然人和法人，这是国际法与国内法的最本质区别。

2. 国际法的制定者是国家，国家通过协议来制定国际法的原则，规则、建立规章制度。而国内法的制定者是各国国内的立法机关。国际社会中没有任何超越国家之上的立法机关来制定国际法，所以，在制定方面，国际法与国内法不同，前者是分散的，后者是集中的；前者是法律主体自己制定的，后者是法律主体之上的立法机关制定的。

3. 在强制实施方面，国际法与国内法不同，在国内，法律是依靠一些有组织的强制机关——法院、警察、军队来强制实施的。而国际法的强制实施主要依靠国际法的主体——国家本身，依靠国家的本身的行动来强制实施的（需要说明的是，不能把联合国看做是国际法的执行机关）。

四　国际法与国内法的关系

这个问题是国际法的基本理论问题，也是一个颇有争议的问题。自 19 世纪以来，西方的国际法学者在这个问题上提出了三种主张。

1. 国内法优先说，这种学说主要流行于 19 世纪末的德国。他们认为，国际法从属于国内法，在国际社会中，只有国家意志是绝对的，无限的，国际法只有依靠国内法才有法律效力。依照此学说，每个国家都可以拥有从属于本国国内法的国际法，世界上并不存在一个公认的国际法，当国家利益与国际法发生冲突时，国际法就没有法律效力了。与当代国际关系的现实相比较，这种理论的缺陷是显而易见的。

2. 国际法优先说，此学说主要流行于 20 世纪初，其代表人物是英国的凯尔逊和美国的杰塞普，这派的观点认为，国际法与国内法是同一法律体系的两个部门，但在法律等级上，国内法从属于国际法，属于低级规范，一切国内法的规范都必须服从国际法规范，否则无效。“国际社会的意志高于一切”是这派人奉行的教条，这种理论的核心就在于否定国家主权，试图建立一个“世界政府”制定一部“世界法”，所以这种观点是不可取的。而且，从现实的情况来看，一个金字塔形有着上下级划分的“法律阶梯”在法理上难以构成，一个统一的国际社会意志在短期内难以形成。

3. 国际法与国内法平行说，认为两者是不同的法律体系，它们调整的对象、主体、渊源、效力、根据等方面都不同，两者各自独立互不隶属，处于对等而对立的地位。这派观点流行于欧洲大陆，其代表人物是奥本海，这种学说的缺陷在于：过分强调了两者之间的不同，而忽视了其相互间的联系，以致造成两者的对立。

正确的认识应该是，国际法和国内法是法律的两个体系，但由于国家是国内法的制定者，又同时参与了国际法的制定，所以两者之间有着密切的联系，互相渗透，互相补充。从原则上来说，国家不得制定出与公认的国际法原则规范相抵触的国内法，不能用国内立法来改变国际法规范。同时，国家不得援用国内法的规定来为自己不履行国际义务辩解。如果一个国家参加的公约或者与他国签订的条约与该国现行的国内法相冲突，各国一般在原则上视为并不矛盾，优先适用国际条约；否则，国家如果不尽国际义务，应当承担国际责任。

五　国际法的效力根据

国际法的效力根据是国际法的基本理论问题之一。如前所述，国际法主要是调整国家之间关系的有法律拘束力的原则、规则和制度的总体。但是，国际法为什么会对国家有拘束力？这种拘束力的来源或根据是什么？或者说，国家为什么要遵守国际法？对这些问题的不同回答，形成了不同的国际法学派。直到 20 世纪初，西方的主要学派有自然法学派、实在法学派和格劳秀斯派。第一次世界大战以后，又出现了社会连带学派、规范法学派，政策定向学说和权力政治学说等新的学派和观点。

（一）自然法学派（Naturalists）

自然法的学说在欧洲产生很早，盛行于 18 世纪，其影响遍及整个法律领域，而不仅限于国际法。自然法学派的主要论点是，法律本身就是自然法，或者说，在制定法、习惯法的上面或后面是自然法，实在法的效力来自自然法。自然法学派的学者认为，自然法是普遍的、绝对公正的、恒久不变的；自然法高于实在法；自然法可以由理性所发现，而不需要国家的同意。对于什么是自然，这一学派的学者认为，自然就是本性、理性、正义，是人的本性或者事物的本性，法律就是从这些本性中产生或推论出来的①。

在早期的国际法中，自然法学派曾经占优势地位。自然法学派否认任何以条约和习惯为基础的实在国际法，主张国际法是自然法的一部分。自然法学派早期的代表人物有西班牙的维多利亚（Victoria），后来有德国的萨默尔·普芬道夫（Samuel Pufendorf）。普芬道夫完全排斥实在法的概念，主张支配国家之间关系的只有自然法；条约的合法性和拘束力来自自然法；国际法是自然法的一部分，除此之外，没有什么基于普遍同意的实在国际法。

（二）实在法学派（Positivists）

实在法学派是与自然法学派在关于国际法效力根据的问题上相对立的一种学术派别。实在法学派强调人定法，而不是自然立法，把国际法主要地建立在习惯和条约的基础上。在17世纪时，这一学派的势力还不太大，但到18世纪则开始占据优势地位。这种趋势与自然科学的发展要求把国际法建立在事实和实践基础上的思想，以及由于国际交往的扩大，各种内容的条约数量剧增和条约日益受到重视的事实有很大关系。实在法学派认为国际条约和国际习惯是国际法的主要表现形式。条约是基于国家的共同同意，习惯被认为是基于国家的默示同意。这两者都是实在的（positive），由它们构成的国际法是由人所造的，是国家同意的，所以，国际法效力的根据是体现于习惯或条约的国家的共同同意。“在国际社会的存在中了解国际法的根据是符合现实的。国际社会各成员的共同同意认为应该有一组法律规则—国际法—以支配它们作为该社会成员的行为。在这个意义上，‘共同同意’可以说是国际法作为法律体系的根据。”②

实在法学派早期的代表人物有宾刻舒克（Bynkershoek）等人。至19

① 邵津主编：《国际法》，北京大学出版社、高等教育出版社2000年版，第19页。

② ［英］詹宁斯、瓦茨修订，王铁崖等译：《奥本海国际法》（第9版），第1卷第1分册，第8页。

世纪末，这一学派的学说终于取得压倒性优势。第一次世界大战以前，西方有名的国际法学家大都属于实在法学派，其代表人物有英国的奥本海（Oppenheim）、霍尔（Hall），德国的李斯特（Liszt），瑞士的里维尔（Rivier）等。

（三）格劳秀斯派（Grotians）

格劳秀斯派，亦称折中法学派，是指根据格劳秀斯关于以国际法效力为根据的思想形成的学术派别。格劳秀斯一向被誉为欧洲近代国际法的奠基人，在他于1625年出版的国际法名著《战争与和平法》中，格劳秀斯把国际法分为两类：一类是“万国法”，即习惯国际法。万国法属于意志法，它“见之于被信守的习惯和那些精于此道的人们的阐述”；“万国法从所有国家的意志得到它的拘束力”；另一类是关于国家之间关系的自然法，他称之为自然国际法，后者的根源在于人类理性。显然，格劳秀斯认为，国际法效力的根据一部分来自各个国家的意志，另一部分来自人类理性，是谓“折中法学派”。

除格劳秀斯本人之外，这一学派的代表人物还有德国的沃尔夫（Wolff）、瑞士的瓦特尔（Vattel）等人。

（四）社会连带学派（Doctrine of Social Solidarities）

社会连带学派是20世纪出现的一个新的学术流派，其创始人为法国学者狄骥（Duguit）。狄骥认为，人们在一个社会中生活会产生连带关系，人们必须通过这种连带关系相互合作，以满足共同需求。法律不是国家创造的，而是根据社会连带的事实而产生的。这种社会连带关系不仅是国内法效力的根据，也是国际法效力的根据。

狄骥的社会连带思想得到了当时的国际法学家波利蒂斯（Politis）的支持。波利蒂斯在其著作中指出，法律既不是出自什么命令，也不是什么意志的表现，它纯然是一种社会的产物，只是有的社会统治者把它制定成法律或条约的形式。在这种观念上，国际法只有单一的根源，那就是“各民族的法律良知”，它给予各民族由其连带关系所产生的经济的、道德的规则约束性。惯例和条约已不像一向所相信的那样是国际法的根源，而只是确认它的两种方式，并且它们也不是仅有的方式：除了惯例和条约，国际法的存在还可以依其他方式加以证明。

（五）规范法学派（Normative School）

规范法学派是以20世纪著名法学家汉斯·凯尔逊（Hans Kelsen）和

菲德罗斯（Verdross）为代表的一个法学派别。与社会连带学说一样，规范法学派反对国家主权思想，否认国家意志创造法律的观点，主张一切法律规则的效力都出自上一级法律。该学派认为，全部法律，无论是国内法还是国际法，都属于一个体系。在这个体系中，法律规范分成不同的等级，每一级规范都是上级规范所创造，其效力的根据亦来源于上级规范。在整个法律体系中，最上级的是国际法规范。国际法的效力来源于一个“最高规范”，或称“原始规范”，那就是“条约必须遵守”。至于这个“最高规范”或“原始规范”的效力根据是什么，规范法学派的学者认为，它本身既是法律规范，又是伦理规范，其效力根据是人类的“正义感”或“法律良知”。由于这种学说完全抽掉了法律的社会内容，把法律变成一种与社会现实无关的“纯粹法律规范”，因此不可能找到国际法效力的真正根据。

（六）政策定向学说（Policy - oriented Theory）

政策定向学说的代表人物是现代美国学者麦克杜格尔（McDougal）。他认为，政策是政治的根本，决策是权力的核心。国际法是一种决策的过程，是国家对外政策的体现。国际法的效力最终取决于制定国家对外政策的机构及个人的心态和决定。应该承认，国际法与国家的对外政策具有密切的关系，但是，如果把国际法与国家的对外政策混为一谈，把国际法效力的根据归结于制定国家对外政策的机构及人员的心态和决定，国际法就很难存在了。

（七）权力政治学说（Theory of Power Politics）

与政策定向学说一样，权力政治学说也是第二次世界大战后在美国兴起的与研究国际法的效力根据有关的一种学术主张，其代表人物是美国著名国际法学家施瓦曾伯格（Georg Schwarzenberger）。权力政治学说认为，国际法是由国际政治所支配的，而国际政治的核心是国家权力。应该从国际政治中寻找国际法效力的根据。总的来说，国际政治中的势力均衡，即国家权力的均衡，是国际法存在的基础及其效力的根据。这种学说的本质是使国际法依附于国际政治和国家权力，使国际法成为强权政治的工具。

（八）中国学者的观点

对于国际法效力根据的问题，中国学者也进行了深入的研究，其中，周鲠生教授和王铁崖教授所提出的观点最具有代表性，其他有关的论述尽管可能措辞不同，但基本上无出其右者。

周鲠生教授认为，国际法是国家之间公认的国际关系上的行为规范，体现了各国统治阶级的意志。但这种各国统治阶级的意志不可能是所谓各国的共同意志，而只能是各国统治阶级协调的意志。因此，可以说，各国统治阶级的协调意志就是国际法效力的根据。而在公认国际法规范上表现各国的协调意志的不外乎两种方式：一是通过惯例；二是通过条约①。

王铁崖教授则指出："关于国际法效力的根据，虽然有各种各样的理论，然而，最重要的一点是国际法主要是国家之间的法律，国家受国际法的拘束，同时又是国际法的制定者。因此，国际法效力的根据应在于国家本身，即在于国家的意志。当然，国际法效力的根据在于所谓国家的意志，并不是指个别国家的意志，也不能说各国之间有'共同意志'而所指的是各国的意志之间的协议。条约之所以对国家有拘束的效力，是因为条约是国家之间的协议；国际习惯的拘束效力在于它既是各国的重复类似的行为，而且是被各国所认为具有法律拘束力；即使是作为国际法渊源的一般法律原则也是'文明各国所承认者'（《国际法院规约》第 38 条第 1 项）。事实证明，即使是不同社会经济制度的国家之间，也是可以达成协议而受拘束的。因此，各国之间的协议，或者说各国意志之间的协议，构成了国际法效力的根据。""在法律上，国际法效力的根据是国家意志的协议，而在法律之外，国家意志的协议是受国家之间来往关系的需要所支配的。"②

六　国际法的历史发展

国际法是近代欧洲文明的产物，尽管在古希腊、古罗马时期就有一些国际法的萌芽，如互派使节，订立条约，建立同盟等。但一直到文艺复兴时期，欧洲法学家开始思考国家的演变和国家的行为方式时，国际法才真正开始建立起来，其中荷兰法学家格劳秀斯就是其中最著名者之一。他于 1625 年出版了有史以来的第一本国际法著作《战争与和平法》，由于他的这本著作，他被后人称为"国际法之父"。可见，国际法的出现是近三百多年来的事，与国内法的许多部门相比，它是相当年轻的。

中国古代也有一些国际法的萌芽，如两国交兵，不斩来使；优待俘

---

① 参见周鲠生《国际法》上册，商务印书馆 1981 年版，第 11 页。

② 王铁崖主编：《国际法》，法律出版社 1995 年版，第 9 页。

虏；谴责非正义战争，等等。但在整个封建社会时期，中国是中央大国，统治思想是“普天之下，莫非王土；率土之滨，莫非王臣”。周围的国家都成了中国的附属国家，向中国进贡，受中国的册封和保护，它们与中国处于不平等的地位上，在这种情况下，根本不可能有国际法的发展，国际法在长达两千多年的中国封建社会中被淹没了。在总结中国历史时，新中国成立前的学者陈顾言说，秦以前，有际而非国（诸侯之间的往来，不存在近代意义上的国家）。秦以后，有国而无际。这真是比较精辟地一语道破了中国历史上的国际关系发展状况。

国际法第一次传到中国是在 1864 年，当时的美国传教士丁韪良（William. M. P. Matin）将美国著名的国际法学家亨利·惠顿的《国际法原理》一书译成汉语，以《万国公法》的书名出版，这书共印了 300 本，分送给朝廷的各位大臣以及各地方的总督和巡抚等官吏，这是中国人第一次接触到国际法。读了以后确实耳目一新，但是它管用吗？当时的中国人对它抱有疑虑，恰好在此时，发生了“普丹大沽口船舶事件”，1864 年 4 月，新任普鲁士驻华公使李福斯乘坐“羚羊号”军舰来华就任，在天津大沽口海面上发现三艘丹麦商船（当时处于普丹战争期间），就顺手牵羊地把这三艘船捕获，拴在自己的船后作为战利品，驶进天津港。丹麦驻华公使唆使清王朝向普鲁士提出“抗议”。清朝官员读过《万国公法》后正想试一试它的作用，便致函普鲁士公使，指出，根据国际法（这是中国有史以来第一次）大沽口属于中国领水，在中国领水内捕获第三国船只属于违法行为，如果不释放这三艘船，清政府将不承认和接待这位普鲁士公使。在这种情况下，普鲁士公使只得释放了这三艘船，并赔偿了丹麦商人的损失 1500 元。这是清政府从鸦片战争以来，第一次外交胜利。这件事极大地鼓舞了中国人学习国际法的热情，有一些人甚至提出在中国普及国际法知识，短短几年内，40 多部国际法著作在中国翻译出版，形成了中国近代史上的一个亮点。可惜的是，国际法并没有拯救清王朝。

不过，用今天的眼光客观地看待这件事，可以说，这本书的出版，是中国历史上的非常重大的事件，直接影响了中国的历史进程，因为这是第一本传到中国的西方法律著作，这本书系统地介绍了西方法律制度的框架体系，结构内容，制度原则，思想观念以及政治概念和术语，开创了西方现代法律制度移植中国的序幕，标志着传统的中国两千多年的封建法制在现代法律制度面前突然崩溃了。

《万国公法》一书，不仅仅给中国人带来了国际法知识，更重要的是给中国人带来了一种完全崭新的思维观念，所以说它影响了中国的历史进程。这些全新的观念主要有：

1. 中国只是世界之一部分的观念。在此之前，中国就是世界，中国周边只有胡、蛮、夷、戎等未开化的附属国家，通过本书，丁韪良告诉中国人，任何一个国家，都不是世界的中心，它只能是世界的一个组成部分。他迫使中国面对现实，改变原有的以“华夷”为基础的传统世界观，进而放眼世界，励精图治，争取中国在国际社会中占有一席之地。

2. 民主共和的观念。丁韪良在本书中除了君主制外，还着重介绍了民主、共和制度。还特别指出，民主就是“由民主之”、共和就是没有君王的民主之国，这对于习惯了“君君、臣臣”，对着皇帝山呼万岁的普通中国人来说，确有一些新鲜感。这种观念后来导致了辛亥革命成功，从此建立了共和制中国。

3. 法治的观念。法治是西方的一个文化传统，法律就是人民意志的体现。强调的是每一个国民包括君主都必须遵守法律，在法律规定的限度内进行活动，而不同于中国古代倡导的“仁、义、道”观念。这对于习惯了“朕即法律”的中国人说来，又是一种全新知识和观念。

4. 三权分立的观念。三权分立对当时的西方人来说，已是习以为常的事情，但对于一直生活在封建大一统国度内，立法权、行政权、司法权都归皇帝行使，而且基层行政权和司法权不分的中国人来说，则是一件非常新鲜的事。通过本书，中国人了解了三权分立，并导致了孙中山建立民国后，创建了“五权分立”的国体。

除此之外，丁韪良的贡献还在于，给现代汉语增加了许多政治法律的专用名词。例如，权利、义务，人民、政治、责任、选举，司法，自治，国会，管辖、利益、赔偿、争端，等等。这些词我们今天仍在使用。丁韪良在有些词的选择上可谓颇具匠心和用心良苦。比如，Court 一词，本义是指中世纪日耳曼人的民众大会，按原义译的话应该是“集会”或“委员会”，日本人把它译作“裁判所”，而丁韪良选择了一个全新的汉字“法院”取它的“寻求公平汇集法律的场所”的意思，这个词比较符合中国人的逻辑思维，所以沿用至今。体现丁韪良翻译功力的还有“主权”sovereignty，“领事”consul（在此之前的1843年中英《虎门条约》中称为“管事”）等词。日语后来也引用了这两个词。

但丁韪良也有不成功的翻译用语，例如：“总统”译为“首领”，“法官”译为“法师”，“参议院”译为“上房”，“众议院”译为“下房”这些词就没有流传下来。

国际法发展到了今天，可以说它调整着国际关系中错综复杂的一切事务，上至太空，下至海底，无一不受国际法的支配，甚至可以这样说，现代国际法是世界和平得以相对维持下来的一个主要原因之一。

第二节　国际法的渊源

国际法的渊源是指国际法作为有效的法律规范所形成的方式或程序。因此，国际条约和国际习惯是国际法的主要渊源。

一　国际条约

条约（treaty）作为国际法的渊源是指一般性的多边条约（多边条约和国际公约），即以多数国家参加的，以宣告或修改国际法规范或制定新的规范，或创立某些新的国际制度为目的和内容的多边或国际公约。国防法上称为“造法性条约”（Law－making treaties）如“联合国宪章”、“海洋法公约”等。“契约性条约”即规定双方权利、义务的条约，不属于国际法渊源。

二　国际习惯

国际习惯（Custom）是指各国重复类似的行为而具有法律拘束力的结果。各国的长期实践和这种实践被接受为法律是造成国际习惯的两个不可分割的因素。国际习惯实际上是最古老最原始的渊源，在条约出现之前，历史上就有了国际习惯，但由于国际习惯是“不成文”的，不便于查寻，所以目前国际习惯有被条约取代的趋势。

三　关于国际法渊源的其他主张

国际条约和国际习惯是国际法的渊源基本上属于定论，但除此之外，国际法还有没有其他渊源，则存在着争论，综合起来看，这些有争议的渊源主要有以下五个。

1. 各国政府所发表的关于国际事务的文件。

2. 国际法院和国际仲裁法院的判决和裁决。

3. 国内立法和国内法院的判决。

4. 国际组织的重要决议。

5. 权威公法学家的学说。

以上这五项对国际关系的调节都起着一定的作用。但作为国际法的渊源，未免失之过宽，不够严谨。一般来说，不能单独或直接地构成国际法渊源，但其中的司法判例和权威公法学的学说，被《国际法院规约》第38条列为“确定法律原则的辅助资料”。我认为这是较为切实可行的。

第三节　国际法的主体

一　国际法主体的概念

国际法主体（Subject of international Law），是指在国际法律关系中独立享受权利和承担义务的国际社会成员。作为国际法主体，必须具备以下三个条件。

1. 具有独立参加国际关系的资格。国际法是调整国与国之间关系的法律，作为这种法律的主体，必须具有独立参与这种关系的资格，而且参与国际关系必须是完全自主的，不受其他主体制约或限制的。如果没有这种资格，就不具备成为国际法主体的前提条件，不能以国际法主体身份参与国际事务。例如，一个国家的地方政府，由于没有独立参与国际关系的资格，所以，不能成为国际法的主体。除非经中央政府授权，它才能参与国际关系。

2. 具有直接承受国际法上权利和义务的能力。也就是说，具有以自己的名义参与国际关系并直接承受权利和义务，而不需要通过或借助其他主体来实现。实现的权利包括：缔结条约、派遣使节、参加国际组织、提出求偿等。履行的义务包括：遵守国际法规则、尊重别国主权、履行条约的规定等。

3. 是参与国际法律关系的国际社会成员。国际法的主体必须是国际社会的成员，这是成为国际法主体的形式条件。所谓国际社会成员是指国际关系中的平等参与者。其可以是国家、政府间国际组织，也可以是民族解放组织，但不可能是个人以及法人。因为个人、法人不是国际关系的平等参与者。

二　国家是国际法的基本主体

所谓基本主体是指国家在国际法律关系中的地位和作用而言的，并非严格的法律概念。

国家成为基本主体的理由有三个：

1. 国与国之间的关系是最基本的关系。自从国际法诞生以来，它所调整的对象就是国与国之间的关系，19 世纪下半叶后，国际组织的出现，使得国家与国际组织的关系成为国际关系的一部分，但并未动摇国家在国际关系中的中心地位，因为国际组织是由国家组成的。其权利能力和行为能力是成员国通过协议授权的，其活动不能超出成员国的授权范围，而且这种关系的本身就包含有国家关系的因素。所以，无论今后国际关系如何演变和发展，都离不开国家的参与。这就决定了国际法的调整对象主要是国家之间的关系。

2. 国际法主要是国家之间的法律。从国际法的渊源来看，国际条约和国际习惯都是国家之间的协议；从效力根据上看，国际法是国家意志的体现；从内容上看，国际法是由国家的权利和义务关系所组成的法律体系。总的来说，国际法的大部分规则是规范和指导国家行为的规则构成的，所以，国际法主要是国家之间的法律。

3. 国家具有完全的权利能力和行为能力。国家拥有主权，不受其他主体的管辖和制约，能够与其他主体进行各种形式的交往，具有全面的交往能力，从法律角度看，国家不仅具有完全承受国际法上权利和义务的资格，而且具有以自己的行为全部行使上述权利和义务的能力，从而决定了国家是国际法的基本主体。

三　国际组织是国际法的派生主体

国际组织种类繁多，但作为国际法的主体，必须是政府间国际组织，政府间国际组织是指若干国家或其政府通过缔结国际条约而建立的常设机构。

在目前，国际组织的活动已经深入到人类生活的诸多方面，对当代国际关系及国际法产生深刻的影响，在国际事务中起到国家无法替代的重要作用。它们已成为今日国际生活不可或缺的一部分，其国际人格得到了国际社会的公认，所以，国际组织已成为国际法的重要主体。

但是，国际组织作为国际法主体，与国家相比，是有局限性的。首先，国际组织是否具有国际人格，要看其组织章程是否赋予它这种资格。其次，国际组织的主体资格并非本身具有的，而是来源于各成员国国家主权，是成员国主权派生的结果，国际组织的主体资格取决于并依据于主权国家的授权。而国家的主体资格是原生的，所以说，国际组织是一个派生的主体。

四　民族解放组织是国际法的过渡性主体

20 世纪初，国际社会提出了争取独立的民族解放组织的法律地位问题，因为，根据国际法上的民族自决权，未获得独立的殖民地，附属国土地上的民族拥有建立自己的独立国家，参与国际事务的权利。这种权利可以因为政治和历史的原因受到外部势力的压制甚至剥夺，但并不会因此而丧失。一旦它们起来为建立自己的国家而斗争，并建立起对内、对外能够代表该民族的政治组织与权力机构时，它们就取得了承受一定权利和义务关系的国际主体资格。例如，第一次世界大战后期的捷克斯洛伐克和波兰民族委员会曾因此得到英、法等国家的承认，并直接参加了巴黎和会；第二次世界大战后的巴勒斯坦解放组织，也得了国际社会的承认，目前它与100 多个国家建立了外交关系，向 80 多个国家和国际组织派遣了外交代表。

但是，民族解放组织并不是一个完全的主体，它尚未建立起自己的独立国家，也未能在全国范围内实行有效统治，所行使的管辖权范围受到一定限制，也不可能履行所有的国际义务。这些特征反映了民族解放组织具有某些国家的特征，但又不完全是一个主权国家特点。随着民族独立的目标的实现，它必将转变成为一个国家，但在正式成为新国家之前，民族解放组织只是一个过渡性的主体。

五　个人、法人不是国际法的主体

自然人和法人是国内法的主体，因此，他们总是处在其所属国家的主权管辖之下，而不能独立参与国际法律关系。

但是，目前在西方法学界，流行着个人是国际法主体的观点，他们的主要论据是，国家的行为总是通过具体的个人表现出来的，所以，国际法所调整的国家行为，实际上是以国家机关的代表身份活动的个人的行为。

国家的权利和义务总是通过个人来体现的，国家所享受的权利和承担的义务最终总是要落实到个人身上的，他们还列举出一些例子来支持他们的观点，这些例证主要有：外交代表受到保护并享有特权，对从事海盗、战争犯罪行为的个人追究国际责任，以及人权的国际保护等。

这种错误观点的实质在于，他们把国家行为与个人行为，国家权利和义务与个人权利和义务混为一谈。实际上，外交代表虽然享有特权和豁免，但这些特权本质上是赋予国家的。外交代表是因为其具有代表国家的身份才享有特权的，一旦不代表国家，就不能享有这些特权，国际法对犯有战争罪的个人追究刑事责任，只表明个人可以作为国际法的惩治对象，并不证明他可以作为主体，而且罪犯所属国还负有对此不得进行保护和干涉的义务。至于人权的国际保护是国际法以及国际条约对国家所施加的义务，个人不过是其中的受益者而已，根本不可能通过受益而成为主体。基于以上理由，个人、法人不能成为国际法的主体。

第四节　国际法的基本原则

一　国际法基本原则的概念和特征

国际法基本原则是指被各国公认的、具有普遍意义的、适用于国际法的一切效力范围的、构成国际法基础的法律原则。根据这个概念，作为国际法的基本原则，一般应当具备下列特征：

1. 各国公认

即得到国际社会的普遍接受，因为国际法是国家之间的法律，一国不能创造国际法，一项原则只有得到各国的公认，并反复出现在各国缔结的条约中，才能成为国际法基本原则。

2. 具有普遍意义

即这类原则适用范围应当包括国际法的全部领域。因为国际法的基本原则不能仅仅是国际法个别领域中的具体原则和局部性原则。它必须是适用于国际法一切效力范围的，关系到国际关系全局性的原则。例如，“公海自由”是海洋法中的一项原则，但它并不涉及国际法的其他领域，也不影响全局，所以，不能成为国际法的基本原则。

3. 构成国际法的基础

它是指国际法的基本原则是国际法存在的基础，如果破坏和违反了国际法基本原则就动摇了整个国际法的基础。例如，如果破坏和违反了国家主权原则，国际法便失去了存在的前提和基础。但如果仅仅是违反和破坏了“公海自由”原则还不足以影响国际法的存在。

4. 具有强行法的性质

强行法（jus cogens）是指在国际社会中公认的必须绝对执行和严格遵守的，不得任意选择、违反或者更改的法律规范。强行法是任意法的对应，一般表现为禁止性或命令性规范，而任意法则表现为选择性规范。至于国际法中哪些规范属于强行法，则众说纷纭，但是在国际法基本原则具有强行法性质这一点上，各国学者没有多少异议。

二 国际法基本原则体系

国际法基本原则是在国际关系中发展和形成的，不同的历史时期，就有不同的基本原则，例如，资产阶级革命时期就提出过人民主权，国家平等，不干涉内政等一些民主原则。

现代国际法基本原则是在第二次世界大战结束后由联合国通过的重要决议和宣言中所产生的。这些国际文件系统地规定并且确立了现代国际法的基本原则。这些重要的文件主要有：

1. 《联合国宪章》（1945）在第二条中规定了7项原则：（1）会员国主权平等；（2）真诚履行宪章义务；（3）和平解决国际争端；（4）不得使用武力和武力威胁；（5）会员国的合法行动应互相协助；（6）在维持和平与安全的范围内保证非会员国遵守上述原则；（7）不干涉别国国内管辖事项。

2. 1970年联大通过的《国际法原则宣言》也规定了7项原则：（1）领土完整、政治独立与不使用武力或武力威胁；（2）和平解决国际争端；（3）不干涉别国国内管辖事项；（4）各国彼此合作；（5）各民族享有平等权和自决权；（6）各国主权平等；（7）诚意履行宪章义务。

3. 1974年联大通过了《各国经济权利和义务宪章》，其中又规定了15项原则：（1）各国主权、领土完整和政治独立；（2）所有国家主权平等；（3）互不侵犯；（4）互不干涉；（5）公平互利；（6）和平共处；（7）各民族平等权利和自决；（8）和平解决国际争端；（9）对于以武力造成的，使得一个国家失去其正常发展的机遇和形势，应给予补救；（10）真诚履行国际义务；（11）尊重人权和基本自由；（12）不谋求霸权和势力范围；

（13）促进国际社会正义；（14）国际合作以谋发展；（15）内陆国家在上述原则范围内享有进出海洋的自由。

我国学者认为，根据上述国际法文件所确认的国际法原则，如果加以综合，归纳，排除其重叠和交叉部分，国际法基本原则应当是和平共处五项原则和民族自决原则。

三　和平共处五项原则

和平共处五项原则就是：相互尊重主权和领土完整，互不侵犯，互不干涉内政，平等互利，和平共处。这五项原则是由中国、印度、缅甸三国于1954年首先倡导的，经过近50多年的实践，五项原则得到世界上大多数国家的承认，成为当代国际法的基本原则，在国际法基本原则体系中占有重要地位。

为什么说五项原则是国际法的基本原则，这是因为：

1. 五项原则与《联合国宪章》的宗旨是一致的，它适用于一切国家之间的关系，而不问其社会制度如何。

2. 五项原则针对当前国际关系的特点，高度概括了现代国际法的一般原则，它既密切联系实际，文字又简明扼要。无论是《联合国宪章》的7项原则、《国际法原则宣言》的7项原则，还是《各国经济权利和义务宪章》的15项原则，其核心部分仍是和平共处五项原则。离开了五项原则，国际法基本原则就失去了核心，整个国际法就失去了最具有普遍意义的法律准则。

3. 五项原则反映了发展中国家建立新的国际经济秩序的合理要求，并且为这个合理要求奠定了基础。因为，要建立新的国际经济秩序，首先要求国家之间建立和平合作的正常关系，而要发展经济合作，就必须坚持平等互利的原则，只有在平等的基础上才能真正做到互利，也只有在互利的条件下才能真正做到合作。所以，建立新的国际经济秩序，离不开五项原则，五项原则又是建立国际经济新秩序的指导原则和必要条件。

4. 五项原则是对国际法基本原则的新发展。这种新发展表现在，根据现在的国际形势的发展要求，第一次作为一个不可分割的整体，一个指导当代国际关系的原则体系提到全世界面前，而且赋予它新的时代含义。五项原则言简意赅、逻辑严谨，是一个有机的整体。第一项是根本，其他四项既是引申，又是保证，它们相互联系，互为补充，浑然一体，密不可分。整个五项原则又构成和平共处的必要条件和基本前提。

四 国际法基本原则的内容

1. 尊重主权和领土完整原则

该项原则包含两方面的内容，即相互尊重主权，相互尊重领土完整。这是两个互相联系，又不尽相同的概念。因为只有国家主权存在，才能保证领土完整。同时，领土完整又构成国家主权的重要组成部分，但国家主权的概念比领土完整的概念更广泛。

主权（sovereignty），又称国家主权，是国家在国际法上所固有的独立处理对内对外事务的权力。主权是国家固有的，并非国际法赋予的。国际法只是对这一权利予以确认和保护。

主权作为国家的权利，主要表现在三个方面：对内的最高权、对外的独立权和防止侵略的自卫权。所谓对内最高权是指国家在国内行使的最高统治权，国内的一切机关和个人都必须服从国家的管辖。所谓对外独立权是指国家有权按照自己的意志，自由选择自己的社会制度、国家形式，制定自己的法律，决定国家的对内对外政策等。这是主权的自主性和排他性。所谓自卫权，是指国家可以进行各种国防建设，以防止外来侵略和他国的武力攻击，在遭受外来侵略和武力攻击时，国家有进行单独或集体自卫的权利。

主权的概念最早出现于国内法中，中世纪的君主为了对抗各地分封的诸侯，提出了主权的概念，强调一个国家只有一个绝对的权力，这个权力就是君主拥有的主权。其他诸侯不管你的势力多么强大，也只能服从君主主权。可以说，主权的观念在铲除封建残余，建立以君主为代表的中央集权制起到了积极的作用。随着资产阶级登上历史舞台，主权的观念也随之发生改变，卢梭首先提出，君主主权应当改变为人民主权，他说：“主权就是公共意志的运用”这种学说为建立资本主义国家奠定了理论基础。

2. 互不侵犯原则

互不侵犯原则是指各国在其相互关系中不得以任何借口进行侵略，不得以违反国际法的任何方法，使用武力或武力威胁，侵犯另一国的主权和领土完整，不得以战争作为解决国际争端的手段。

3. 互不干涉内政原则

互不干涉内政是指国家在相互交往中不得以任何理由或形式，直接或间接地干涉他国主权管辖范围内本质上属于内政的一切事务。但是，国际法没有给“内政”一词作出过明确的解释。一般说来，本质上属于国家主权管辖的事项都是国家内政，包括政治制度，经济体制，政权组织形式和对外政策等。

4. 平等互利原则

平等互利包括平等和互利两项内容。所谓平等是指国家不分大小强弱，人口多少，政治和经济制度如何，都具有平等的地位。所谓互利是指各国在其相互关系中，不能谋取片面的利益，更不能损害别国的利益，而是应当对双方都有利。

平等互利原则不仅对国家政治关系有重要意义，而且对国际经济关系也具有极其重要的意义，所以平等互利原则也是国际经济领域的一项基本原则。

5. 和平共处原则

和平共处是指各国在其相互关系上，应当彼此尊重对方的政治经济制度，不得以任何方式改变或企图改变对方的政治经济制度，而是根据国际法的要求，进行合作，发展友好关系，和睦相处。

和平共处作为一种思想和政策，最初是由列宁于1915年提出的，本义是指当社会主义国家在一国或数国取得胜利后，社会主义国家与资本主义国家应当和平共处的一种局面。现在作为国际法基本原则后，是对前四项基本原则的最佳归纳。

6. 民族自决原则

民族自决原则是指处于外国奴役和殖民统治下的被压迫民族自由决定自己命运，摆脱殖民统治，建立民族独立国家，维护国家的独立，主权和领土完整，选择决定其政治、经济制度和发展道路的权利。

民族自决原则虽然诞生于1798年法国资产阶级革命时期，但当时只是一项政治原则，并不具有国际法的法律意义。20世纪50年代以后，该原则才得到普遍的承认和迅速的发展，并且作为第二次世界大战后亚、非、拉国家摆脱殖民统治的基本原则和行动纲领，在推动20世纪50、60年代的非殖民化运动中，起到了不可磨灭的巨大作用。因此，民族自决原则列为国际法的基本原则之一，也是必然的。

但是，在理解该原则时应当特别注意，国际法上的民族（nation）与国内民族学上的民族（nationality）不同，我国的学者往往引用斯大林的定义："民族是人们在历史上形成的一个有共同语言，共同地域，共同经济生活以及表现在共同文化上的共同心理素质的稳定的共同体。"（斯大林：《马克思主义与民族问题》）该定义仅仅是指国内的民族。国际法上的民族是指组成国家的民族，可以称为"国族"。例如"中华民族"、"美利坚民族"、"日本民族"等，而国内民族仅仅是"国族"的一个组成部分，在范围和概念上远远小于国际法上的民族。这种划分的目的在于，要警惕和防止利用民族自决原则，煽动，制造民族分裂，破坏国家统一的行为，任何制造民族分裂，破坏国家统一的行为，都是严重违反国际法的行为。

【案例研究】

1947年6月26日联合国总部协定第21条仲裁义务的适用问题

【案情简介】

1974年11月22日，联合国大会通过3237（XXIX）号决议，邀请巴勒斯坦解放组织以观察员的身份参加联合国大会的会议和工作。该年，巴勒斯坦解放组织在纽约联合国总部区外设立了办事处。1987年5月，美国参议院提出一项法案，其中第3条规定该法生效后下述情况为非法：尽管其他法律条文有相反的规定，在美国管辖范围内，巴勒斯坦解放组织的命令、指示或用该组织提供的资金建立和维持办事处、总部、馆舍或其他设施、机构。1987年10月13日，在巴勒斯坦解放组织提请联合国与东道国关系委员会注意此事后，联合国秘书长在致美国驻联合国常驻代表的信中强调，该立法违反总部协定的义务。

1988年3月2日，联合国大会通过两项决议。在第一项决议（42/229A）中，联大确认巴勒斯坦解放组织为执行观察员使命，应能够建立和保持馆舍和足够的设施。以不符合该项决议确认的方式实施反恐怖主义法将违反美国依总部协定应履行的国际法律义务。该协定第21条规定的解决争端的程序应开始实施。在第二项决议（42/229B）中，联合国大会请求国际法院就美国作为联合国和美国签订的总部协定的当事方是否有义务依该协定第21条的规定同意进行仲裁的问题发表咨询意见。

【咨询意见】

为此国际法院组织法庭，作出咨询意见。

法院认为争端是对一个法律观点的意见分歧，或是法律观点或利益的冲突，争端的存在是客观确定的问题，不取决于争端当事方的肯定或否定。法院认为被谴责违反条约的一方不提出任何论据来证明它的行为在国际法上是正确的，这一事实还不能防止当事国的相反态度会产生有关该条约的解释或适用的争端。美国在 1988 年 1 月的磋商期间说，它还没有得出在美国和联合国之间存在争端的结论，因为有关的立法还未实施，所以仲裁时机还不成熟：美国在国内法院提起有关执行反恐怖主义法的诉讼后，美国以书面声明通知法院，它认为仲裁不合适或不适时。法院认为不能允许考虑什么对优于第 21 条产生的义务会是合适的。况且实施仲裁程序的目的完全是为了解决联合国和东道国的争端而不用先求助于国内法院。法院也不能接受在国内法院作出判决前不采取关闭代表处的允诺防止了争端产生的论点。

法院得出结论，美国有义务遵守用仲裁解决争端的义务。法院认为回顾国际法优于国内法这一长期为司法判决所支持的国际法的基本原则即足矣。为此，法院一致作出如下意见：美国作为 1947 年 6 月 26 日联合国和美国缔结的关于联合国总部协定的一当事方，有义务依该协定第 21 条的规定，为解决其与联合国之间的争端进行仲裁。

【评析】

本案主要涉及国内法与国际法关系问题，规定抵制国际义务，否则应承担国际责任。

本案的争端发生在一个国家与国际组织之间，主要问题是美国国内反恐怖主义法的实施将违反美国与联合国缔结的联合国总部协定规定的美国承担的义务。在本咨询意见中，法院再次重申国际法优于国内法是长期以来一直为司法判决所支持的国际法原则。缔约国“善意信守条约”是条约法的一项基本原则。美国不遵守这项原则，它就要承担国际责任。

此外，咨询意见中所述争端的存在是客观确定的问题，不取决当事方的肯定或否定，从当事方对某一事务采取相反态度时起，双方之间就存在争端并对如何确定争端的存在也有一定的指导意义。

【案例研究】

在尼加拉瓜境内，针对尼加拉瓜的军事与准军事活动案

【案情简介】

从1984年2月开始，在美国的资助和直接参与下，尼加拉瓜反政府武装组织在尼加拉瓜几个重要港口布设水雷，这严重威胁到尼加拉瓜的安全和航行，并造成了重大事故和损失。美国还支持尼反政府武装攻击尼加拉瓜港口、石油设施等。为此，尼加拉瓜于1984年4月9日向国际法院提出申请，控告美国在其港口布雷、出动飞机袭击尼加拉瓜石油设施和港口以及进行其他军事和准军事活动。

尼加拉瓜请求法院宣布美国的行为构成非法使用武力和以武力相威胁、干涉其内政和侵犯其主权的行为，请求法院责令美国立即停止上述行为及对其本身和其国民所受损害予以赔偿，并指示临时保全措施。

美国则认为法院对该案没有管辖权，因为尼加拉瓜发表的接受法院强制管辖的声明并未发生法律效力。而且，1984年4月6日美国政府通知联合国秘书长对于1946年发表的接受法院强制管辖的声明在两年内不适用于“与任何中美洲国家的争端或由中美洲发生的事件引起或同中美洲事件有关的争端”，该通知立即生效，这也排除了法院对本案的管辖权。

【判决】

1984年5月，法院指示了临时保全措施。11月，法院作出初步判决，否定了美国的初步反对意见。法院认为尼加拉瓜于1929年发表的接受国际常设法院强制管辖的声明依《国际法院规约》第36条第2款具有法律效力。至于美国1984年的声明，应受其1946年声明中的“6个月后生效”的约束，这是依据诚意原则的结果。因此法院对本案有管辖权。1985年，美国宣布退出国际法院的诉讼程序，并中止1956年《美国和尼加拉瓜友好通商航海条约》和美国对国际法院强制管辖的接受。法院认为美国的这些行为均发生在法院作出初步判决之后，其管辖权不受影响。根据规约第

53 条有关当事国一方不出庭的规定，法院决定继续审理此案。

1986 年 6 月，法院对本案的实质问题作出了判决。法院以绝大多数票判决：美国在尼加拉瓜境内的行动违反了禁止使用武力原则，构成对尼非法使用武力和以武力相威胁；美国支持尼反政府武装是对尼内政的干涉，明显违反了不干涉原则；美国对尼加拉瓜的行动违反了尊重国家领土主权原则；美国鼓励了尼反政府武装从事违反人道法原则的行为，美国在尼港口布雷造成第三国船舶及其人员的人身、财产损害的行为也构成了对人道法原则的违反；美国有义务立即停止并不再采取任何上述违背其国际义务的行为，并对违反行为所造成的损害予以赔偿。

【评析】

本案涉及的国际法问题之多，判决篇幅之长，在国际法院的裁判史上都是罕见的。因此，本案是一个非常重要的案例，它引起了国际社会的极大关注。

本案的重要性不仅表现在它处理的是一个涉及超级大国与弱小国家的、包含极大政治成分的争端，也不仅表现在它在国际法院的历史上几乎是第一次对一个超级大国滥用武力、干涉别国内政的霸权主义行为，根据国际法的基本原则予以否定，更表现在法院第一次系统、全面地阐述了现代国际法的若干基本原则具有公认习惯法的地位。这些原则包括尊重国家主权及领土完整原则、禁止使用武力或以武力相威胁原则、不干涉内政原则等。法院在一个大国以缺席作为抵制的情况下仍然继续审理其有管辖权的案件，并作出有利于弱势申诉方的判决，显示了法院的独立性和公正性。

国际法院在审理此案的实质问题时，所适用的不是多边条约，而是习惯国际法。它表明，即使习惯国际法被编纂入国际条约法，也不会影响其独立存在，二者并行不悖，具有各自独立的可适用。

复习和练习

重点问题

1. 国际法是在国际关系中，通过国家间的惯例和协议形成的，以国家间关系为主要调整对象的，对国家具有法律约束力的行为规范的总称。

2. 国际法的渊源是指国际法作为有效的法律规范所形成的方式和程序。《国际法院规约》第 38 条规定了国际法院所适用的国际法，应该很好地理解和掌握。

3. 国家是国际法的基本主体，国际组织是国际法的派生主体，民族解放组织是国际法的过渡性主体。自然人和法人不是国际法的主体。

4. 国际法基本原则的概念和特征。和平共处五项原则的主要内容及其在现代国际法上的地位。国际法基本原则是强行法。

关键术语

国际法　国际法的渊源　国际条约　国际习惯　国际法主体　和平共处五项原则　民族自决原则　主权　强行法

思考题

1. 为什么说国际法是法律的一种特殊体系？
2. 为什么说国家是国际法的基本主体？
3. 为什么个人不能作为国际法的主体？
4. 试述和平共处五项原则的内容及其相互关系。
5. 试评国际法与国内法的关系。

第二章　国际法上的国家

第一节　国家概述

一　国家的概念和要素

按照列宁的说法，国家是阶级统治的工具，是阶级矛盾不可调和的产物和表现。但这仅仅是一个政治上的定义，仅仅表明了国家的阶级性质，并没有对国家进行客观、具体的表述。从国际法的观点来看，国家的概念应该是，国家指具有确定的领土、定居的居民、一定的政权组织并且具有主权的实体。

从这个定义可以看出，国家的构成要素有四个。

1. 确定的领土。领土是一个国家赖以生存的物质基础。没有领土，人民就没有物质基础而无法生存，国家就因为没有管辖空间而无法统治。世界上无领土的国家是没有的，至于领土的大小，并不影响国家的成立。（摩纳哥面积不到 2 平方公里，瑙鲁共和国面积 21 平方公里）。

2. 有定居的居民。国家是由一定数量的定居的居民所组成的，没有居民，便不能构成国家，至于人口的多少并不影响其作为国际法主体的资格。

3. 有一定的政府组织。政府是国家的行政管理机构，对内它实行管理，对外它进行交往，是国家在政治上和组织上的体现，是国家区别于其他社会组织的根本特征，至于政府的形式、政府的更迭，属于内政问题，不影响国家的存在。

4. 主权。主权是一个国家独立自主地处理对内对外事务的最高权力，尽管主权是抽象的，但它确是国家的根本属性。在一个地区之内，尽管有居民、有政府，如果没有主权，只能算作地方行政单位，而不能成为国家，所以主权是国家的根本属性。

以上这四个条件是国家的基本要素，是缺一不可的。

二 国家的类型

虽然国际法要求国家必须具备以上四个要素，但并没有规定国家必须有统一的形式，国家的类型或者说国家的组织形式，是可以由国家自由决定的，迄今为止，现存的国家类型主要有两种：单一国和复合国。

1. 单一国（unitary state）。单一国是具有统一主权的国家，这种国家具有一部宪法，一个最高权力机关，全民具有一个国籍，在对外关系上中央政府代表国家。单一制国家可以是多民族或者多种族的（例如中国、美国），也可以是单一民族的（例如日本）。单一国的部分地方行政区可能有不同程度的自治权，甚至高度自治权（中国香港、澳门），但它并不改变单一国的形式，也不会对其国际法主体资格产生影响。

2. 复合国（composite state）。复合国是两个或两个以上国家构成的联合体。该联合体在国际法的地位依不同情况而异。现有的复合国主要有两种：联邦和邦联，历史曾有过身合国和政合国，现已不复存在。

①联邦（federation）。联邦是有两个以上的成员邦（或州、省）组成的联合体。其基本特征是：第一，联邦本身和成员邦都有最高的立法、司法、行政机关。各自的权限由宪法规定。一般来说，对外事务由联邦政府掌握，而内部管理权力则由联邦政府和成员邦政府分享。第二，联邦的人民具有共同的国籍。第三，联邦在国际法上是一个主权国家，是国际法主体，其成员邦不具有国际人格资格，不是国际法主体。

②邦联（confederation），是指两个以上的主权国家为了某种特定的目的根据国际条约组成的国家联合。邦联和联邦不同的特征在于，邦联的各个成员国拥有立法、司法、行政等完全权力，邦联本身没有统一的国籍，各成员国拥有各自的国籍。同时，邦联本身不是国际法主体。较典型的邦联有1815—1866年的德意志同盟，1815—1847年的瑞士同盟，苏联解体后，10多个苏联的加盟共和国根据条约成立了独立国家联合体，这种组织在性质上有点类似于邦联。

三 国家的基本权利

国家的基本权利是国家作为国际法主体所固有的、根本性的权利，主要包括独立权、平等权、自保权和管辖权四项。这些权利都是由主权所派生的，是主权内容的具体化和体现。

1. 独立权（right of independence）。独立权是指国家可以按照自己的意志处理其内政外交事务，而不受外来干涉和控制的权利。独立权包括两方面的内容：一是自主性，即完全自主地行使主权；二是排他性，即处理本国事务不受外来干涉。独立权发展到今天，不仅仅指政治独立，还包括了经济独立，即在经济上有不受外国剥削和掠夺的权利。

2. 平等权（right of equality）。平等权是指国家在国际关系中具有同其他国家处于完全平等地位的权利。它是主权在国家关系上的表现。主权国家在国际关系中互不隶属，互不管辖。国家不仅平等地参与国际法的制定，还享有同等的权利和承担同等的义务。

3. 自保权（right of self - preservatiom）。自保权是指国家为了保卫自己的生存和独立，而进行国防建设和自卫的权利，它包含两方面的内容：一方面是国家有权进行国防建设，防备可能来自外国的侵略；另一方面是当国家受到外国的武力攻击时，可以进行单独自卫和集体自卫。但是在行使自卫权时，必须遵守国际法的基本原则。

4. 管辖权（right of jurisdiction）。管辖权是指国家对其领域内的一切人、物、事件以及境外特定的人、物和事件具有行使管辖的权利。

一般认为，管辖权包括四方面的内容：

①领土管辖（territorial jurisdiction）（亦称属地优越权），指国家对其领土内的人、物和发生的事件，具有按照本国法律进行管辖的权利。其特征是以领域作为管辖的对象和范围。领土管辖是最基本的管辖，但它不适用于享有特权和豁免的外交代表和外国国家财产。

②国籍管辖（nationality jurisdiction）（有称属人优越权），指国家有权对具有其国籍的人，无论是在国内还是国外，都具有管辖的权利。其特征是以国籍作为管辖的标准。

③保护性管辖（protective jurisdiction），指国家对于侵害本国国家和公民利益的行为进行的管辖，不论行为人的国籍，也不论行为发生在何地。其适用的范围一般是各国刑法中公认的犯罪行为。

④普遍性管辖（universal jurisdiction），指对于国际法规定的违反全人类利益的国际罪行，不论犯罪人的国籍，也不论行为发生在何地，各国普遍有权实行的管辖。目前国际法规定，对犯有破坏和平罪、战争罪、危害人类罪、灭绝种族罪、海盗罪等可以实施普遍性管辖。

第二节 国际法上的承认

国际法上的承认（recognition in international law）分为对新国家、对新政府和对叛乱团体及交战团体的承认三个部分，现分述如下。

一 对新国家的承认

1. 国家承认的概念

国家承认（recognition of state）是指既存国家对新国家产生的事实给予确认，接受由此而产生的法律后果以及愿意与新国家建立外交关系的政治和法律行为。

2. 国家承认的性质

关于国家承认的性质，国际法学界长期存在着两种不同的主张。一种是所谓的“构成说”（constitutive theory），该学说认为新国家只有经过既存国家的承认，才有资格成为国际法的主体，才有资格成为国际社会的成员，因此，新国家只有经过其他国家的承认，才有资格加入国际社会，才能成为国际法的主体。该学说流行于19世纪后期的西方国家，其代表人物是奥本海、劳特派特等人。这种学说是错误的，因为新国家在被承认之前就已独立存在了，不管你承认或不承认它，新国家都享有国际法上的权利和义务。如果需要其他国家承认才能构成一个国家，那么国家的成立就不是本国人民努力的结果，而是外国的“恩赐”。所以，这种学说受到西方强国的欢迎，但是遭到第三世界国家的反对。

另一种是“宣告说”（declaratory theory），该学说认为，国家的成立和取得国际法主体资格，并不依赖于其他国家的承认，其他国家的承认只是一种宣告行为，是对新国家已经存在这一既成事实的确认，并表示愿意与之建立交往关系。该学说由英国法学家布赖尔利和美国的惠顿等人提出，流行于第一次世界大战之后，这种理论是作为构成说的对立面而出现的，它充分注意到了国家不分大小、强弱、不受成立时间的长短的限制，一律平等的现实，具有进步意义，受到第三世界国家和新独立国家的欢迎。我国法学界大多数学者也倾向于宣告说这一学说。

3. 国家承认的方式

国际法并无明确规定国家承认的方式，在实践中各国一般是通过明示和默示的方式以及法律承认和事实承认来表达其对新国家的承认：

1）明示和默示承认。明示承认是指既存国家以明确的语言文字表达承认意愿的承认。实践中，一般通过单方面发表声明、宣言，向新国家发送外交照会和函电，与新国家一道共同发表联合公报、修改条约等方式表明对新国家的承认。默示承认是指既存国家以某种能够说明其承认意向的实际行动向新国家间接表示的承认。例如，与新国家建立领事关系等，实践中默示承认的方式较为少见。

2）法律承认和事实承认。法律上的承认是既存国家给予新国家确定的完全的承认，意味着承认国与被承认国愿意进行全面交往，因而构成两国间发展正常关系的法律基础。这种承认是永久的不可撤销的，即使以后两国绝交，也不能撤销以前给予的承认。事实上的承认是指既存国家出于政治上的考虑，或者是对新国家地位的巩固尚缺乏信心的情况下，不愿意立即与新国家建立全面的正常关系，但又有与之进行一定交往的必要，因而决定给予新国家一种事实上的承认，使之可以在经济、贸易、文化等方面进行交往，而不发生政治、军事、外交等方面的关系。事实承认是临时和可以撤销的，在条件成熟后，事实承认往往可以过渡到法律的承认。

二　对新政府的承认

1. 政府承认的概念和政府承认的原因

政府承认（recogniton of government）是指一国承认他国的新产生的政府能在其国内实行有效统治，具有代表其本国的正式资格，并表示愿意与其建立或保持正常关系的一种行为。

政府承认与国家承认不同，国家承认是在新国家成立时发生的，属于承认一个新的国际法主体，而政府承认是在国家的主体资格不变，而该国的政府发生非宪法程序更迭的情况下发生的，是承认新政府具有代表该国的资格，不会产生一个新的国际法主体。

政府的变更是引起政府承认的原因，但并不是一切政府变更都必然引起政府的承认。凡在正常情况下的政府变更，如宪法程序下的正常选举、王位继承，就不发生政府承认问题。只有发生了社会革命或者通过政变取得政权而建立新政府，才会发生承认问题，如俄国十月革命，1949 年新中国的成立等。

2. 政府承认的原则。对政府承认的原则，在国际法的历史上有过不同的主张，主要有以下理论：

①托巴主义（Tobar Doctrine），是关于新政府获得承认的必要条件的主张，由厄瓜多尔外交部长托巴于1907年提出的。他认为，新政府通过正常的宪法程序产生是其获得承认的必要条件，一切违反宪法产生的新政府，在其依宪法重新组建以前，他国政府不应给予承认，托巴主义企图永久维护现有政权，否认各国人民改变本国政治体制的权利，违反了不干涉内政原则，遭到各国人民的反对。

②艾斯特拉达主义（Estrada Doctrine）。1930年墨西哥外长艾斯特拉达发表声明宣称，鉴于承认的给予是一项侮辱性的实践，意味着对外国内政的判断，墨西哥今后只限于继续保持或不保持与外国政府的关系，而不宣布对这些政府合法与否的判断，这就是所谓的“艾斯特拉达主义”。该学说由于在实践中容易操作，同时避免了一些外交方面的麻烦，因而一度曾受到一些国家的欢迎。

③“有效统治原则”（princinle of effective control），其内容是：一个新政府要获得其他国家的承认，必须在本国领土内建立起对大部分领土和居民的实际上的控制和有效的行使政权权力。也就是以有效地统治作为承认的前提和条件，而不考虑其他因素。1950年1月英国和瑞典两国在致新中国政府的照会中，就是以该主张来承认中华人民共和国政府的。

④“史汀生不承认主义”（Stimson Doctrine），该主义是指不承认以武力占领取得的领土，不承认由外国武力扶持起来的傀儡政府的主张。1931年“九一八”事变后，日本以武力侵占了中国东北三省，并扶植溥仪当上了伪“满洲国”的皇帝，成立了所谓的满洲国。1932年1月，美国国务卿史汀生在致中日两国政府的照会中声明：美国政府不承认任何由违反1928年巴黎《非战公约》之方法所造成的情势变迁，因而不承认日本武力扶植起来的“满洲国”。随后，英、法等国也宣布不承认满洲国，只有当时日本的盟国德国、意大利承认满洲国。不承认主义对弱小国家反对强国侵占起到了一定的鼓舞作用。

3. 对叛乱团体和交战团体的承认

叛乱团体（insurgent body）是指一国反抗政府或进行起义的团体。该团体有明确的目标，有统一的领导和组织结构，并已实际上占领和控制本国的一部分领土，正在与本国政府进行武装斗争，如果叛乱团体的反政府或起义行为迅速完成，无论它的叛乱结果是成功或失败，一般都不发生承认问题，但如果叛乱旷日持久地存在，而它的武装斗争又没有达到内战的程度，既存国家出于保护其在叛乱团体控制地区的商务和侨民的利益，可能对叛乱团体给予承认。对叛乱团体的承认，只是表示承认国在一定范围内与叛乱者交往，对其某些武装活动予以默认。一般说来，承认叛乱团体的性质和内容就是如此，它并不使叛乱团体具有交战者的权利。

交战团体（belligerent community）是指一国内为政治目的而向本国政府发动内战的交战团体。它不同于叛乱团体的是：（1）叛乱行为或武装斗争实际上发展到了内战的性质，在负责任的政治组织和军事组织的领导下进行有组织的军事行动；（2）在交战行动中，遵守战争法规则；（3）占领了领土的相当地区，并在一定程度上在该地区实行着有效的管理，形成了与政府的对峙。在这种情况下，既存国家为了保护自己的利益和国民利益而对这种交战团体给予承认。

承认交战团体的主要效果是：（1）使被承认的交战团体取得战时交战一方的地位，具有战争法上的权利和义务。承认国则应在被承认的交战团体和它的本国政府之间保持中立地位，可以主张中立国应有的权利，但要遵守中立义务；（2）被承认的交战团体对其控制的地区内实施的国际不法行为应负国际责任。

4. 我国关于承认的实践

中华人民共和国成立以来，通过50多年的实践，我们初步形成了具有中国特色的承认理论和实践，在理论上，我们认为，承认是一种政治法律行为，反对承认的构成说，认为宣告说比较合理而且近乎于事实，但也存在一定的缺陷。在实践中，我国主张承认不应当附加任何条件，但是，根据我国的情况，我们提出了逆条件承认理论，即凡愿意承认中华人民共和国的国家，必须承认只有一个中国，中华人民共和国政府是中国唯一合法政府，并同台湾当局断绝一切官方关系。逆条件的承认不等于附条件的承认，这是我们对国际法中承认规则的具体适用。

另外，我们坚持认为，对中华人民共和国的承认是对新政府的承认，而不是对新国家的承认，因为，中国革命的胜利，是推翻旧政府建立新政权，使中国的社会制度和国家性质发生了根本的变化，但不涉及中国作为国际法主体的资格，作为国际法主体，中华人民共和国是旧中国的继续，中国革命的胜利，并没有使原来的主体归于消失，也没有因此而增加另一个新的主体。

第三节 国际法上的继承

国际法上的继承是指由于某种法律事实的出现引起国际法权利和义务由一个承受者转移给另一个承受者的法律行为。

在国际法中，根据继承的主体来划分，可以把国际法上的继承分为国家继承和政府继承两类。

一 国家继承

国家继承是指由于领土变更的事实而引起的国家之间权利和义务的转移。

国家继承必须具备两个条件：一是合法性，即国家继承必须符合国际法，一切与国际法相抵触的权利和义务的转移，均不属于国家继承的范围；二是领土性，即国家继承的权利和义务必须与所涉及的领土有关联，与涉及领土无关的不属于国家继承的范围。

引起国家继承的原因是由于领土变更的事实。领土变更的情况主要有：(1) 独立，殖民地或附属领土取得独立；(2) 合并，两个以上国家合并；(3) 分离，领土的一部分从该国分离出来，组成新国家；(4) 分立（裂），一国分裂为数个国家；(5) 割让，即一国的一部分领土移交给另一国。

国家继承按照其对象可分为两大类：条约方面的继承和条约以外事项的继承。对于前者，联合国国际法委员会于 1978 年通过了《关于国家在条约方面继承的维也纳公约》，供开放签署。对于后者，国际法委员会于 1979 年也制定了一项条约草案，但迄今未获通过。按照该草案的分类，条约以外事项包括：财产和债务继承。

1. 条约的继承

条约的继承是指继承国对被继承国的有效条约中所规定的权利和义务的继承。就其实质而言，即被继承国的有效条约对继承国是否继续有效的问题。

按照国际惯例，条约继承的一般原则是：(1) 政治性条约不予继承，如同盟条约、友好条约、共同防御条约等；(2) 经济方面的条约酌情继承，如贸易协定、投资保证协定等；(3) 与领土和资源相关的条约予以继承，如边界条约，有关自然资源和财富的条约等。

由于领土变更的情况不同，1978 年《维也纳公约》对条约继承的具体事项作了如下规定：

（1）一国领土的一部分成为另一国领土的一部分时，在所涉及的领土内，被继承国的条约失效，继承国的条约生效。

（2）新独立国家对于任何条约，没有维持其效力的义务。继承国可以发生继承通知，以确立其成为多边条约缔约国的地位；至于双边条约，只有在两国明示或默示同意时，才在新独立国家与另一方之间有效。

（3）两个以上的国家合并时，对其中一国有效的条约，将继续对有关的领土生效，而不是对合并后的全部领土有效，除非：a. 另有协议；b. 继承适用条约将不符合该条约的目的和宗旨；c. 已经发生了根本改变实施条约的条件。

（4）在国家分立（裂）时，不论其母国是否继续存在，对原母国全部领土有效的条约，继续对所有分立出去的国家有效，仅对一个新分立国家领土有效的条约，继续对该国有效。如果其母国继续存在，原对母国继续有效的条约，继续对母国剩余的领土有效。

2. 国家财产的继承

所谓国家财产，是指国家继承发生时依照被继承国的国内法为该国所拥有的财产和利益。国家财产划归继承国所有。

总的说来，国家对国家财产的继承有“一个标准两个原则”。一个标准是被转移的国家财产应当与领土之间有关联；两个原则是：（1）随领土转移原则，即一国的国家财产随着领土的转移而由被继承转移给继承国；（2）实际生存原则，即国家财产的转移应考虑到领土上居民的实际情况，维护其起码的生存条件。

国家财产分为不动产与动产。不动产继承适用跟随领土转移原则，即凡位于领土内的不动产，应当转属继承国。动产继承适用实际生存原则，即对于动产，不论其是在领土内还是在领土外，应当按照它是否与所涉领土有关来确定其归属。若该动产与所涉领土有关，则应转归继承国；若无关，则应按公平原则确定其归属。被继承国不能因为动产位于所涉领土之外，就不将其转移给继承国。这是因为动产具有流动性，所以不能以动产所处的位置作为判断继承与否的标准。

在适用上述原则和标准时，可能因国家领土变更的情况不同，而产生并适用不同的继承规则。所以，要采取具体情况分别处理的方法，不能一概而论。

3. 国家债务的继承

国家债务是指一国对他国或者国际组织所负的财政义务的总和，包括国债和地方化债务。

根据罗马法上的“债务同财产一并转移”的原则，继承国既然继承了被继承国的财产，就应当继承其债务。但这种继承并非无条件地继承一切国家债务，对恶债可以不予继承。恶债（odious debts）是指以敌视、奴役负债国为目的或者不符合负债国利益而形成的国家债务，例如，战争债务、镇压人民起义的债务等。

根据领土变更的不同情况，国家债务继承的一般规则是：

（1）被继承国解体，其领土分裂为数个国家时，除另有协议外，被继承国的债务应按公平的比例转属每一个继承国。

（2）国家领土部分转移的情况下，其继承原则是，协商解决，如果协商不成，则适用公平比例原则分摊。

（3）两个以上国家合并时，适用债务同财产一并转移的原则。

（4）对于新独立的国家，为了减轻或免除新独立国家的债务负担，以促进其经济发展，根据《联合国宪章》和《各国经济权利和义务宪章》的规定，适用“白板原则”，即不予继承。

二 政府继承

政府继承是指在同一国家继续存在的情况下，由于革命或政变导致政权更迭，代表该国的旧政府为新政府所取代，从而引起权利和义务的转移。

政府继承和国家继承是两个不同的范畴，其区别是：（1）引起继承的事实不同，前者是由非宪法程序的革命、政变等因素引起的，而后者则是由于领土变更的事实所引起的。（2）变更的主体不同，政府继承关系的参与者是同一国际法主体内的两个政府，而国家继承关系的参与者是两个国际法主体。（3）继承的范围不同，国家继承因领土变更的情况不同，有全面继承和部分继承之分，而政府继承一般只有全部继承。

从理论上说，政府是国家的代表，政府的行为就是国家行为，所以，政府所承担的义务应当被视为国家的义务。因此，政府继承原则上应适用国家继承的规则。由于旧政府随着新政府的建立而消失，所以政府继承只能是全部继承，就是说，除了不平等条约和恶债之外，新政府应当继承一切权利和义务。

第四节 国家责任

一 国家责任的概念

国家责任（international legal responsibility）是指国家对国际不当行为或损害行为所应承担的法律责任。或者说是指当国家的行为违反了国际法上的义务，给其他国家的利益造成损害性后果时所必须承担的国际法上的责任。

国家责任制度的实施对于纠正有关国家的不法行为，维护正常的国际秩序，树立正确的国家行为规范和使受害国的利益得到合理补偿都起着十分重要的作用。

引起国家责任的国际不法行为，是指国家机关和代表国家并行使国家权力的人所作的行为，也包括在国家及其政府的纵容下，未经授权的私人所作的行为。传统国际法把前者称为直接责任，而把后者称为间接责任，然而，国家无论对前者的作为或者对于后者的不作为，都必须承担国际责任，对于受害国来说，无论是国家本身或者本国人民受到损害，受害国都有权向侵害的国家追究责任。

二 国家责任的构成条件

任何国家对于该国的每一个国际不法行为都应当负国际责任，这是国际法上的一项原则。然而，任何国家的行为只有符合国际不法行为的构成条件，即必须具备主观要件和客观要件，才可能在法律上引起责任。所谓主观要件是指某一行为可归因于国家；所谓客观要件，是指该行为违背了该国承担的国际义务。如果一国的行为符合这两方面的要件，就构成国际不法行为，从而引起该国的国际责任。

1. 国际不法行为的主观要件

国际不法行为的主观要件是指该行为可归因于国家而成为该国的国家行为。而认定某一行为是否是该国的国家行为，只能按照联合国国际法委员会1986年制定的《关于国家责任的条文草案》规定来区分。以下几项行为可以认定为国家行为：

（1）国家机关的行为，包括国家的立法、司法和行政机关的行为。这些行为在国际法上就视为国家行为。

（2）一国地方政治实体机关行使的行为。如联邦制国家的成员国和单一制国家的省、州一级的地方政府机关。

（3）虽非国家机关和地方机关正式结构中的一部分，但经该国法律授权行使一定政府权力的某些其他实体所作的行为。

（4）实际上代表国家行事的个人或者一群人的行为。但是，不代表国家的个人行为不应当视为国家行为，他们损害他国利益的行为只能由其个人负责。但国家对个人的加害行为予以鼓励又不给予惩处，或者疏于防范的话，则可以视为国家行为。

以上就是“条文草案”规定的，一些常见的国家行为，“条文草案”还规定了另外一些国家行为，这里就不再多讲。总之，关于国家行为，国际法并不注重国家内部的政治结构，无论是立法、司法，或者行政机关的行为，还是中央政府或者地方政府的行为，只要它们的行为是代表国家的行为，其行为就具有国际法上的意义，国际法就将其视为国家行为。

2. 国际不法行为的客观要件

客观要件就是指国家行为违反了该国承担的国际义务，具有违法的性质。这种国家行为，既包括作为，也包括不作为。例如没有采取措施保护外国的外交代表的人身安全等。

按照国家违反国际义务的程度，可以把国际不法行为分为国际罪行和一般国际不法行为两种类型。构成国际罪行的特点在于它所违背的不是一般的国际义务，而是违背了维护国际社会根本利益所在的国际义务，并且被国际法确定为违背这类义务的行为就构成一种国际罪行。根据国际法，国际罪行主要指国家从事了严重破坏国际和平与安全，阻碍人类进步与发展，破坏人类生存环境等带有人类根本性质所在的国际不法行为，例如，发动战争、武装侵略，种族灭绝，种族歧视，以及大规模污染空气和海洋等。一般国际不法行为就是除国际罪行之外的其他不法行为，这类行为由于对国际社会的危害性较小，所以一般采用道歉、赔偿等方式来进行弥补。对国家及其责任人不采取强制的惩罚性措施。

三 国家责任的形式

国家的不法行为一经确定，就要产生国家责任，就要在行为国和受害国之间引起法律后果，形成一种新的法律关系，这种新的关系，不同于原来的权利和义务关系，根据国际法上的国家责任制度，受害国享有要求赔偿的权利，而行为国却负有赔偿的义务，或者具有受到惩罚的必然。根据国际社会的实践，国家责任形式主要有以下几种：

1. 限制主权（limition of sovereignty），是指国际不法行为的受害国和国际社会限制行为国行使主权的一种法律责任形式 。这是最严重的责任承担方式，对一般国际不法行为或损害行为不采用这种方式。

限制主权包括全面限制主权和局部限制主权。全面限制主权是指在一定时期内对责任国实行军事占领或者军事控制。这方面最典型的例子是第二次世界大战结束后美、英、苏、法四国对德国的军事占领，美国对日本的军事占领和控制，并行使国家的最高权力，甚至还替日本人起草了一部宪法。局部限制主权是指责任国在某些方面的权利遭受限制。例如，1947年的对意和约规定，该国拥有的武装力量的数量不得越过实行自卫所必需的限度。又如，海湾战争后，联合国安理会多次通过对伊拉克实施制裁的决议。其中的主要内容就是对伊拉克实施经济制裁和封锁，强制性地销毁和限制伊拉克的核武器和生化武器。美、英还设立了禁飞区等。

2. 赔偿（reparation），是指国际法主体因其国际不当行为或损害行为给受害主体造成物质上的损害而承担的给予物质补偿的方式。

赔偿是最经常和普遍采用的国际法律责任承担方式，它可以适用于严重的国际罪行，也可以适用于一般国际不当行为造成的危害。

关于赔偿的性质和限度，国际法上没有统一的规则，在理论和实践中存在着分歧，有人主张，赔偿是补偿性，不是惩罚性的，因此，数额应当低于实际损害；也有人主张，赔偿应当是惩罚性的，数额可以不受实际损害程度的限制。但多数人认为，赔偿应当参照实际损害的程度来确定，以能够恢复事物的原状为宜。

3. 恢复原状（restore the status quo ante），是指责任主体负责将被损害的事务恢复到损害发生前存在的状态。大多发生在能够恢复的事件之中，例如，归还非法没收或掠夺的财产，归还掠夺别国的文物和艺术珍品，修复被损坏的物体或者边界标志等。在实践中，也有在恢复原状的同时，再支付部分实物或货币作为补偿。

4. 道歉（apology），是指国际不当行为者给受害方造成非物质的损害给予精神上的补偿，使受害方得到心理上满足的一种责任方式。

道歉的适用很广泛，它可以适用于各类国际不当行为，特别是适用于损害别国荣誉尊严的国际不当行为。

道歉的方式很多，可以口头表示，也可以采用其他方法表示。例如，国家领导人通过函电致歉，派专使到受害国表示遗憾、认错、向受害的国旗、国徽行礼致敬、惩办肇事者，保证不再发生类似事件，等等。

上述这些方式可以单独使用，也可以合并使用几种。常见的是，责任国除正式道歉“深表遗憾”外，还要给予一定的赔偿。

【案例研究】

湖广铁路债券案

【案情简介】

1911 年，清政府为修建湖北至广东等地的铁路，向美、英、法、德等国的银行财团借款，签订了总价值为 600 万英镑的借款合同。合同规定，上述外国银行以清政府名义在金融市场上发行债券，即“湖广铁路五厘利息递还英镑借款债券”，年息五厘，合同期限为 40 年。但该种债券从 1938 年起停付利息，1951 年本金到期也未归还。一些美国人在市场上收购了这种债券。1979 年，美国公民杰克逊等人在美国亚拉巴马州地方法院对中华人民共和国提起诉讼，该法院受理此案并向中华人民共和国发出传票，要求中华人民共和国在收到传票 20 日内提出答辩，否则将作出缺席判决。

【判决】

1982 年 9 月 1 日，亚拉巴马州地方法院作出缺席裁判，判决中华人民共和国偿还原告 41 313 038 美元，外加利息和诉讼费等，并声称：如果中国政府对该判决置之不理，美国法院将扣押中国在美的财产，以强制执行判决。其理由是：根据现行国际法原则，一国的政府更迭通常不影响其原有的权利和义务，作为清朝政府和国民政府的继承者的中华人民共和国政府有义务偿还其前政府的债务。此外，根据美国 1976 年《外国主权豁免法》第 1605 条的规定，外国国家的商业行为不能享受主权豁免。湖广债券是商业行为，不能享受国家主权豁免。

1983 年 8 月 12 日，中国通过聘请当地律师特别出庭，提出撤销缺席判决和驳回起诉的动议。同时，美国司法部和国务院向亚拉巴马州地方法院出具了美国利益声明书，表示支持中国的动议。在此情况下，1984 年 2 月，该法院重新开庭，以 1976 年《外国主权豁免法》不溯及既往为理由，裁定撤销上述判决；10 月，判决驳回原告起诉。1986 年 7 月，杰克逊等人不服，提出上诉，被上诉法院驳回。1987 年 3 月，美国最高法院驳回原告复审此案的请求。

【评析】

本案是中美两国建交后发生的一个涉及司法豁免权和国家债务继承的重要案件。国家及其财产享有司法豁免权是国际法的一项公认原则，它源于“平等者之间无管辖权”这一习惯规则，是国家主权平等原则的重要内容之一。根据这一原则，一国法院不得受理以外国国家为被告、以外国国家财产为诉讼标的的诉讼，除非得到后者同意。即使一国在另一国法院应诉或败诉，也不能对它采取强制措施，尤其是不得强制执行判决。简言之，一国法院不得以外国国家作为诉讼的对象和强制执行的对象。在本案中，中国是一个主权国家，与美国建立有正常的外交关系，承认中国在美国享有司法豁免权是美国的法律义务。美国法院无视国际法和美国承担的义务，对一个主权国家行使管辖权，向中国外交部长发出传票，竟对一个主权国家作出缺席判决，这在国际法的历史上是极为罕见的。主权豁免作为中国所固有的权利，除非自己放弃，任何国家或其机关都无权剥夺这一权利。尽管随着国家参与经济活动而出现了有限豁免原则，但它并没有形成为一项习惯法规则。有限豁免原则以国家行为及其财产的性质来判定是否给予豁免的做法在理论和实践上都有很大问题。美国转向有限豁免立场后颁布的《外国主权豁免法》只是一项国内法。该法规定国家的商业性行为不能享有主权豁免，那只是美国单方面的主张。在没有国际条约规定的情况下，一国通过其国内法单方面地剥夺他国的主权豁免是不适当的。而且，就如美国上诉法院所说，即使 1976 年法律有效，其效力也不能追溯到 1911 年的行为。因此，中国反对美国法院行使管辖权、拒收传票、拒绝出庭和拒绝判决的立场是合法的。

对于国家债务的继承，“恶债不予继承”是一项公认的国际法规则。这个规则在英美的实践中早已得到承认。湖广铁路债券是清政府为了修建一条便于镇压南方各省的革命运动的铁路而发行的，根本不是什么商业行为。该债券在英、法、德、美列强之间认购，是列强划分在华势力范围的历史证据。因此，这笔债务毫无疑问的是“恶债”，中华人民共和国政府当然不予继承。

【案例研究】

纽伦堡国际军事法庭审判案

【案情简介】

第二次世界大战期间，希特勒及其法西斯同伙领导纳粹德国，对人类犯下了不可饶恕的滔天罪行。1942 年 1 月 18 日，9 个被希特勒占领的国家在英国流亡的政府，在伦敦发表《圣·詹姆斯宣言》，表示要惩处战犯，这后来得到美国、英国和苏联的赞同。1943 年 10 月 25 日，“联合国家战犯委员会”成立，同年它发表了惩处战犯的莫斯科宣言；为了执行这一宣言，美、英、法、苏在伦敦签订了《控诉和惩处欧洲轴心国主要战犯的协定》及其附件《欧洲国际军事法庭宪章》（简称《宪章》），决定在德国纽伦堡组织欧洲国际军事法庭，对德国主要战犯进行审判。该《宪章》规定，本法庭是为了公正迅速审判及处罚欧洲轴心国家首要战争罪犯而设立的。法庭由苏、美、英、法四国各委任法官和助理法官各一人组成。

【判决】

根据《欧洲国际军事法庭宪章》，1946 年 9 月 30 日至 10 月 1 日，法庭作出如下判决：

（一）判处戈林等 12 人绞刑，赫斯等 3 人无期徒刑，史拉赫等 2 人有期徒刑 20 年，内拉特有期徒刑 15 年，杜尼兹有期徒刑 10 年；

（二）判决沙赫特、巴本、弗立兹 3 人无罪，立即释放；

（三）判定纳粹党的领导机构、党卫军、国家秘密警察和保安勤务处为犯罪组织。

苏联籍法官对于宣判沙赫特等 3 人无罪，对于判处赫斯无期徒刑而非死刑，对于不宣布德国内阁、参谋本部和国防军最高统帅部为犯罪组织，提出了强烈的反对意见。

【评析】

纽伦堡审判是国际法上历史性的创举。它综合第二次世界大战以前的一系列国际宣言、法令、条约中所确定的规则，在实践中确认了一项国际法原则：发动侵略战争是严重的国际罪行，有关国家和个人必须为此承担国际责任并应受到惩罚。这对国际法，尤其是战争法和国际责任法的发展，具有深远的意义和影响。

传统国际法认为，国家在国际上不负刑事责任，对于代表国家行事的个人也不负刑事责任。纽伦堡审判表明，战争犯罪是以国家名义或作为国家机关的行为作出的，有关国家和个人均应承担刑事责任。因为国家行为与代表国家行事的个人行为不是相互对立的，所以国家责任与从事国务活动的个人责任也不可能截然分开。国家的职能必须通过国家领导人和国家机关工作人员的个人行动来实现，其中个人的行为不是以私人身份而是以国家名义或以国家代表的资格作出的，从而也是国家的行为。如果一国并未犯下发动侵略战争的国际罪行，那么代表该国行事的人就不应因此而受惩罚。反之，正是由于侵略国负有罪责，才使得有关个人也必须承担国际刑事责任。当然，正如国家行为最终是由个人作出的一样，国家刑事责任的具体承受者实际上是代表国家行事的有关个人。惩罚了有关个人，也就等于追究了其所属国的国际刑事责任。此外，有关纽伦堡审判的国际条约明确规定、法庭也公开宣判了某些组织或团体为犯罪组织，这似乎暗示着国家也可以被确认为犯罪组织，当然，追究其国际刑事责任是毫无问题的。

复习和练习

重点问题

1. 国家的要素是领土、居民、政府和主权。国家可分为单一国与复合国，复合国主要是联邦制国家；也可分为独立国与附属国，永久中立国一种特殊的独立国。国家的基本权利是由主权派生出来的权利，包括独立权、平等权、自保权和管辖权。

2. 关于国家承认的学说有宣告说与构成说。政府承认不涉及国家的国际法主体资格，它是由革命或政变导致政权更迭而引起的。事实上承认与法律上承认具有相同的法律效果。

3. 国家继承是由领土变更所引起的。按其内容，它分为条约方面的继承与条约外事项的继承，后者包括国家财产、国家债务等事项。政府继承不是因国家领土变更而起，故无部分继承之说。

4. 对中国的承认是对新政府的承认，相应的，中国的继承问题属于政府继承。中国对有关承认的国际法实践有所创新和发展，在继承问题上的原则立场证明了政府继承。

5. 国际不法行为的构成有三个要件：违背国际义务，造成对外国权益的损害；故意或过失；可归责任。损害外国人权益的国家责任是国家责任的重要方面。国家责任的形式有限制主权、恢复原状、赔偿和道歉。国际责任法在第二次世界大战以后有一些新的发展。

关键术语

独立权　平等权　自保权　管辖权　国家承认　政府承认　有效统治　不承认主义　国家继承　政府继承　逆条件的承认　国家责任　国际不法行为　司法拒绝

思考题

1. 国家的构成有哪些要素？
2. 什么是国家的基本权利？
3. 国家承认具有什么法律效果？
4. 试述有关条约继承的国际法则。
5. 试述国家债务继承的国际法规。
6. 运用本章有关内容，说明中国是一个单一的国际法主体，对于中国的承认与继承问题应适用有关政府承认和继承的国际法制度。
7. 论我国政府关于条约继承的实践。
8. 论国际不法行为的构成。

第三章　国际法上的居民

国际法上的居民（inhabitant）是指居住在一国境内并受该国法律管辖的人。居民是构成国家不可缺少的要素，没有居民的国家是不存在的。一国居民通常情况下大部分是本国人，也包括外国人、双（多）重国籍人和无国籍人。依据外交关系法，享受外交特权与豁免的外国人不列入居民中的外国人的范围。

依据国家主权原则，国家对居住在本国境内的居民具有属地管辖权，同时对居住在其境外的本国人具有属人管辖权。因而，居民的法律地位，特别是居民中非本国人的法律地位，就成为国家之间需要解决的问题。

第一节　国籍

一　国籍与国籍法

（一）国籍的概念和意义

国籍（nationality）是指一个人属于某一个国家的国民或公民的法律资格。具有一国国籍的人，与其国籍所属国有固定的法律联系，基于这种法律联系，他接受该国的法律管辖和外交保护。

一般而言，与国籍有关的国民或公民的含义相同。只是一些国家通过国内立法对具有本国籍的人加以区别，造成国民与公民在国内政治地位上的差别。如美国法律规定，凡是出生于美国本土并受美国管辖的人，是美国公民；凡是出生于美国海外属地的人，则为美国国民。英、法等国也有类似的规定。这些国家的公民享有完全的政治权利，而国民只享有部分政治权利。他们在国内法律地位不同，但就国际法而言，这种区别无实际意义。只要具有一国国籍，无论是该国国民还是公民，都受其国籍国的管辖和保护。中华人民共和国成立初期，曾在《中国人民政治协商会议共同纲领》中采用“国民”（national）一词，但自1954年9月制定第一部宪法后，我国所有法律和法规均采用“公民”（citizen）一词，并沿用至今。

国籍在确定不同居民与国家之间不同的政治法律关系方面，具有非常重要的意义。

1. 国籍使个人具有某国国民或公民资格，从而将本国人与外国人区别开来。而本国人与外国人在一国境内的法律地位是不同的。

2. 国籍体现了个人与国家之间的一种法律关系。一国国民享有其国籍国赋予他的各项权利（如选举权和被选举权等），同时他对其国籍国也承担相应的义务（如服兵役等）。

3. 国籍是国家对个人行使属人优越权和进行保护的法律依据。国家的属人优越权和保护只能施及具有其国籍的人。

（二）国籍法的概念和国籍立法

规定国籍的取得、丧失、变更等事项的法律规范称为国籍法。国籍法是一国国内法的组成部分。各国根据不同的民族传统和习惯以及具体的政治、经济利益，并考虑到人口发展或控制的需要，采用不同的立法原则和方式来制定自己的国籍法。有些国家把国籍事项规定在宪法中，有些国家把国籍事项规定在民法典中。目前大多数国家采取单行法规的形式来集中规定国籍的各种问题。

国籍法虽然属于国内法，但由于各国国籍法的规定不同，在国际交流不断增加、各国人民交往频繁的情况下，往往形成国籍的冲突，产生双重、多重国籍或无国籍的状况。从而引起国家间的纠纷。故而，国籍问题又具有国际性，成为国际法的一个重要内容。国家间签订的有关国籍问题的双边条约或国际公约，成为国际间避免国籍冲突的重要途径。

20世纪30年代，国际社会在签订关于国籍的公约以统一或解决某些国籍问题方面已取得一些成果，1930年4月12日在海牙签订了《关于国籍法冲突的若干问题的公约》、《关于某种无国籍情况的议定书》、《关于双重国籍某种情况下兵役义务的议定书》。1933年12月26日在蒙得维的亚签订了《美洲国家间国籍公约》、《美洲国家间关于妇女国籍的公约》。联合国成立后，联合国国际法委员会把国籍问题列为优先考虑的编纂项目之一。在联合国主持下，1954年签订了《关于无国籍人地位的公约》，1957年签订了《已婚妇女国籍公约》，1961年签订了《减少无国籍状态公约》等。上述公约对于解决国家之间的国籍冲突和争端具有显著意义。

二　国籍的取得

国籍的取得指一个人取得某一特定国家的国民或公民的身份。根据各国有关国籍的立法、国际条约及实践，国籍的取得大致有因出生取得国籍和因加入取得国籍两种方式。

（一）因出生取得国籍

因出生取得的国籍称原始国籍。世界上绝大多数人都由于出生而取得一国国籍，因此这是取得国籍的最主要的方式。但各国在依出生而取得国籍所适用的立法原则上不尽相同，从而产生不同情况。

1. 血统主义（Jus sanguinis）原则。即依据血统（父母的国籍）而取得国籍。根据这一原则，凡本国人所生的子女，无论其生于何地，都当然地具有本国国籍。

血统主义又可分为双系血统主义和单系血统主义。双系血统主义是指父母的国籍均对子女的国籍具有决定意义。单系血统主义是指以父亲的国籍来决定子女的国籍，故是父系血统主义。当父母双方具有不同国籍时，一些国家，如日本、英国、法国、意大利、德国等，都曾在立法上采纳父亲的国籍。由于这存在男女不平等的倾向，目前多数国家采取双系血统主义，例如法国1945年的《国籍法》第17条第1款规定，父亲是法国人，其合法婚生子女都为法国人。1973年修改后的《国籍法》第17条规定：不论婚生或非婚生子女，其父、母中有一人为法国人，可取得法国国籍。

2. 出生地主义（Jus soli）原则。即依出生地作为取得国籍的标准。根据该原则，子女出生在哪国就取得哪国国籍，而不问其父母国籍如何。历史上一些地广人稀的国家，为吸收外来人口都曾采用过出生地主义原则。如美国以及墨西哥、阿根廷、巴西等拉美国家都有此实践。

3. 混合制（Mixed system）原则。即兼采血统主义原则和出生地主义原则，父母国籍和出生地都可作为取得国籍的根据。采取混合原则的国家，有的是平衡地采取两种原则；有的以血统主义为主，出生地主义为辅；有的以出生地主义为主，血统主义为辅。

在1930年海牙国际法编纂会议以前，研究国籍法的美国专家Flournoy曾把世界各国的国籍法分为四大类：第一类是纯粹采用血统主义的国家，有17个；第二类是平等地兼采血统主义和出生地主义的国家，有2个；第三类是采取血统主义为主，出生地主义为辅的国家，有25个；第四类是出生地主义为主，血统主义为辅的国家，有 26 个①。我国学者李浩培教授在其 1979 年出版的《国籍问题的比较研究》一书中，研究了 99 个国家的国籍法，得出的结论是：纯粹采取血统主义的国家有 5 个；以血统主义为主，出生地主义为辅的国家 45 个；以出生地主义为主血统主义为辅的国家有 28 个；平衡地兼采血统主义和出生地主义的国家育 21 个；纯粹采用出生地主义的国家无②。由此可见，世界上绝大多数国家采取混合原则，目的在于兼采两种原则的长处，更好地维护本国利益。

（二）因加入取得国籍

因加入取得国籍是根据本人的意愿或某种事实，并在具备入籍国立法所规定的条件后取得该入籍国的国籍。因加入取得的国籍称继有国籍，“入籍”又有狭义和广义之分，狭义的入籍是指外国人或无国籍人按某国法律规定，自愿申请并经批准而取得该国国籍。广义的入籍包括由于婚姻、收养、领土变更等事实而依有关国家的法律规定取得该国国籍。在前一种情况下，入籍只是出于本人的意愿，而在后一种情况下，入籍人可能是不自愿地被动地取得国籍。

1. 自愿申请而取得国籍，旧称“归化”（naturalization）。申请、入籍是世界各国都实行的制度。对于需具备什么条件才能申请以及需要经过什么法律程序才能获准入籍，属于一国国内法的问题。

关于入籍的条件，许多国家的国籍法都列举有年龄、职业、财产状况、行为表现、居住年限等方面的条件。如英国规定必须在该国居住过 7 年，美国、法国则都规定 5 年为最低居住期限。有的国家规定入籍的文化条件（如要求通晓该国语言）和健康条件等。某些资本主义国家的法律，对于入籍规定了苛刻的政治条件或带有种族歧视的内容，如 1940 年美国《国籍法》第 305 条规定：“宣传、提倡教导无政府主义者”，“怠工者”，不得加入美国国籍。美国还曾多设年限制和排斥黄种人入籍，特别是否定中国人的入籍资格，因遭到强烈反对，1943 年才不得不改变这种做法。

申请入籍通常须经一定机关的批准。但究竟由什么机关批准，各国则有不同的规定。有的国家由立法机关批准，有的由司法机关批准（在这种情况下，对于拒绝批准入籍可向上级司法机关申诉），有的由公安机关批

① 周鲠生：《国际法》上册，商务印书馆 1983 年版，第 26 页。

② 李浩培：《国籍问题的比较研究》，商务印书馆 1979 年版，第 49—50 页。

准，有的由政府或某一主管部门（如移民局）批准。有的国家规定正式入籍时，申请人要履行宣誓效忠的手续。对符合某项条件的人（如对该国作过特殊贡献，为它服过兵役或在该国拥有大量不动产等），在入籍时给予优惠，如缩短居住期限等，也是各国国籍法中常见的内容。

2. 由于婚姻而取得国籍。即指一国国民与他国国民结婚而取得他国国籍。这主要涉及有关妇女国籍的变更。按照现代各国的立法，男子的国籍一般不受婚姻的影响，而妇女的国籍，却经常由于婚姻而发生变更，可以取得其丈夫的国籍或自动丧失原来的本国国籍。关于婚姻对妇女国籍的影响，各国的不同规定可归为以下几类。

（1）无条件妻随夫籍。凡外国妇女与本国男子结婚即取得本国国籍，凡本国女子与外国男子结婚的即丧失本国国籍。这种妻随夫籍的规定，始于1804年的法国民法典，盛行于19世纪。它以夫妻国籍应当一致为理论依据，反映了男尊女卑的观点。现在，在各国国内法中虽不多见，但仍有些国家循此旧习，如印度尼西亚、伊拉克、约旦、阿富汗、埃塞俄比亚等国的国籍法仍有此类规定。

（2）有条件妻随夫籍。外国女子与本国男子结婚，原则上取得本国国籍，但要有一定的条件。通常，条件是女方本国不要求其本人保留本国国籍。例如，法国1945年国籍法规定，同法国人结婚的外国女子，在结婚时取得法国国籍，但如果该女子本国法律准许她保留国籍时，她可以在婚前声明拒绝取得法国国籍。

（3）无条件对外，有条件对内。即规定外国女子与本国男于结婚，无条件取得本国国籍；而本国女子与外国男子结婚，则相反地采取有条件丧失本国国籍的规定。如1922年日本国籍法、1933年秘鲁国籍法、1949年奥地利国籍法、1952年瑞士国籍法和泰国国籍法、1954年西班牙民法都做过这类规定。这种立法的目的是为了增加本国人口，现在继续采用这类规定的国家已很少。

目前，大多数国家的立法倾向是，根据男女平等和女子国籍独立原则，规定婚姻不影响国籍，即外国女子不因同本国男子结婚而自动取得本国国籍，本国女子不因与外国男子结婚而自动丧失本国国籍。男、女双方可以各保留原来的国籍。如美、法、日本等国也纷纷改用这种规定。在这种规定下，外国女子与本国男子结婚的，如该女子愿意取得本国国籍，可以通过申请经批准而加入本国国籍。有些国家规定，外国人与本国人结婚后，如果要求入籍，条件可以适当放宽。

有关妇女国籍问题的国际公约，主要有 1930 年 4 月 12 日的有关国籍问题的海牙公约、1933 年 12 月 26 日美洲国家关于女子国籍的蒙得维的亚公约、1957 年 2 月 20 日的联合国关于已婚妇女国籍公约。这几个公约都采取了男女国籍平等和女子国籍独立的原则。

3. 由于收养而取得国籍。一国的公民或国民收养外国人或无国籍人为子女，也可能产生被收养人国籍变更的问题。从各国的有关立法和实践看，一般有三种情况。

（1）本国公民或国民收养外国人或无国籍人的子女，因收养关系使被收养人取得本国国籍。作出这种规定的国家，以家庭成员的国籍应当一致为其理论根据，但实际上往往是为了达到增加本国人口数量的目的。采取这种规定的国家为数不多，有英国、比利时、爱尔兰、苏联等。

（2）被收养人的原有国籍虽不因收养关系立即受到影响，但被收养人可按比较优惠的条件，申请取得收养人国籍所属国的国籍。所谓较优惠的条件一般指年龄、居住期限等。采取这种规定的国家有美国、日本、瑞士、匈牙利、保加利亚等。

（3）规定被收养人不因收养关系而影响其原有国籍。即本国人被外国人收养者，不丧失其本国国籍，外国人被本国人收养者，不当然取得本国国籍，可保留其原有的国籍。如奥地利、墨西哥、罗马尼亚等国的国内立法有过此类规定。

有关收养与国籍关系的国际公约甚少，1930 年的关于国籍问题的海牙公约第 17 条，是从避免产生无国籍情况的角度涉及这一问题的。

4. 由于认领而取得国籍。有些国家的国籍法规定，非婚生子女，出生时从其母亲国籍；后由于其父和其母的结婚而取得准婚生地位，而从取得这种地位之日起，才取得其父亲的国家的国籍。这种取得国籍的方式称为认领或认可。这种规定是对非婚子女的歧视。例如，1955 年的《希腊国籍法》第 2 条规定："在满 21 岁前作为一个男性希腊国民的儿子取得准婚生地位者，从其取得准婚生地位之日起，成为希腊国民。"

5. 由于领土交换而取得国籍。领土交换指的是两个国家按照平等原则订立条约，将各自领土的一部分转移给对方。这种交换包括对领土主权、管辖权以及领土上居民的交换。如果所涉领土上的居民不愿意随领土转移到另一方，可以搬迁到原来国家的境内居住。其是否因为领土交换而取得对方国籍并退出原有国籍，一般是通过双边条约作出规定的。例如根据1960年10月1日中缅边界条约、中国与缅甸曾交换过一部分领土。在领土被移交给另一方后，所涉领土上的居民应被认为是领土所属一方的居民。即领土交换前，所涉领土上具有中国国籍的居民，交换后取得缅甸国籍，而原来具有缅甸国籍的也应按条约的规定取得中国国籍。另据中缅两国总理1960年10月1日关于两国边界条约的换文，所涉领土上的居民，如果不愿意随领土转移到另一方时，可在条约生效1年后的第1年内声明选择原来一方的国籍，并可从那时开始的两年以内迁入原来的一方境内居住。

关于一个人被批准入籍后，其效力是否及于配偶和子女的问题，各国国内立法的规定并不一致。从一人一国籍、男女平等，女子国籍独立以及国籍不能强制给予等原则看，从大多数国家的立法与实践来看，配偶一方改变国籍不应直接影响另一方的国籍。至于未成年子女的国籍是否受到影响，应根据具体情况加以区别对待。

关于入籍而取得国籍的人，在法律地位上是否与该国原有公民或国民完全相同的问题，各国的规定也不一样。大多数国家规定两者的法律地位原则上相同。但有的国家的立法则规定两者的法律地位有某些差别。如1990年日本国籍法曾对入籍者在政治权利方面作出七项限制。美国宪法则规定，入籍的人不得当选为美国总统。

各国出于国家主权，可以自由决定是否准许外国人和无国籍人入籍的问题，然而，这种自由不是绝对的，它要受到国际法的限制。国家在行使这项自由权利时，不能违背它所应当承担的国际条约的义务，不能违背国际习惯法的规则。例如，在规定入籍条件时不能对民族、种族、肤色等带有任何歧视。前述美国曾经拒绝黄种人以及黑人在美国入籍，这是不符合国际法的。

三 国籍的丧失与恢复

（一）国籍的丧失

国籍的丧失指一个人由于某种原因而丧失某一特定国家的国籍。根据各国的立法和实践，国籍的丧失可分为自愿丧失和非自愿丧失两类。

自愿丧失国籍是以当事人明确的意愿表示为基础的丧失。它主要是因为申请出籍和选择别国国籍而丧失。申请出籍是当事人主动要求并获准退出某一国国籍。其须具备两个条件：一是当事人的自愿申请；二是被申请国的批准或许可。在各国立法中均规定有退籍条件。例如，1952 年的《瑞士国籍法》第 42 条规定："任何瑞士国民，如果并不居住在瑞士境内，年龄至少已满 20 岁，且已取得或保证能够取得一个外国国籍者，经过申请，得被解除其国籍。"1945 年的《法国国籍法》也规定："法国国民，即使是未成年人，已取得一个外国国籍者，经过他申请后，得由法国政府许可其丧失法国国民的资格。"我国 1980 年的《国籍法》第 11 条规定："申请退出中国国籍获得批准的，即丧失中国国籍。"选择一国国籍而丧失另一国国籍多发生在具有双重或多重国籍的情况下，或者发生在领土交换的情况下，这时，当事者自愿选择其中一国国籍，因而丧失另一国国籍。

非自愿丧失国籍，是指由于某种事实或法定原因，而不是因当事人的意愿丧失原有国籍。常见的情况有：由于婚姻、收养、认领、国籍被剥夺等原因而丧失原有的国籍。因婚姻丧失国籍，指一个人由于同外国人结婚并按本国法规定丧失原国籍。这一般涉及妇女的国籍问题。如 1921 年的《意大利国籍法》规定，意大利妇女嫁给外国人，即失去意大利国籍。但现在大多数国家的立法倾向是，规定本国妇女因同外国男子结婚丧失本国国籍以已取得丈夫国的国籍为前提。如 1952 年的《瑞士国籍法》规定："瑞士女子同外国人结婚时，如果她由于结婚而取得或已取得其夫的国籍，且在公告结婚或举行婚礼时并未声明愿意保持瑞士国籍，即丧失瑞士国籍。"因认领而丧失国籍，是指一国妇女同外国男子的非婚生子女，一旦获得准婚生地位取得其父亲的国籍，即丧失本国国籍。采用这一原则的有希腊等为数不多的几个国家。1955 年的《希腊国籍法》规定："希腊国民在年满 21 岁前取得外国籍父亲的子女的准婚生地位或被外国父亲承认为子女者，如果他由于取得准婚生地位或被承认而取得其父亲的国籍，即丧失希腊国籍。"因被剥夺而丧失国籍，指在规定有剥夺国籍制度的国家中，因当事人构成了某种特定行为而由主管机关根据法律规定剥夺其国籍。关于剥夺国籍的理由各国规定不尽相同，归纳起来，有下列行为之一者可被剥夺国籍：（1）危害国家独立或安全的行为；（2）对本国不忠诚或为外国利益而危害本国利益的行为；（3）逃避兵役的行为；（4）在战争中为敌国服务的行为；等等。如，巴拉圭 1940 年的《宪法》第 41 条规定："巴拉圭公民直接或参与侵害共和国的独立和安全而未遂者，应终止为巴拉圭公民。"剥夺国籍具有惩罚性，而且会导致无国籍现象发生。国际法学界大多反对剥夺国籍。《世界人权宣言》第 15 条第 2 款规定："任何人的国籍不得任意剥夺。"

（二）国籍的恢复

又叫国籍的回复，指已丧失某国国籍的人重新取得该国的国籍。许多国家的国籍法都有此项规定，如 1952 年的《泰国国籍法》规定："泰国国民由于任何原因丧失泰国国籍后愿意恢复泰国国籍者，应依所颁规章规定的方式向主管部长提出申请。"我国 1980 年的《国籍法》第 13 条规定："曾有过中国国籍的外国人，具有正当理由，可以申请恢复中国国籍；被批准恢复中国国籍的，不得再保留外国国籍。"关于恢复国籍的条件，各国规定也不相同，有的规定恢复国籍只限于具有本国原始国籍而丧失者，对继有国籍而丧失者不予适用；但有些国家则规定不受其限。

四　国籍的冲突

国籍的冲突又称国籍的抵触，可分为积极冲突和消极冲突两种情况。

（一）国籍的积极冲突

国籍的积极冲突，是指一个人同时具有两个或两个以上国家的国籍。具有两个国家的国籍称双重国籍（double nationality），具有两个以上国家的国籍称多重国籍（multiple nationality）。

1. 双重（多重）国籍产生的原因

各国的立法在解决取得国籍和丧失国籍问题时，所采取的原则和规定的不同，使得国际社会中常常产生双重国籍或多重国籍的情况，其中由于出生而取得国籍，是引起双重或多重国籍的最普遍的原因。

下面具体分析产生双重、多重国籍的各种原因：

（1）由于出生。有些国家规定国籍的取得按照血统主义，另一些国家规定国籍的取得根据出生地主义，如果侨民夫妇基本国的法律采用血统主义，侨居国的法律却采用出生地主义，那么他们在某侨居国所生的子女，一出生就会具有双重国籍。若是子女的父母分属不同的国籍，则更容易在出生时即具有双重国籍，甚至具有多重国籍。

（2）由于婚姻。有些国家规定本国女子与外国男子结婚并不丧失本国国籍；而另一些国家的法律规定外国女子与本国男子结婚自动取得本国的国籍。这样，有的妇女就可能因为涉外婚姻而成为双重国籍人。例如，一个罗马尼亚女子与一个泰国男子结婚，根据罗、泰两国国籍法的规定，这个女子结婚后就会具有罗、泰双重国籍。

（3）由于收养。有些国家规定，外国人被本国人所收养，即取得本国国籍。但另一些国家的法律则规定，收养并不对国籍产生影响，即本国人如被外国人收养，仍可以具有本国的国籍。假如，采取第一种立法原则的国家的人，收养了一个采取上述第二种原则的国家的儿童，那么，这个被收养的儿童就将成为具有双重国籍的人。

（4）由于认领准婚生。因各国对于非婚生子女的国籍问题作出不同的规定，也可能导致双重国籍。假设一名匈牙利的男子与一名日本女子有了一个非婚生子，这个孩子先为其母认领，以后又为其父认领，根据匈牙利国籍法和日本国籍法的规定，他就具有匈、日双重国籍。

（5）由于申请入籍。一个申请加入外国国籍的人的本国法律规定，必须经过批准才能退出本国国籍，而其申请入籍的国家并不以申请人是否脱离原国籍为条件，这样，此人在加入新国籍时便可能形成双重国籍。例如按照 1948 年的《英国国籍法》，一个英国人在外国自愿申请并获准入籍，只要没有作出放弃英国国籍的声明，这个人便具有双重国籍。

2. 双重（多重）国籍人的地位

具有双重或多重国籍的人，从各国籍所属国的立场和法规来看，都认为其属于本国公民或国民，在其各个国籍所属国的国内，并不把他作为外国人看待，当他在国外时，有关国家也可以给他以外交保护。但对于其他各国，即非国籍所属国来讲，怎样认定具有双重（多重）国籍者的国籍呢？从各国的国内立法和具体做法来看，有的是根据当事人的住所或当事人是否长久在某一国籍所属国居住为标准；有的采用与当事人关系最密切的原则为标准。1930 年海牙的《关于国籍法冲突的若干问题的公约》第 5 条规定了采取经常及主要居所所在国以及与当事人关系最密切国家这两种标准，由非国籍所属国任选其一来确定双重（多重）国籍当事人的国籍。实际上，这一条的规定接受了“有效国籍”的原则，即双重（多重）国籍人的有效国籍，取决于他的住所的性质或与某个国籍国联系的紧密程度。例如，从他在某国的政治地位或从某国发给他护照的事实，可以判断联系的紧密程度，当然，若是他有两个或两个以上国家的护照，争论仍会存在下去。

双重（多重）国籍是一种不正常的现象。双重（多重）国籍者不但享受一定的权利，还应承担对所有的国籍国效忠的义务。比如几个国籍国同时要求他服兵役，他就无法履行这种义务。因此，双重（多重）国籍人时常处于困难的境地。如果几个国籍国之间发生战争，他的处境就更为艰难。因为无论他去哪一国服役参战，都会被另一国视为叛国。如1951年美国上诉法院曾经判决了一个具有美国国籍的日本人北川犯了叛国罪和残酷迫害美国战俘罪，原因是他在第二次世界大战日、美正式开战之前，凭美国护照来到日本，在日本逗留期间，他在日本的战俘营中任职，参与虐待过美军俘虏。

双重（多重）国籍也容易造成国家之间的纠纷。历史上由于双重（多重）国籍引起保护权和兵役义务的冲突，使有关国家陷于纠纷之中的事例屡见不鲜。1812年，英国与美国曾就英国强迫已在美国入籍的英国人服兵役引起争端，成为当年英、美之间发生战争的原因之一。1915年，美国与法国之间有过类似的纠纷，法国通知已入美国籍的法国人回国服兵役，并扣留了回到法国境内的这种类型的人，强迫他们服兵役。美国国务院向法国政府提出了抗议，但法国答复说，依照法国的国内法，法国公民在外国归化只有经过法国政府批准才可解除法国国籍。另外，双重（多重）国籍也常为第三国对外国人的管理带来不便。尤其是在该双重国籍人卷入民事或刑事案件，而必须明确当事人的国籍之时，这个问题就更为棘手了。

3. 双重（多重）国籍的解决

如何解决双重（多重）国籍问题，包括了防止和消除两个方面。目前，国际上还没有公认的解决双重（多重）国籍问题的规则，一般是通过国内立法、双边条约、多边条约或国际公约作出规定予以解决。

国内立法。国家在制定国籍法时，尽量避免或减少导致双重（多重）国籍的不利后果，一般作出下列几种具体规定：（1）允许选择国籍，即允许双重（多重）国籍人在成年时，可就其多个国籍中选择一个。但这种选择只有在两个或两个以上有关国家都承认时才有效。（2）允许放弃本国国籍，即允许在一定条件下，自动丧失本国国籍。如按葡萄牙民法典，凡同时具有葡萄牙国籍和其他外国国籍的人，可在成年时声明不愿成为葡萄牙国民。（3）允许拒绝取得本国国籍。主要适用于与本国男子结婚的外国女子。后两种规定是可行的，因为它们不涉及其他国家的立法问题。通过国内立法可以解决一部分双重（多重）国籍问题，但不能解决全部问题。

国际公约。为了避免或减少导致双重（多重）国籍产生的情况，国际社会通过协商订立了一些多边条约或国际公约。例如，1930年订于海牙的《关于国籍法冲突的若干问题的公约》和《关于双重国籍某种情况下兵役义务的议定书》、1933 年订于蒙得维的亚的《美洲国家间国籍公约》、1954 年、1957 年、1961 年联合国通过的有关国籍问题的公约等。但由于各国利益的不一致，批准和加入有关公约的国家为数不多，有的国家即使加入或批准了有关公约，也提出了各种保留。因而，这些公约虽对防止和消除双重（多重）国籍在一定程度上起到作用，然而，至今公约中的规定尚未形成公认的国际法规则。

双边条约。签订双边条约来避免和减少导致产生双重（多重）国籍的情况，是最行之有效的方法。两个有关国家，在平等基础上，通过协商，达成协议，从而比较彻底地解决彼此之间存在的双重国籍问题。例如 1956 年，朝鲜、南斯拉夫分别与苏联签订了解决双重国籍的条约。这样，在国内立法中可能不成功的选择国籍的办法，通过双边条约就奏效了，因为双边条约对缔约双方都具有法律拘束力。

我国华侨人数众多。为了解决因我国国籍法与华侨居留国国籍法规定不同而产生的华侨双重国籍问题，我国政府曾与印度尼西亚经过多次谈判，于 1955 年 4 月 22 日签订了关于双重国籍问题的条约，1960 年又制定了该条约的《实施办法》。双方确认，解决历史遗留下来的双重国籍问题，符合两国人民的利益。规定凡同时具有中国国籍和印尼国籍的人，应自愿在这两个国籍中选择一个国籍，而自动丧失另一个国籍。这就肯定了一人一国籍原则和自愿选择国籍的原则。1974 年 5 月 31 日，我国与马来西亚政府的《联合公报》、1975 年 9 月 9 日我国与菲律宾政府的《联合公报》，1975 年 7 月 1 日我国与泰国关于建立外交关系的《联合公报》中，也都涉及解决双重国籍的问题。

（二）国籍的消极冲突

国籍的消极冲突是指一个人不具有任何国家的国籍，又称无国籍(statelessness)。

1. 无国籍产生的原因

（1）由于出生。如一对无国籍的夫妇，在采取血统主义的国家里所生的子女，仍然是无国籍人；一对其本国采取出生地主义的夫妇在采取纯血统主义国家的领土内所生的子女，其子女也就成为无国籍人。

（2）由于婚姻。有的国家的法律规定，本国女子与外国男子结婚即丧失本国国籍；而另一个国家的法律规定，外国女子与本国男子结婚，并不当然取得本国国籍。这样，前一国的女子与后一国的男子结婚，她就会成为无国籍人。虽然她可以通过申请加入后一国国籍，但在批准入籍之前，仍是无国籍人。

（3）由于被剥夺。有些国家的国籍法订有剥夺国籍的条款，如果一个人被剥夺了国籍，在他没有获得新的国籍之前，就是一个无国籍人。

（4）其他原因。诸如偷越国境、没有合法的护照或其他证件，护照过期而不去更换新证等，都可能导致无国籍。国际上由于相邻国家之间的武装冲突或国内的某种动乱、冲突而造成的国际难民，也是产生无国籍的一种原因。

2. 无国籍人的地位

无国籍人不具有任何国家的国籍，当其利益遭到侵害时，他不能请求任何国家给予外交保护，任何国家也没有外交保护的法律依据。目前，多数国家对无国籍人通常给予一般外国人的待遇，但是无国籍人不能享受根据互惠原则给予某些特定国家的国民或公民的优惠待遇。因此，无国籍人的地位待遇令人同情。

3. 无国籍的解决

国际社会和各主权国家均采取积极措施以消除和减少无国籍现象。

采用国内立法的方式减少、消除无国籍是一种有效的办法。例如，许多国家规定无国籍人在本国所生的子女即取得本国国籍，有的国家允许无国籍人通过法定的手续申请入籍，有的国家规定国籍不明的弃儿可取得本国国籍，也有些国家规定，只有在取得或能够取得外国国籍的条件下，才可以丧失或声明放弃本国国籍。

国际社会也注意通过订立国际公约来改善无国籍人的地位，防止与消除无国籍状态。例如，1930 年海牙国际法会议制定的《关于某种无国籍情况的议定书》、1933 年的《美洲国家间国籍公约》，特别是联合国主持签订的 1954 年《关于无国籍人地位的公约》、1961 年《减少无国籍状态公约》，为解决无国籍起到了一定的作用。但现有的国际公约规定尚不完备，参加国为数不多，即使参加这些公约的国家，也有待于通过国内立法，将公约的内容付诸实施。因而，防止和消除无国籍现象，仍是世界各国长期面临的任务。

五　中华人民共和国国籍法

旧中国曾经颁行过 3 部单行国籍法规，即 1909 年清政府颁布的《大清国籍条例》，1914 年 12 月 30 日袁世凯政府颁布的《修正国籍法》，以及 1929 年 2 月 5 日民国政府颁行的《修订国籍法》。新中国成立后，废除了旧的国籍法。在 1980 年前的 30 年间，我国处理国籍问题主要是依据政府的有关政策的规定。1980 年 9 月 10 日，第五届全国人民代表大会第三次会议通过并颁布了《中华人民共和国国籍法》。这是新中国第一部国籍法，也是我国现行的国籍法。该法共计 18 条，集中反映了我国的一贯政策和多年来处理国籍问题的实践经验，并参考了国际公约和世界各国国籍立法的经验及其发展趋势。

《中华人民共和国国籍法》的立法原则可归纳如下：

（一）平等原则。包括民族、种族平等和男女平等。依据《国籍法》第 2 条，我国各族人民都具有中国国籍。依据《国籍法》第 7 条，外国人或无国籍人申请加入中国国籍，不附带任何民族或种族歧视的条件。此外，我国《国籍法》坚持妇女国籍独立原则和双系血统主义原则以体现男女平等。

（二）双系血统主义与出生地主义相结合的原则。我国国籍法第 4 条规定："父母双方或一方为中国公民，本人出生在中国（第 5 条还规定，即使本人出生在外国），也具有中国国籍。"表明这部国籍法否定了旧中国历次国籍立法所奉行的父系血统主义原则，改为实行双系血统主义原则。该法第 5 条后半部分又以但书规定"但父母双方或一方为中国公民并定居在外国，本人出生时即具有外国国籍的，不具有中国国籍。"这项规定又表现为兼采了出生地主义原则。其目的是为了避免双重国籍和无国籍的产生。综合第 4、5 条的精神可以看出，该法实行的是以血统主义为主、以出生地主义为辅的混合原则。

（三）不承认双重国籍原则。我国国籍法第 3 条明确规定："中华人民共和国不承认中国公民具有双重国籍。"上面提及的第 5 条后半部分的但书则具体规定，"本人出生时具有外国国籍的，不具有中国国籍"，这就使得中国公民不会因出生而取得双重国籍。第 9 条规定："定居外国的中国公民，自愿加入或取得外国国籍，即自动丧失中国国籍。"第 8 条后半部分规定："被批准加入中国国籍的，不得再保留外国国籍。"第 13 条后半部分规定："被批准恢复中国国籍的，不得再保留外国国籍。"这又使得中国公民不会因入籍、复籍而取得双重国籍。

（四）防止与消除无国籍原则。我国国籍法第 6 条明文规定："父母无国籍或国籍不明的，定居在中国，本人出生在中国，具有中国国籍。”改变了我国过去一度采取的“无国籍人的子女也是无国籍人”的政策。这一规定以出生地主义为基础，是防止出现新的无国籍问题的十分具体的立法措施。该法第7条还规定，在中国的无国籍的人，与外国人一样，只要愿意遵守中国的法律，具备了一定的条件（如系中国人近亲属、定居在中国或有其他正当理由），可以经申请批准加入中国国籍。这对消除无国籍状态起到积极作用。

（五）自愿申请与审批手续相结合原则。与其他国家的国籍法相比，根据本人自愿申请加入或退出中国国籍的规定，是新中国国籍法的一个重要特点。除去为避免双重国籍而在第9条中规定华侨因取得外国国籍而自动失去中国国籍，以及为了维护国家利益而在第12条规定“国家工作人员和现役军人，不得退出中国国籍”之外，我国国籍法没有任何关于自动取得、丧失国籍的规定，也没有任何关于取得、退出国籍的强制性规定。这是为了避免违背个人意愿而导致国籍的变更。另外，我国国籍法又强调中国国籍的加入、退出和恢复，必须经过我国主管机关的批准。第14条还指定受理国籍申请的机关，在国内为县级以上公安机关，在外国则是我国派出的外交代表机关和领事机关。

第二节　外国人的法律地位

外国人（alien）指在一国境内不具有居住国国籍而具有其他国家国籍的人。广义上，无国籍人也被视为外国人。而且，外国人不仅包括自然人，还包括外国法人。

一　对外国人的属地管辖权与属人管辖权

一国根据国家主权原则，享有对本国领土内一切人与物以及对其领土外的本国人的管辖权，即属地管辖权与属人管辖权。外国人既处于居留国的属地管辖下，又受到国籍所属国的属人管辖。因此，外国人要同时受到居留国和国籍所属国的双重管辖。但是，外国人置身于居留国境内的事实，决定了其必然与居留国发生密切的联系。因而，对外国人的管辖应以居留国的属地管辖为主，而以国籍所属国的属人管辖为辅。外国人居留国和国籍所属国的两种管辖权，有时可能产生矛盾或冲突，但可经过有关国家的协调，化分歧、冲突为调解、合作。

（一）外国人居留国的属地管辖权

依据国家的属地管辖权，每一国都可根据自己的具体情况，规定有关外国人入境、出境、居留的管理办法以及外国人在此期间的权利、义务。一国给予外国人何种待遇，属于一国主权范围内的事，别国无权干涉。但是，各国政府在依据属地管辖权对外国人管理时，应注意不违背本国所承担的国际义务，并遵守国际法的基本原则和有关的国际惯例。

对居留国来说，有权规定外国人必须遵守的法律法令。同时，也有义务保护外国人的合法权益。对于外国人来说，由于他受居留国的属地管辖，有权要求居留国保护他在居留国的合法权益；同时，他也有遵守居留国的法律和法令、尊重当地的风俗习惯、与当地人民和睦相处的义务。

（二）国籍所属国的属人管辖权

外国人的国籍所属国行使属人管辖权，主要体现在对侨居国外的本国人实行外交保护权上。即一国对在外国的本国侨民，当其合法权益遭到损害时，有权通过外交途径予以保护。国家的外交保护权是从国家主权派生出来的权利。国际法院在“诺特保姆案”、“巴塞罗那公司案”等一系列案件的判决中确认了这一点。

国籍所属国进行外交保护的前提条件是在居留国已经用尽当地救济。外国人受到非法侵害后，首先应通过居留国司法或行政机关以使自己得到补偿。在未用尽所有可能的救济手段之前，居留国的国家责任无从构成。国际法院在“国际工商业投资公司案”中，接受了美国政府以瑞典公司尚未用尽它可能使用的当地救济方法为由而提出的抗辩。

二 外国人入境、居留和出境的管理制度

国家有权根据本国的实际情况，对外国人的入境、出境和居留作出具体规定，别国无权干涉。

（一）外国人的入境

国家是否准许外国人入境，完全由各国国内法规定。在国际上，国家并没有准许外国人入境的义务，外国人也没有要求入境国必须准许他入境的权利。但在现代国际社会里，各国都在互惠的基础上，允许外国人为合法目的入境。有外交关系或订有条约的国家，都相互接纳对方的国民入境。但入境一般须持有护照和经过签证。无国籍人入境，则应持有其居留

国签发的旅行证明。国家之间可以签订互免签证的条约或协定，规定对于进入本国境内的对方公民，互相免去签证手续。如欧洲联盟成员国的往来一律不需签证。

为维护本国的安全和利益，国家有权禁止本国政府认为有害于本国的人入境。通常被各国禁止入境的人有：传染病患者、精神病患者、刑事罪犯以及从事不正当职业者。有些国家还规定，携带违禁品（如毒品、武器等）、走私、伪造或涂改证件者不得入境。但是，一国如果采取种族歧视政策，限制或禁止特定民族、特定国家的人入境，则是违背国际法的。

（二）外国人的居留

合法进入一国国境的外国人，根据准许其入境国家的法规或有关国际条约或协定，可以在该国短期、长期或永久性地居留。外国人在一国居留的时候，应遵守所在国的法规，而其人身、财产和其他正当权利，则应得到居留国的保护，这是公认的国际法准则。

按照国际实践，外国人的民事权利（如人身权、财产权、著作权、发明权、劳动权、受教育权、婚姻家庭权、继承权和诉讼权等）一般都在所在国保护的范围之内。而本国人所享受的政治权利，外国人通常是不享受的。

关于外国人在居留国所享受的权利和承担的义务，各国通常在宪法、民法、商法、劳动法、诉讼法以及其他有关法律、法令中作出规定。有些国家则通过单行法规专门规定，如印度 1946 年的《外国人法》、罗马尼亚 1969 年的《外国人管理法》等。此外，国际社会还存在大量的关于外国人在居留国权利与义务的公约和协定，如 1928 年在哈瓦那签订的美洲国家之间《关于外国人地位的公约》、1955 年签订的《欧洲居留公约》等。

（三）外国人的出境

国家对于已在其境内的外国人，只要符合其有关出境的规定，不能禁止该外国人出境。外国人出境的条件，由各国国内法规定，通常要求办理了出境签证，无未纳的税务或未偿的债务，无未了结的民事、刑事纠纷等。对于合法出境的外国人，应允许按照居留国法律的规定，带走其合法财产。

为维护本国公共秩序或公共安全的需要，一国政府有权限令外国人出境，或将外国人驱逐出境。如 1928 年美洲国家间《关于外国人地位的公约》第 6 条规定："各国得以公共秩序或公共安全的理由，将在其领土内设有住所、居所或临时过境的外国人驱逐出境。”1955 年《关于居留的欧洲公约》第 3 条第 1 款规定：“在其他各方领土内正常居住的缔约各方国民，除非威胁国家的安全或违犯公共秩序或善良风化，不得被驱逐。”各国国内法也都有相应规定。可见，驱逐外国人是国际公认的国家权利。但这项权利不可滥用。如果借此权利迫害外侨中的进步人士或歧视某个特定民族，则违背国际法，会招致当事人国籍国的抗议甚至报复，并引起国家责任。

三　国家给予外国人的待遇

关于国家给予合法入境的外国人的待遇问题，国际法上没有统一的规定。一国境内的外国人享受人身权利以及其他权利到何种程度，各国的实践也不尽相同。暂时过境或短期居留（旅游、经商、留学、采访等）和长期居留（侨民）的情况不一样，在具体待遇上，也必然会有一定的差别。通常所说的国家给予外国人的待遇，主要是指国家给予在该国长期居留的外国人的待遇。

给予外国人什么样的待遇，是国家主权的体现，其他国家无权加以干涉，应由各国的国内法加以规定，有时也由双边或多边条约加以规定。各国通过国内法和国际条约规定的外国人的待遇一般可分为四种。

（一）国民待遇

国民待遇（national treatment），指给予外国人的待遇和给予本国人的待遇一样。即在同样条件下，外国人所享受的权利和承担的义务与本国人相同；同时，外国自然人和法人也不能要求比本国公民或法人有更多的权利。

根据国际实践，国民待遇仅限于一定范围内的权利，一般指民事方面和诉讼方面的权利，并不包括政治方面的权利。一般来说，外国人在居留国不享有选举权和被选举权，不得担任公职，同时也不承担服兵役的义务。1934 年的《乌拉圭宪法》允许在该国住满 15 年的外国人享有选举权，这只是一种例外。

国民待遇通常是国家之间在互惠原则的基础上相互给予的，通过国内法、双边条约或一些区域性公约来规定。如 1995 年《欧洲居留公约》第 4 条规定：“缔约各方国民在其他各方领土内关于民事权利的享受和行使，无论是个人方面或财产方面，享有与国民待遇同等的待遇。”

（二）最惠国待遇

最惠国待遇（most favoured nation treatment），指一国给予另一国的公民或法人的待遇，不低于现在或将来给予任何第三国公民或法人在该国享有的待遇。

国家之间通常在平等互利的基础上，签订双边或多边条约，规定哪些方面给予缔约国的公民或法人以最惠国待遇。最惠国待遇一般的适用范围有商品的进出口关税、捐税和其他费用的征收、海关手续、进出口许可证以及其他证件的办理和发放、船舶和飞机的出入境、停留、自然人和法人的法律地位等。

最惠国待遇的种类：从施惠国授予受惠国最惠国待遇时是否附加条件看，可分为无条件最惠国待遇和有条件最惠国待遇；从最惠国待遇的给予是否互惠来看，可分为互惠最惠国待遇和片面最惠国待遇；从最惠国待遇的适用范围上看，可分为无限制最惠国待遇和有限制最惠国待遇。目前，国际条约普遍采用互惠的、无条件的以及有限制的最惠国待遇。

（三）差别待遇

差别待遇（differential treatment），指在外国人与本国人之间或在不同的外国人之间所享受的待遇不同。它包括两个方面：一方面是指给予外国公民或法人的权利，在某些方面少于本国公民或法人；另一方面是指对不同国籍的外国公民或法人给予不同的待遇。如果所采取的差别待遇不含任何歧视，则为国际法所许可；相反，如果采取歧视性的不合理的差别待遇，则是违反国际法原则的。

（四）普遍优惠待遇

普遍优惠待遇（Generalized System of Preference，GSP），简称普惠待遇，是一种单向优惠，其含义是：由于国际经济地位的不平衡，因此，在国际经济交往中，发达国家应给予发展中国家优惠，但发展中国家并不给予发达国家同样优惠。1974 年 12 月，联合国大会在《各国经济权利和义务宪章》第 19 条中明确规定，为了加速发展中国家的经济增长，弥合发达国家和发展中国家之间的经济差距，发达国家在国际经济合作可行的领域内，应给予发展中国家普遍优惠的、非互惠的和不歧视的待遇。20 世纪 70 年代以来，西方许多发达国家开始实行普遍优惠制。例如，1975 年非洲、加勒比海地区和太平洋地区 46 国与欧洲共同体 9 国在多哥首都洛美签订的《洛美协定》，就规定了允许这些发展中国家的全部工业品和 96%

的农产品无税不限量地自由进入欧洲共同体国家，而不要求给后者以同样待遇。

此外，在外国人待遇的问题上，一些西方国家和学者曾提出“国际标准”的主张。它要求给外国人的待遇，不能低于“文明世界”的“国际标准”或“最低标准”，否则就要负国际责任。这种“国际标准”或“最低标准”，仅仅是西方国家的标准，而不是现代国际法规定的标准。这种标准，并没有得到多数国家的接受。

四 外国人在中华人民共和国的法律地位

在半封建半殖民地的旧中国，由于帝国主义国家实行侵略和掠夺、奴役和控制，使得外国人在中国攫取了种种特权，如领事裁判权、内河航运权、片面的最惠国待遇等。这是对国际法基本准则的严重破坏和践踏。因此，中华人民共和国成立后，理所当然地取消了帝国主义国家在中国享有的特权地位，同时，也取消了外国人在中国的种种特权。

（一）有关外国人待遇的立法

我国《宪法》第 32 条第 1 款规定：“中华人民共和国保护在中国境内的外国人的合法权利和利益，在中国境内的外国人必须遵守中华人民共和国的法律。”为适应我国经济发展的需要，《宪法》第 18 条第 2 款规定：“在中国境内的外国企业和其他外国经济组织以及中外合资经营的企业，都必须遵守中华人民共和国的法律。它们的合法权利和利益受中华人民共和国法律的保护。”可见，我国根本大法对外国人在我国的法律地位作了原则性规定。根据这一精神，我国刑法、民法、中外合资经营企业法、中外合作经营企业法、外资企业法、商标法、合同法等对外国人，包括外国法人的实体权利和义务作了相应规定。我国的刑事诉讼法、民事诉讼法等对外国人的诉讼权利和义务作了相应规定。我国对外国人在互惠对等的基础上给外国人以国民待遇。

此外，我国还同有关国家签订了有关贸易、投资保护以及避免双重征税的双边条约或多边条约，在互惠对等的基础上给外国人以最惠国待遇。

（二）有关外国人入境、居留和出境的管理制度

为便于对在华外国人的管理，国务院于 1964 年颁布了《外国人入境出境过境居留旅行管理条例》，该条例在相当长时期内发挥重要作用。1985 年 11 月 21 日，第六届全国人民代表大会常务委员会通过了《中华人

民共和国外国人入境出境管理法》，国务院于1986年12月3日又制定了《中华人民共和国外国人入境出境管理法实施细则》。1994年7月3日，国务院修订了1986年实施细则。该法及其实施细则规定了我国对外国人入境、居留和出境的管理制度。

1. 外国人的入境。外国人入境过境应经中国政府主管机关的许可，须申请办理签证。我国主管办理签证的机关，在国内是公安部、外交部或由公安部、外交部授权的地方公安机关出入境管理部门和地方外事部门，在国外是中国的外交代表机关、领事机关或外交部授权的其他驻外机构。在特定情况下，外国人可向中国主管机关指定口岸的签证机关申办签证。我国根据外国人来华的身份和所持护照的种类，分别发给外交签证、公务签证、礼遇签证和普通签证。

外国人入境后可能危害我国国家安全、社会秩序的，不准入境，包括：（1）被中国政府驱逐出境未满不准入境年限的；（2）被认为入境后可能进行恐怖活动、暴力、颠覆活动的；（3）被认为入境后可能进行走私、贩毒、卖淫活动的；（4）患有麻风病、艾滋病、性病、开放性肺结核病等传染病的；（5）不能保证其在中国期间的生活费用的；（6）被认为入境后可能进行危害我国国家安全和利益的其他活动的。外国人入境时，边防检查机关如发现下列情形之一者，有权阻止其入境：（1）未持有效护照、证件或签证的；（2）持伪造、涂改或他人护照、证件的；（3）拒绝查验证件的；（4）公安部或国家安全部通知不准入境的。此外，还规定携带危险品、爆炸物品以及携带枪支、弹药者也不准入境。

2. 外国人的居留。外国人在中国居留，应在规定时间内到当地、公安机关缴验证件，变更居住地点，必须按规定办理迁移手续。为了给在中国投资以及与中国企业进行经济、科技、文化合作的外国人提供方便，管理法第14条作出了给这类外国人以长期居留或永久居留资格的规定。

外国人持有效的签证或居留证件，可以前往对外国人开放的地区旅行。但非经当地公安机关许可，不得前往非开放地区。

3. 外国人的出境。外国人出境，凭本人有效护照或其他有效证件。外国人应当在签证准许停留的期限内或者居留证件的有效期内出境。

有下列情形之一的外国人，不准出境：（1）刑事案件的被告人和公、检、法机关认定的犯罪嫌疑人；（2）人民法院通知有未了结的民事案件不能离境的；（3）有其他违反中国法律的行为尚未处理，经有关主管机关认定需要追究的。有下列情形之一的外国人，边防检查机关有权阻止其出境，并依法处理：（1）持用无效出境证件的；（2）持用他人出境证件的；（3）持用伪造或者涂改的出境证件的。

外国人如果非法入境、出境，在中国境内非法居留，未持有效证件前往非开放地区，或伪造、涂改、留用、转让入境出境证件，我国县级以上公安机关可处以警告、罚款或10日以下的拘留，情节严重构成犯罪的，可依法追究刑事责任。管理法第30条还规定，犯有上述行为，情节严重的外国人，公安部可令其限期出境或将其驱逐出境。

第三节　引渡

一　引渡的概念及法律依据

引渡（extradition）是指国家把在该国境内而被他国追捕、通缉或判刑的人，根据有关国家的请求，移交给请求国审判或处罚的国际司法协助行为。

在国际法上，国家没有引渡的义务。一旦外国提出引渡某人的请求时，是否将其引渡给请求国，还是给予庇护，都是国家主权范围内自由决定的事。所以，国与国之间的引渡条约或者包含有引渡条款的国际公约才是引渡的法律依据。

引渡制度产生于19世纪的欧洲，1833年的《比利时引渡法》是最早的国内立法，英国1870年颁布制定的《引渡法》是目前公认的最好的引渡法，因而也就成为各国参考立法的蓝本。进入20世纪以后，国际社会出现了大量的双边引渡条约和多边引渡公约。其中，比较著名的公约有：1933年的《美洲国家间引渡公约》、1957年的《欧洲引渡公约》。尤其是1990年12月联大通过的《引渡示范条约》，标志着引渡进入成熟期，各项引渡的规则也趋向明确。

二　引渡的主体

引渡的主体是指有权请求引渡的国家。它包括主权国家和独立司法管辖区（如中国香港、澳门）。有权请求引渡的国家一般是对罪犯主张有管辖权的国家，通常有三类：（1）罪犯国籍国；（2）犯罪行为发生地国；（3）受害国。这三类国家分别依据属人管辖权、属地管辖权和保护性管辖权都可提出引渡要求。如果三类国家同时请求引渡同一个人，被请求国可以自行决定引渡给哪一国。国际实践中也有：犯罪发生地优先，罪行最重的犯罪地国优先，最先请求国优先的做法。

三　引渡的客体

引渡的客体即引渡的对象。它是指引渡双方当事国同意移交的罪犯以及与犯罪有关的物品（物品是指犯罪证据和犯罪所得的财物）。

对于所引渡的罪犯，应该具备两方面的条件：一是可引渡的犯罪；二是可引渡之人。

1. 可引渡的犯罪

可引渡的犯罪一般是指普通刑事犯罪，而且根据“相同原则”或“双重犯罪原则”，被引渡的行为必须是相关两个国家法律都认定为犯罪的行为。例如1993年的《中泰引渡条约》第2条第1款规定：“可引渡的犯罪是指根据缔约双方法律都认为是犯罪并可处罚一年以上监禁的犯罪。”

18世纪以后，政治犯不予引渡已经成为一项国际习惯规则。最早把政治犯罪排除在可引渡罪行之外的是1793年的《法国宪法》，它规定，将给予为争取自由而从本国逃亡到法国的外国人予以庇护。1833年的《比利时引渡法》第一次规定了禁止引渡政治犯。但什么是政治犯罪（political offence），由于其本身就具有浓厚的政治色彩，所以目前国际上没有一个统一的定论。实践中，一般由被请求国来对有关犯罪的性质作出判断。但是下列这些犯罪行为，无论其动机和目的为何，都要排除其政治犯罪的性质。这些犯罪主要有：刺杀外国元首、战争罪、反和平罪、反人类罪、灭绝种族罪、非法劫持航空器罪以及侵犯外交人员的犯罪等。

2. 可引渡之人

可引渡之人是指被请求国指控为犯罪或判刑之人。他可以是请求国、被请求国或者第三国的国民。如果引渡的对象是被请求国的国民，欧洲大陆各国和拉美国家则坚持“本国公民不予引渡原则”。因为他们具有属人优先管辖权。而英美法系一些国家则认为可以引渡本国国民，因为犯罪人应当在犯罪地接受审判和处罚，以便使当地受到侵害的正义和秩序得到伸张和恢复。也就是说属地优先管辖权。

四　引渡的后果

请求国把罪犯引渡回国后，其目的是对该罪犯进行审判或处罚。因此，请求引渡国只能就其请求引渡所指控的犯罪行为进行审判和处罚，不得对引渡理由之外的其他犯罪进行审判和处罚，也不能再将罪犯引渡给第三国。这就是所谓的“罪行特定原则”。

五　我国的引渡实践

为了保障引渡的正常进行，我国于 2000 年 12 月颁布了《中华人民共和国引渡法》。该法对我国的引渡工作作了全面规定，是我国处理与外国之间引渡事宜的基本法律依据。尽管我国于 2000 年 12 月才颁布了《中华人民共和国引渡法》，但我国从 1986 年开始同外国签订司法协助协定，从 1993 年开始与外国签订引渡条约，共有 31 项，其中条约 6 件，即 1993 年的《中泰引渡条约》、1995 年的《中俄引渡条约》、1995 年的《中、白、俄引渡条约》、1996 年的《中保引渡条约》、1996 年的《中国、哈萨克斯坦引渡条约》和 1996 年的《中国、罗马尼亚引渡条约》。

综合以上规定来看，我国引渡制度的主要内容有：

1. 坚持对等或互惠原则，即有条约的按条约办理，无条约的按对等和互惠原则办理。
2. 坚持双重犯罪原则。
3. 政治犯不予引渡原则。
4. 本国国民不予引渡原则。
5. 坚持罪行待定原则。

此外，依据《关于办理引渡案件若干问题的规定》，我国处理引渡案件的机关为：外交部、最高法院、最高检察院、公安部、司法部。外交部在接到外国的引渡请求后与其他的部、院进行协商，共同作出决策。

第四节　庇护

一　庇护的概念和性质

庇护（asylum）是指国家对于因政治原因而受到迫害或追诉的外国人，准其入境和居留，给予法律保护，并拒绝将其引渡给任何外国的行为。

庇护是以国家属地优越权为依据的，每一个国家对于其领土内的人，不管是本国人或外国人，都具有管辖或保护的权利。因此，对于请求庇护的外国人，是否给予庇护，由庇护国自主决定。所以，个人可以请求庇护，但庇护权不是个人所享有的权利，而是国家根据属地优越权而派生出来的权利，是国家主权的具体表现。

二　庇护的法律依据

庇护的依据主要是国内立法。各国通常在宪法和其他法律中规定给予外国人的庇护。例如《我国宪法》第 32 条规定：中华人民共和国对于因为政治原因而要求避难的外国人，可以给予受庇护的权利。

国际社会中有关庇护的公约主要是区域性的，1928 年的《美洲国家关于庇护的公约》，1933 年的《美洲国家间关于政治庇护权的公约》。1967 年 12 月，联大通过了《领土庇护宣言》，这是全球范围内迄今最重要的一份国际文件。它规定了关于庇护的一般原则。

三　庇护的对象

庇护的对象是指因政治原因而遭受追捕或迫害的外国人，所以又称为政治避难。它是在政治犯不予引渡的基础上发展起来的。但庇护除了不引渡之外，还包括准许居留，给予保护。而且庇护的对象也超出通常意义上的政治犯，包括从事科学和创作活动而受到迫害的人。

对于受庇护的人是否因政治原因受到迫害、是否需要给予庇护，由庇护国来判定。但获得庇护的外国人应遵守居留国的法律，不得参与居留国的政治活动，不得将庇护国变成反对其他国家的政治活动基地。

四　域外庇护（外交庇护）

域外庇护是指一国利用其驻外的使馆、领馆或者停泊于外国港口的本国军舰来庇护外国人。国家是利用上述场所享有外交特权和豁免，所在国一般不实施管辖来达到自己的目的。因此，域外庇护又称为外交庇护。

域外庇护与领土庇护的最大区别在于，他是庇护国在外国领土上利用特权与豁免来庇护外国人。根据外交关系法，一国在享有特权和豁免的同时，必须遵守所在国的法律，不得干涉所在国的内政。1961 年的《维也纳外交关系公约》第 41 条也明确规定使馆馆舍不得用于与使馆职务不相符合的用途。所以，域外庇护一直未得到国际社会的普遍接受。

但是，域外庇护在拉美国家的相互交往实践中得到认可。1928 年的《美洲国家间关于庇护的公约》以及 1933 年的《美洲国家间关于政治庇护权的公约》都规定了域外庇护制度。从拉美国家间行使域外庇护的实践来看，庇护的结局一般是允许受庇护者安全离境。可以这样认为，域外庇护只是拉美国家间相互接受的一种区域性制度，而并不是普遍性国际法规范。总的来说，拉丁美洲是庇护制度最发达的地区，这主要是因为 20 世纪初，拉美国家频繁地发生政变，被赶下台的人为了可以得到他国的庇护，都在执政时热衷于订立庇护公约。

庇护最长的是 1956 年美国驻匈牙利使馆庇护匈牙利红衣主教明曾蒂，他一直在使馆居住到 1970 年，共 14 年。1989 年美驻华使馆曾庇护方励之夫妇，后中方允许方夫妇到美治病。

第五节　难民的国际保护

一　对难民的国际保护的起因和发展

在人类历史上一直存在着难民问题，但是国际社会意识到有责任向难民提供保护并帮助他们解决困难，则仅始于国联时代。1921 年国际联盟选举挪威人弗里德约夫·南森为难民事务高级专员，其任务是保护和救援第一次世界大战后流散在各国的 150 万难民和流离失所者，给各种救济行动的协调提供一个中心枢纽。由于难民所面临的最主要问题之一是缺少国际社会承认的身份证明，南森发明了难民的旅行证件——“南森护照”，使成千上万的人能够返回家园或安置在其他国家，并为长久的和仍在形成中的一系列旨在保护难民的国际法律措施开了先河。1922 年，希腊和土耳其之间的战争造成了几十万难民，南森又受命帮助安置他们。南森因其卓有成效的工作于 1922 年被授予诺贝尔和平奖。

第二次世界大战造成数百万人被迫背井离乡。同盟国 1943 年创立“联合国善后救济总署”，帮助数百万人返回本国或原居住地。但是由于本国被新的意识形态所统治，许多不愿回国成了保护难民的一大难题。1946 年第一届联大把难民问题作为优先审议的议题之一确立以下原则：难民问题属于国际范围内的事务；任何难民在完全自由的情况下最终以正当理由拒绝返回原籍国时，不得强迫他们回国；此类难民应受即将成立的国际机构的关注；主要任务是以各种可能的途径鼓励并协助他们早日返回家园。1947 年，国际难民组织成立，作为联合国的一个专门性的机构，负责处理第二次世界大战后流散在整个欧洲的大约 2100 万难民。这是第一个全面处理各种难民问题的国际机构，对难民进行登记、确定身份、遣返、重新安置、“法律和政治保护”等。该组织的活动持续至 1951 年。1951 年成立了联合国难民事务高级专员署（Office of the United Nations High Commissioner for Refugees），这是联合国大会的附属机构。该机构的创建章程明确难民署的工作是人道主义的，并完全是非政治性的；难民署的主要职能是保护难民并促进其问题的永久解决。目前，难民署不仅帮助安置难民，而且为难民、回国者以及在特别情况下为流离失所者提供物质援助。

与联合国难民署的成立同步，1951 年联合国召开解决难民和无国籍人地位全权外交会议，通过了《关于难民地位的公约》，这被认为是国际难民法的一个里程碑。由于该公约的适用范围限于 1951 年 1 月 1 日以前发生的事件而成为难民的人，而且缔约国拥有将公约实施的地理范围限于欧洲的选择权，随着新的难民群体的出现，1967 年联合国又通过《关于难民地位的议定书》，取消了 1951 年的时间限制和地域限制，使公约真正具有了普遍性。现已有 120 多个国家加入了公约和议定书，另外 8 个国家成为公约和议定书的签字国。

由于 20 世纪六七十年代亚非难民大规模出现，一些区域性组织也开始了保护难民的行动并通过了相应的条约或宣言。非洲统一组织于 1969 年通过的《关于非洲难民问题具体方面的公约》。中美洲于 1984 年通过的《卡塔赫纳难民宣言》。欧洲理事会于 1959 年通过的《关于取消难民签证的协定》，1980 年通过的《关于转移对难民责任的协定》，1984 年通过的《关于保护按 1951 年公约未能正式被承认为难民者的建议》等。

上述普遍性或区域性保护难民的文件对难民的定义、难民地位的甄别以及难民的待遇等问题作了具体规定。

二　难民的定义

国际联盟确定的难民（Refugees）定义是：那些如果返回本国便处于危险境地的特定群体。该特定群体逐步扩大了包括土耳其人、希腊人、亚美尼亚人、西班牙人，此外还有奥地利人和德国犹太人。

1951 年的《关于难民地位的公约》对难民一词作了基本定义，使其不再限于特定群体：难民是指“因有充分理由畏惧由于种族、宗教、国籍、属于某一社会团体或持有某种政治见解的原因留在其本国之外，并且由于此项畏惧而不能或不愿受该国保护的人；或者不具有国籍并由于上述事情留在他以前经常居住国家以外而现在不能或者由于上述畏惧不愿返回该国的人。”

1969 年的《关于非洲难民问题具体方面的公约》将难民的定义扩展为：难民不仅指因为遭受迫害被迫离开自己国家的人，而且还指“由于外国侵占、占领、外来统治以及在其本国或国籍国部分或全部领土内出现严重干扰公共秩序的事件，而被迫离开其本国的人。”这意味着逃离国内动乱、暴力和战争的人有权在本公约缔约国要求获得难民地位，而不管其是否具有正当理由担心遭受迫害。

1984 年的《卡塔赫纳宣言》特别建议，该区域使用的难民定义应包括以下原因逃离本国的人：“由于普遍化的暴力、外国侵略、国内冲突、大规模侵犯人权或其他严重扰乱公共秩序的环境等原因，他们的生命、安全或自由受到威胁。”该定义类似于非统组织公约中的定义，但附加了“大规模侵犯人权”的标准。

联合国难民署所“关注的人”的范围，随着世界各地形势发展的潮流，也早已超越 1951 年公约中的定义。1975 年后联大通过的有关决议中经常出现“流离失所者”的概念。这些决议授权难民署帮助并保护那些离开本国的流离失所者。他们不一定符合 1951 年公约中的难民定义，但由于本国发生的事件（有时称作“人为灾难”），使他们处于“像难民一样的境地”。而且，在联合国大会和秘书长的要求下，难民署还可帮助“留在本国的流离失所者”。这些人不能被看做难民，也不能被看做“处于像难民一样境地”的流离失所者，但难民署把他们作为自己的工作对象。如 1975 年塞浦路斯事件后，难民署应联合国秘书长的要求，协调对当地流离失所者的人道援助。此外，难民署对自愿回归本国后的难民的状况还发挥监督作用。因此，联合国难民署的实际工作对象早已超越出 1951 年公约中的“难民”的范围，甚至超出非统组织难民公约和卡塔赫纳宣言中的“难民”的范围。

综上所述，国际法中的难民是指因政治迫害、战乱或其他严重扰乱公共秩序的事件而逃离本国或居住国，失去任何政府保护的人。

三　难民地位的甄别

依据国际法，取得难民地位的人可以享受国际社会的特定保护和援助。因此，难民地位的甄别与确定具有重要意义。联合国难民署1979年曾出版《关于难民地位甄别程序和标准手册》，成为难民署处理难民资格问题的指南，也为关于难民地位的1951年公约和1967年议定书的缔约国广泛使用。

（一）甄别难民地位的机构

确定某人是否具有难民资格，可以由某人的所在国政府进行，也可以由负责难民保护和援助的国际机构进行。

如果一国是关于难民地位的1951年公约和1967年议定书的签字国，则由该国政府负责给予难民地位。取得此种难民地位的人称为“公约难民”，其地位最优惠：他不仅可以保证不被“推回”，而且还提供公约与议定书中规定的多项经济和社会权利，包括获得旅行证的权利。

联合国难民署也可以依其章程确定难民。取得此种难民地位者称“章程难民”。实际上章程难民定义与公约难民定义相同，只是章程难民的确认不取决于庇护国是否关于女工难民地位的1951年公约和1967年议定书的签字国。对章程难民，难民署给其保护，使其不被“推回”并享受人道主义待遇。但章程难民不能要求享有与公约难民完全一样的权利。

（二）甄别难民地位的标准

“一个人不是因为得到认可才成为难民，而是因为他是难民才得到承认。”① 一般情况下，一个人符合难民定义中的标准，他就是难民。依据关于难民地位的1951年公约和1967年议定书，要获得难民地位必须具备主客观两方面因素。1. 主观因素，即申请难民地位者主观上畏惧迫害，而且这种畏惧不能是假想的或虚构的，要结合个人与家庭背景；在某种族、宗教、国家、社会或政治团体中的成员身份；个人的环境或经历等因素来证明这种畏惧的真实性。2. 客观因素，即申请难民地位者的畏惧须与受迫害相关，而且这种迫害是“由于种族、宗教、国籍、属于某一社会团体或持有某种政治见解的原因”，即是一种“政治迫害”。因此，害怕饥荒或自然灾害的人不是难民；仅仅为改善经济状况而非出于对迫害的畏惧而离开本

---

① 参见联合国难民署出版物《难民地位的甄别》，北京1995年版，第8页。

国的人也不是难民，而是经济移民。但前述非统组织难民公约和卡塔赫纳宣言已把这种客观因素扩大到战乱、遭受外来侵略、严重危害公共秩序的事件等。另一客观因素是申请难民地位者在本国之外或原经常居住国之外。当一个人仍留在其本国国内时，不应取得难民地位。尽管联合国难民署近年把自己的关注对象扩大到一国内的“流离失所者”，但法律上此类人并不称为“难民”。

此外，1951 年难民公约还有终止性条款和排除性条款。前者明确难民如获得了国籍国保护或受迫害情况不再存在，则难民不再享受难民地位。后者则规定一个人即使符合难民定义中的标准，但属于下列情况，则不能给予难民地位：已接受联合国保护或援助的人；因为享有庇护国国民的权利和义务而被认为不需要国际保护的人；以及犯有破坏和平罪、战争罪、危害人类罪的人；或在以难民身份进入庇护国前曾在庇护国以外犯过严重的非政治罪行的人；曾有违反联合国宗旨的原则和行为并经认为有罪的人。

（三）甄别难民地位的程序

难民地位甄别程序是确保执行关于难民地位的 1951 年公约和 1967 年议定书的关键。然而这两个文件均未规定缔约国的程序。事实上，由于各国行政和司法制度互不相同，也不可能产生统一的难民地位甄别程序，前述联合国难民署 1979 年曾出版的《关于难民地位甄别程序和标准手册》对此作了一般规定：合格工作人员应对难民地位的申请进行公正和适当审查；只要条件许可，应允许申请人当面陈述其案情并填写联合国难民署资格甄别表；对被拒绝申请者应说明拒绝理由并为其上诉提供咨询；上诉案件应由另一名人员或另一组人员处理等。

四　难民的待遇

一个人经申请获准取得难民资格后，难民本人及其家庭成员便可享受公约难民地位或章程难民地位，不被推回其本国或居留国，即坚持“不推回原则”。

关于难民地位的 1951 年公约和 1967 年议定书的缔约国承诺：在其境内的任何难民在宗教自由、缺销产品的定额供应、初等教育、行政协助的费用、任何捐税或费用的财政征收等方面与本国国民享有同等待遇；在其境内合法居留的难民在公共救济和救助以及劳动立法和社会安全等方面与本国国民享有同等待遇；在其境内经常居住的难民在艺术权利和工业财产的保护以及出席法院等方面与本国国民享有同样待遇。在其他方面难民享有不低于一般外国人所享有的待遇。此外，难民有获得身份证件的权利，以便其旅行。在入籍方面应给难民提供便利。

联合国难民署对于确认的章程难民，首先是尽力帮助那些希望返回家园的难民自愿遣返，并由难民本国、庇护国和难民署共同起草遣返协议，阐明难民回国的条件并列出回国者的安全保证条款。在自愿遣返不可能时，难民署力促庇护国就地安置并融合难民。对于既不能回到本国，又不能安全地留在庇护国的难民，难民署力争第三国重新安置难民。同时，难民署会同联合国的一些专门机构并联合一些非政府组织尽可能给难民以人道主义救济。当然，联合国难民署并不限于对章程难民进行保护和援助，也参加对公约难民的保护和援助。

五　中国与难民的国际保护

中国自 1971 年恢复在联合国的合法席位后，即积极参加到联合国保护难民的活动中去。1979 年中国恢复在难民署执委会中的活动并多次出席有关难民问题的国际会议。1982 年中国加入 1951 年《关于难民地位的公约》和 1967 年《关于难民地位的议定书》。但中国国内目前没有专门的难民立法和确定难民身份的程序。联合国难民署 1979 年在中国设立了办事处。

中国境内出现大规模难民是在 1978—1979 年。自 1978 年始，大批华裔越南人逃到中国，被称为“印支难民”。中国政府接收了约 28.6 万印支难民，其中约 91% 为华裔、8% 为越南人、1% 为老挝人。中国政府将这些印支难民安置在大约 190 个国营农场和生产单位。1981—1982 年，中国政府又接收了约 2500 名老挝难民，还有一小批柬埔寨难民，也分别安置在云南和江西、山西。近年来，来自索马里、布隆迪、卢旺达的留学生约 73 人也在中国寻求到难民地位①。

鉴于中国没有难民立法，联合国难民署驻北京办事处目前负责难民身份的甄别，与民政部接待和安置难民办公室合作，为来中国寻求保护的难民提供援助。

---

① 数据资料见联合国难民署出版物《难民署简介》，北京 1996 年版，第 18 页。

【案例研究】

诺特波姆案

【案情简介】

诺特波姆是德国人，1905 年离开德国，开始在危地马拉定居，并把危地马拉作为其事业的中心。1939 年 10 月，他去列支敦士登探望其兄弟时申请入籍。按照列支敦士登国籍法，外国人入籍，必须已在该国居住至少 3 年，但在某些例外情况下可以免除这个限制。诺特波姆交了一笔费用后获得该限制的豁免，从而取得列支敦士登国籍。而按照德国国籍法，他同时丧失德国国籍。当时，德国已挑起第二次世界大战。

1939 年 12 月，危地马拉驻苏黎世总领事在诺特波姆的列支敦士登护照上签证，准予其重返危地马拉。他返回危地马拉后，即向危政府申请将其登记簿上的国籍由德国改为列支敦士登，并经过危政府批准。此后，他一直在危地马拉活动。1941 年 12 月，危地马拉向德国宣战，德国被列入敌国。1943 年 11 月，诺特波姆被危警方以敌国侨民为由逮捕，后被移交给美国。1944 年 12 月，危地马拉当局撤销了把他登记为列支敦士登公民的行政决定，随后扣押和没收了他在危地马拉的财产。1946 年，诺特波姆获得释放，他向危地马拉驻美领事申请回危，遭到拒绝，随后他赴列支敦士登定居。1946 年 2 月，他又向危政府提出撤销 1944 年作出的关于取消对他的国籍登记为列国籍的行政决定的请求，也遭到危拒绝。1951 年 12 月 7 日，列支敦士登向国际法院提起诉讼。

【判决】

1953 年 11 月，国际法院对初步反对主张作出裁决，判定对本案有管辖权，驳回危地马拉的初步反对意见。1955 年 4 月，国际法院就实质问题作出判决，驳回列支敦士登的请求，支持危地马拉的抗辩。法院审查了诺特波姆在列支敦士登入籍前后的行动，认为他同列支敦士登并无实际的关系，同危地马拉却有很久和很密切的关系，而且他同危地马拉的关系不因他加入列国籍而有所减弱。诺特波姆在列既无住所，又无长期居所，也无在列定居的意思，更无经济利益，或已进行或拟进行的活动。在其入籍后，生活上也无变化。他申请加入列国籍不是由于他在事实上属于列的人口，而是希望在第二次世界大战发生时取得一个中立国的保护。列支敦士登准许他入籍也不是以他同列有实际关系为依据的。因此，诺特波姆的列支敦士登国籍不是实际国籍，不符合国际法上实际国籍的标准。危地马拉没有义务承认列支敦士登赋予他的国籍，列不能根据这个国籍来向危地马拉行使对诺特波姆的外交保护权。

【评析】

在本案中，国际法院根据国家实践、仲裁和司法判例以及法学家们的意见，给国籍下了一个经典的定义，即："国籍是一种法律上的纽带，其基础是一种依附的社会事实，一种真正的生存、利益和情感的联系，并伴随有相互的权利和义务。可以说，它构成这种事实的法律表述，即或直接被法律所授予，或作为政府当局行为之结果而被授予国籍的个人，实际上与整个具有该国国籍的居民之间，较之与任何其他国家之居民之间，有更密切的联系。如果它构成了一种个人与其成为它的国民的国家之间的关系的法律术语的话，那么，被一国授予国籍，仅仅赋予该国行使针对于另一国的保护的权利。"这一定义准确地表述了国籍的概念及其在国际法上的意义。而且，国籍在外交保护意义上还必须是保护国的有效国籍。如果不是实际国籍，它国有权拒绝保护国的请求。此外，法院还重申了国际常设法院在 1923 年"突尼斯—摩洛哥国籍命令案"中所表达的一个观点：国籍问题原则上属于每一个国家的国内管辖事项，每个国家有权以自己的法律或行为决定谁是它的国民。

【拓展与反思】

中国的双重国籍问题

反对承认双重国籍的人认为：双重国籍对于个人、国家和国际关系均有害。这些害处主要表现在以下方面。不利于中国与友好国家的关系；不利于海外华人在居住国的生存，主要涉及权利和义务。他（她）可能受到一国的歧视而又无权要求另一国给予外交上的保护；他（她）对两个国家都负有效忠的义务，如果这两国发生冲突，他（她）需要履行其对两个国家应尽的义务，处于非常尴尬的地位。同时，这种双重国籍也容易引发外交纠纷，如有的具有双重国籍的人在一国犯罪后跑到另一国以逃避法律制裁。由于海外华人众多，双重国籍的身份还可能带来外交纠纷，给第三国对他（她）的处理增添了更复杂的因素。

赞成承认双重国籍的人认为：首先，有利于大量引进海外人才、技术、资金和管理经验。具有双重国籍的华人以公民身份来去自由，会带给中国更多商机、外汇和税收。其次，有利于增强民族凝聚力。承认双重国籍可以激励他（她）身居海外，胸怀祖国，以主人翁姿态，维护祖国利益，还可以吸引他（她）以公民身份参加人民代表大会，对国家事务发表意见，为民族发展献计献策。再次，有利于祖国统一。最后，有利于中国政府依法管理。如果他（她）在中国犯罪，由于有中国公民身份，可以按照国内法律来审理，不会危害国家安全。

李安山教授认为：中国国籍法已经难以面对近 20 年急剧变化的形势，应该修正；双重国籍不宜恢复，应根据不同国家制定相应法律；外国对移民的国籍及双重国籍问题有相应法律，香港澳门也有现行政策，华侨华人的有关立法可以借鉴他人的经验。修正有关法律需要遵循四条原则。

主权原则：在制定相关法律时，既要以我国的主权为重，又需尊重华人所属国的主权。

对等原则：只要对方国承认或允许双重国籍，如果当地大部分华人有此要求，中国政府则可以通过与对方国通过双边协定承认双重国籍。

灵活原则：一方面，从承认到不承认双重国籍之间存在诸多非此即彼的空间，可容纳各种不同的政策和措施。另一方面，对不同国家的华人、不同时代的华人实施不同政策。

渐进原则：华侨华人相关政策的制定也要循序渐进，应时而动，量力而行。

复习和练习

重点问题

1. 国籍法是国内法。国家根据国籍法决定授予何人以国籍。但个人也有选择国籍的权利。前者属于公法范畴，后者属于私法范畴。引渡是国家之间的一种司法协助行为。庇护是指领土庇护，它是从国家属地优越权引申出来的一种权利。

2. 国家基于属地优越权对外国人实行管辖，重点掌握外国人待遇的三个一般性原则：国民待遇原则、最惠国待遇原则、不歧视待遇原则。

3. 引渡是国家之间的一种司法协助行为。庇护是指领土庇护，它是从国家属地优越权引申出来的一种权利。

关键术语

国籍　国籍的冲突　国民待遇——最惠国待遇　不歧视待遇　引渡　庇护

思考题

1. 国籍的取得与丧失有哪些方式？

2. 什么是国籍的冲突？其产生的原因及后果是什么？如何解决该问题？

3. 外国人待遇的一般原则及其适用。

4. 比较引渡制度和庇护制度。

第四章　国际法上的人权

第一节　人权保护的历史发展

人权（human rights）是指一个人作为人所享有或应享有的基本权利。人权作为一个法律概念，是伴随着资产阶级反对封建统治的革命而产生的。资产阶级自然法学派的代表洛克和卢梭大力提倡和传播“天赋人权”的思想，对资产阶级革命的胜利以及后来形成世界人权理论体系起到了关键的作用。1776 年美国的《独立宣言》宣布，人人生而平等，人人都具有生命权，自由权和追求幸福的权利。1789 年法国的《人权和公民权利宣言》也宣称，人人生而自由平等，人天生就具有自由、私有财产、安全和反抗压迫的权利。1789 年美国的《权利法案》（宪法修正案）以及随后的法国宪法，第一次以法律形式提出了人权的概念和人权的内容，使得人权从政治层面正式进入现代国家的法律制度中。在第二次世界大战以前，人权基本上是国内法上的一个概念，但在某个特定领域，国际法也涉及人权的保护，这些保护主要有：

1. 保护少数者。所谓保护少数者是指通过条约保护一个国家内部，在人种、语言、宗教等方面属于少数人的权利。例如：1648 年的《威斯特伐利亚和约》就有保护新教徒的内容，规定新教徒享有与罗马天主教徒同等的宗教自由。1815 年的《维也纳会议最后议定书》第一条规定了作为少数者的波兰人在俄罗斯、奥地利和普鲁士的权利。

2. 禁止贩卖奴隶。从 15 世纪到 19 世纪，大量的黑人奴隶被白人从非洲贩运到美洲。300 年间，因奴隶贸易而死亡的非洲黑人超过了 7000 万，约占非洲总人口的一半。1807 年英国议会首先宣布禁止奴隶贸易，随后，法国在 1848 年签署禁奴法令。美国于 1865 年南北战争后制定了废除奴隶制的宪法第 13 条修正案。在国际法方面，1890 年欧美等 19 个国家在比利时布鲁塞尔签订了《关于贩卖非洲奴隶的总议定书》。1926 年 9 月 25 日，国际联盟的各成员国签署了《国际禁奴公约》。

3. 国际劳工保护。在工人运动和各种工会组织的推动下，从 1900 年开始，国际社会陆续制定了《禁止妇女在夜间劳动公约》、《禁止使用童工公约》等一批国际条约，初步形成了国际劳工保护的法律体系。

4. 战争期间的人道保护。战争的残酷性使得人们开始思考如何减少或降低战争带来的损失。从 19 世纪初开始，国际社会逐步形成了保护伤病员、保护平民、优待战俘、限制过分残酷的战争手段等四方面的人道主义战争法规，形成了国际法的一个主要部门法——战争法。

总的来说，1945 年以前，人权的国际保护仅限于人权的个别方面，而且其动机主要是政治性的，而不是从法律的程序和实体上去保护，所以，上述的这些保护都缺乏必要的保障措施。人权并不是国际法上的一项原则，人权仍然被视为纯属国内法管辖的事项。

第二次世界大战之后，鉴于战争期间德国、日本等轴心国大规模践踏人权（例如德国大规模迫害犹太人，日本实施南京大屠杀等），人权保护全面进入国际法领域。首先载入人权条款的是 1945 年的《联合国宪章》，它开明宗义地宣称，“欲免后世再遭今代人类两度身历惨不堪言之战祸，重申基本人权、人格尊严与价值”。从此，人权的国际保护提上了议事议程，国际法也逐渐形成了一个重要的分支——国际人权法。

第二节　主要的国际人权文件

有关人权的国际法主要由国际公约构成，国际人权文件即包括公约，也包括联大通过的宣言和决议。后者虽然没有法律约束力，但一些重要的宣言和决议，如《世界人权宣言》等，对国际人权法的发展起到了重要作用。从内容上看，这些文件涵盖了人权的各个领域，有一般性规定的文件，有规定专门领域事项的文件，从范围上看，有普遍性，全球性的，也有区域性的。

一　国际人权宪章

国际人权宪章由《世界人权宣言》、《经济、社会和文化权利国际公约》与《公民权利和政治权利公约》组成。

1.《世界人权宣言》于 1948 年 12 月 1 日联大通过。因此，每年 12 月 1 日被联合国定为“国际人权日”。

宣言包括一个序言和 30 条条文。从内容上看，可以分为两个部分，第一部分主要规定公民的政治权利（1—21 条），例如“人人生而自由，在尊严和权利上一律平等”（第 1 条）。“无罪推定”（第 11 条），“人人享有思想和宗教自由”（第 18 条）等。第二部分主要规定公民的经济、社会和文化权利（22—27 条）。例如“人人享有工作的权利”（第 23 条），“人人享有受教育的权利”（第 26 条）等。

《世界人权宣言》是第二次世界大战后第一个关于人权的专门性国际文件。它不是条约，没有法律效力，而且其内容大多反映西方国家长期以来关于人权的观点和国内法律实践，重点强调个人的权利和自由，侧重于个人的政治、经济权利。存在着一定的缺陷和历史局限性。但是，《世界人权宣言》是具有重大历史意义的文件，它对第二次世界大战后国际人权法的发展产生了深远的影响，起到了积极的作用。

2. 联合国两个人权公约

《世界人权宣言》通过后，联合国人权委员会开始起草国际人权公约。1966 年，联大通过了《经济、社会和文化权利国际公约》（简称 A 公约）和《公民权利和政治权利公约》（B 公约）。这两项公约均于 1976 年生效。目前两公约各有 100 多个国家加入。我国于 1997 年 10 月签署《经济、社会和文化权利国际公约》，1998 年 10 月签署《公民权利和政治权利公约》，并于 2000 年年底经全国人大常委会批准后加入了这两项公约。

两项公约的内容基本上是以《世界人权宣言》的内容为主的，是宣言的各项内容的具体化。

总的来说，国际人权宪章，已经成为国际人权法的主要法律依据，并且在整个国际法中占有重要地位。它表明人权的国际保护已经成为现代国际法的主要内容之一，所以，许多学者认为，这两项公约是国际法中的强行法。

二　专门性公约

这类公约主要是针对某一领域内的人权保护事项作出专门的规定。虽然就影响力来说，不如国际人权宪章重要，但也是国际人权法中的重要组成部分。这类公约数量较多，范围也比较广泛，大致可以分为以下几类。

1. 禁止非法战争以及灭绝种族。这类公约主要有：1968 年联大通过的《战争罪及危害人类罪不适用法定时效公约》、1948 年来联大通过的《防止及惩治灭绝种族罪公约》。这类行为侵害了人的最基本权利——生命权。所以，国际法已经确立：战争罪、危害人类罪、违反人道罪以及灭绝种族罪都是国际罪行，无论从事这些行为的人是一国的统治者、政府官员或是平民，都必须加以惩罚，并不能以任何辩解使其逃脱惩罚。

2. 消除种族歧视和种族隔离。主要有 1965 年联大通过的《消除一切形式种族歧视国际公约》、1973 年的《禁止并惩治种族隔离罪行国际公约》。

3. 保护妇女、儿童。主要有 1950 年的《妇女政治权利公约》，1979 年的《消除对妇女一切形式的歧视公约》，1989 年的《儿童权利公约》。

4. 废除奴隶制和禁止强迫劳动。第二次世界大战后，联合国继续执行国际联盟 1926 年的《禁奴公约》，1953 年又通过了《关于修正禁奴公约的议定书》，继续禁止各种形式的奴隶制习俗，包括包办或买卖婚姻、转让妻子、丈夫死后妻子由他人继承、奴役少年儿童等。关于强迫劳动方面，国际劳工组织先后制定了两个《废止强迫劳动公约》。1930 年公约规定除法院判定有罪而被迫从事劳动的罪犯之外，不得强迫劳动。1957 年的公约删除了这一条，规定不得以劳动作为惩罚手段，强迫任何人劳动。

5. 司法方面个人权利的保障。主要有 1955 年的《囚犯待遇最低标准规则》，1984 年联大通过的《禁止酷刑公约》（全称为《禁止酷刑和其他残忍、不人道或有辱人格的待遇或处罚的公约》）。

三　区域性公约

目前，主要有三个洲际公约：即 1950 年通过、1953 年生效的《欧洲人权公约》。为了监督实施这个公约，欧洲理事会（现欧盟）还专门成立了欧洲人权委员会和欧洲人权法院作为公约的执行机构。前者主要接受和处理有关缔约国违反公约的申诉，后者主要作出有关人权案件的终审判决。1969 年通过、1978 年生效的《美洲人权公约》，同样也成立了美洲人权委员会和美洲人权法院作为公约的执行机构。1981 年通过、1986 年生效的《非洲人权和民族权宪章》，成立了非洲人权和民族权委员会，但没有建立人权法院。

第三节 国际人权保护的实施制度

一 国际人权保护的机构

根据有关国际人权公约的规定，为了保证公约的履行，由联合国或其他一些机构负责监督有关人权公约的实施。比较重要的国际人权机构有：联合国大会、经社理事会、联合国人权委员会、联合国人权事务高级专员公署、人权事务委员会、经社文权利委员会、反对酷刑委员会、消除种族歧视委员会、儿童权利委员会、消除对妇女歧视委员会以及欧洲人权委员会、美洲国家间人权委员会和非洲人权与民族权委员会以及国际刑事法院等。其中影响最大的要属联合国人权委员会和国际刑事法院。

（一）联合国人权委员会

1. 组成。联合国人权委员会（Commission on Human Rights）是联合国经社理事会附属机构的职司委员会之一。《联合国宪章》第68条规定："经济暨社会理事会应设立经济与社会部门及以提倡人权为目的之各种委员会，并得设立于行使职务所必需之其他委员会。"为了履行这一职责，1946年6月21日，经济暨社会理事会（简称经社理事会）通过决议设立了正式的人权委员会。

人权委员会的成员是国家的代表，而不是以个人身份当选。委员会的人员已由创始阶段的18名增至53名。名额由经社理事会按一定比例分配，以确保地域上的公平。具体分布情况如下：非洲15名，亚洲12名，拉丁美洲和加勒比地区11名，西欧和包括美国的其他国家共10名，东欧5名。委员会成员的任期为3年，每年改选1/3，可以连选连任。

2. 职能。联合国人权委员会是联合国系统内处理一切有关人权事项的主要机构。根据经社理事会的决议，人权委员会的主要职责是：向经社理事会提出有关人权的提案、建议或报告，并帮助经社理事会协调联合国系统内的人权工作。人权委员会要研究的问题包括：（1）国际人权法案；（2）关于公民自由、妇女地位、新闻自由及类似事项的宣言或公约；（3）保护少数；（4）防止因种族、性别、语言或宗教的原因而产生歧视；（5）上述四个方面以外的任何有关人权的其他事项。

60多年来，随着人权理论与实践的不断发展以及国际形势的变化，人权委员会的职权也呈不断扩大的趋势。1959年，经社理事会通过一项决议，要求联合国秘书长把联合国收到的对有关各国政府侵犯人权的指控来文汇编后交人权委员会，并请受到指控的国家政府对所受指控作出答复。特别是在1967年和1970年，经社理事会分别通过了第1235号决议和第1503号决议，赋予人权委员会处理大规模侵犯人权事件的职权。

3. 活动。人权委员会一般从每年的2月初至3月中旬在联合国日内瓦办事处召开为期6周的会议。除人权委员会的成员国外，非成员国、联合国各专门机构、区域性国际组织、在经济及社会理事会具有咨询地位的非政府组织和联合国所承认的民族解放组织均可派观察员列席会议。在每届会议上，委员会选举1名主席、3名副主席和1名报告员。

60多年来，人权委员会的主要活动包括：（1）对人权问题进行专题研究，提出建议并起草国际人权文书。在这方面，委员会的主要工作成就为：起草了《国际人权宪章》和许多其他有关人权的公约。后者如《消除一切形式种族歧视国际公约》、《发展权利宣言》和《儿童权利公约》等重要的国际人权文书。（2）审议、调查有关侵犯人权的指控，处理有关侵犯人权的来文。自20世纪70年代以来，特别是自80年代以来，人权委员会的大量工作是审议和调查有关侵犯人权的指控，其中用时较多的是审议“国别人权问题”。

4. 第1503号决议。1970年5月27日，联合国经社理事会通过了题为“有关侵犯人权及基本自由的来文的处理程序”的决议，即第1503号决议。根据这一决议，防止歧视和保护少数小组委员会不用依据条约，在“一贯的大规模侵犯人权并得到可靠证实的情况下”即有权受理个人的来文。该决议授权小组委员会建立一个小型工作组审查联合国收到的来文，以查明来文中“明显暴露出具有某种持续不断的大规模的和证据确凿的侵犯了小组委员会职权范围内的人权和基本自由的典型情况”。小组委员会可以决定将具有一贯侵犯人权特点的情况提请人权委员会审议，人权委员会可以自行研究并向经社理事会提交报告，提出建议，也可以在征得某国同意的情况下委派一个委员会去调查情况①。这一程序被称为对《联合国宪章》的义务，并采取及时措施来改善国内的人权状况。

5. 附属机构。防止歧视和保护少数小组委员会（Sub-Commission on

① 参见［加拿大］约翰·汉弗莱著，庞森等译《国际人权法》，世界知识出版社1992年版，第96页。

Prevention of Discrimination and Protection of Minorities，简称小组委员会）是人权委员会最主要的一个附属机构。它是1947年根据经社理事会1946年6月21日第9（2）号决议而设立的。

小组委员会由26名专家组成，专家以个人身份工作，任期为4年，每两年改选成员中的半数。小组委员会现有4个工作组，即来文问题工作组、土著居民问题工作组、当代奴隶制形式工作组和少数群体工作组。

小组委员会的职责主要有：（1）承担研究项目，尤其是根据《世界人权宣言》进行研究，并就防止任何形式涉及人权与基本自由的歧视，保护在种族、民族、宗教和语言上属于少数人等问题向人权委员会提出建议；（2）履行经社理事会或人权委员会可能委托的任何其他职能。

除了小组委员会以外，联合国人权委员会还设有若干工作组作为其附属机构，例如，1967年南部非洲人权问题特设专家工作组；1981年为审查有一贯严重侵犯人权迹象的情况而设立的工作组，发展权问题政府专家工作组；依据《禁止并惩治种族隔离罪行国际公约》第9条设立的3人小组等。

（二）国际刑事法院

1. 设立。早在联合国成立初期，联合国就试图着手建立国际刑事法院，但由于各国存在着严重的意见分歧，因而这方面的工作一直未能取得任何实质性的进展。直到1998年6月15日至7月17日，共有160个国家、17个政府间组织、14个联合国专门机构和联合国基金以及124个非政府组织所派出的代表团参加了在意大利首都罗马召开的联合国外交会议，讨论建立一个常设的国际刑事法院以审判那些严重违反灭绝种族罪、战争罪和反人道罪的人，并以120票赞和7票反对、21票弃权的表决结果，通过了《国际刑事法院规约》。2002年7月1日，国际刑事法院（International Criminal Court，ICC）在海牙正式成立。

2. 组成。国际刑事法院由四大机关组成。

（1）院长会议。它由院长、第一副院长和第二副院长组成，负责管理法院除检察官办公室以外的工作和履行法院规约所赋予的其他职能。院长、第一副院长和第二副院长由法官绝对多数选出，各人任期为3年，可以连选一次。院长不在或者回避时，由第一副院长代行院长职务。

（2）上诉庭、审判庭和预审庭。上诉庭由院长和4名其他法官组成，审判庭由至少6名法官组成，预审庭也由至少6名法官组成。根据（国际刑事法院规约）第 39 条的规定，指派各庭的法官时，应以各庭所需履行的职能的性质，以及法院当选法官的资格和经验为根据，使各庭在刑法和刑事诉讼法以及在国际法方面的专长搭配得当。

（3）检察官办公室。它是法院的一个单独机关，负责接受和审查提交的情势，以及关于法院管辖权内犯罪的任何有事实根据的资料进行调查并进行起诉。检察官办公室成员不得寻求任何外来指示，或按任何外来指示行事。检察官办公室由检察官领导。检察官和副检察官应为品格高尚，在刑事案件的起诉或审判方面具有卓越的能力和丰富的实际经验的人。检察官应由缔约国大会成员进行无记名投票，以绝对多数选出。

（4）书记官处。它负责法院非司法方面的行政管理和服务。书记官长为法院主要行政官员，领导书记官处的工作。书记官长在法院院长的领导下行使权力。书记官长和副书记官长应为品格高尚、能力卓越之人。书记官长以无记名投票的方式，并以绝对多数选出。书记官长的任期为 5 年，可以连选一次，并应全时任职。

国际刑事法院共有 18 名法官，法官应选自品格高尚、清正廉明、具有本国最高司法职位的任命资格的人。在推选法官时，应考虑到法院法官的组成需要具有：世界各主要法系的代表性，公平地域代表性，适当数目的男女法官。缔约国可以提名法官候选人，由缔约国大会以无记名投票选举产生，得到出席并参加表决的缔约国 2/3 多数票的候选人当选。不得有 2 名法官为同一国家的国民。法官的任期为 9 年，不得连选。法官应独立履行职责，不得从事任何可能妨碍其司法职责或者使其独立性受到怀疑的活动，不得参加审理其公正性可能因任何理由而受到合理怀疑的案件。

3. 管辖权。国际刑事法院的管辖权是对国家刑事管辖权的补充，只有在一国的国内法院不愿意、不能够、不方便或不能有效地行使管辖权等特殊情况下，国际刑事法院才可以行使管辖权。国际刑事法院的对人管辖权的范围只限于自然人，国家和法人都被排除在国际刑事法院的属人管辖权范围之外。国际刑事法院对诉讼事项的管辖权的范围限于那些引起国际社会关注的、最严重的国际罪行，即灭绝种族罪、战争罪、反人道罪和侵略罪。

4. 诉讼程序。国际刑事法院的诉讼程序，主要包括检察官的调查、起诉、审判分庭的审判、判决、上诉、执行以及复审等一系列程序。

5. 可适用的法律和刑罚。根据《国际刑事法院规约》第 21 条的规定，国际刑事法院应适用的法律依次为：第一，适用法院规约、《犯罪要件》和法院的《程序和证据规则》。第二，视情况适用可予以适用的条约及国际法原则和规则，包括武装冲突国际法规确定的原则。第三，无法适用上述法律时，适用法院从世界各法系的国内法中得出的一般法律原则，但这些原则不得违反法院规约、国际法和国际承认的规范和标准。第四，适用法院以前的裁判所阐释的法律原则和规则。第五，适用和解释法律，必须符合国际承认的人权，而且不得根据性别、年龄、种族、肤色、语言、宗教或信仰、政见或其他见解、民族本源、族裔、社会、出身、财富、出生或其他身份等作出任何不利区别。

按照《国际刑事法院规约》第 77 条之规定，国际刑事法院可以判处下列刑罚之一：（1）有期徒刑，最高刑期不能超过 30 年；（2）无期徒刑，以犯罪极为严重和被定罪人的个人情况而证明有此必要的情形为限；（3）处以罚金；（4）没收直接或间接通过该犯罪行为得到的收益、财产和资产、但不妨害善意第三人的权利。

总之，国际刑事法院的设立，反映了“国际社会对以国际刑事司法审判机构的形式来预防、审判和惩罚国际犯罪的迫切需要”①。

特别值得注意的是，《国际刑事法院规约》在第 6 条灭绝种族罪、第 7 条危害人类罪之规定中，包含了一些人权法的内容。例如，实施下列任何一种行为：杀害该团体的成员；故意使该团体处于某种生活状况下，毁灭其全部或局部的生命；强迫移转该团体的儿童至另一团体；灭绝；奴役；驱逐出境或强行迁移人口；违反国际法基本原则监禁或以其他方式严重剥夺人身自由；酷刑；基于政治、种族、民族、族裔、文化、宗教、性别，或根据公认为国际法不容的其他理由，对任何可以识别的团体或集体进行迫害；种族隔离等，分别定为灭绝种族或危害人类罪。

此外，按照《国际刑事法院规约》第 12 条的规定，法院可以在未经第三国同意的情况下对第三国或其国民行使管辖权，《国际刑事法院规约》第 14 条和第 15 条还规定检察官享有自行调查权，而且赋予个人、非政府组织，各种机构指控国家公务员和军人的权利。

所有这些规定意味着，国际社会将不再容忍犯有最严重的国际罪行、粗暴践踏人权者不受惩罚，无论他是国家元首或军事指挥官，还是普通士

① 高燕平：《国际刑事法院》，世界知识出版社 1999 年版，第 53 页。

兵。这无疑将会威慑未来的或潜在的最严重的国际罪犯，从而促进国际人权法的进一步遵守。正如负责法律事务的联合国副秘书长汉斯·克勒尔所断言的："从现在起，一切潜在的战争军阀必须知道，随着冲突的发展，将有可能设立一个国际法庭来审判那些违反战争法和人道主义法者……每一个人应被推定了解国际刑法的绝大部分基本规定；那种以有关嫌疑犯原来不知道这种法律的辩护将是不允许的。"①

因此，国际刑事法院的建立从一个侧面显示：面对日益严重的国际犯罪行为，各国表现出前所未有的合作意识。其有关管辖权的规定也代表着国际社会的一次崭新而复杂的实践。它标志着国际法在人权的国际保护、个人的国际刑事责任等方面将实现跨世纪的历史性突破。

二　国际人权保护的实施制度

（一）报告制度

各主要国际人权公约一般都规定，缔约国应按公约规定的时间和程序向有关机构提交报告，说明在履行公约方面采取了哪些措施、取得了什么样的进展、有何具体的困难。有关人权机构对此类报告进行审议，并可就报告的内容发表无法律约束力的评论或提出建议。

例如，《经济、社会、文化权利国际盟约》第 16 条要求各缔约国就促进遵守该公约所载之各种权利而采取的措施及所获之进展，向联合国秘书长提具报告书，再由秘书长将其副本送交经济及社会理事会审议；第 17 条要求缔约国在该公约生效后 1 年内按商定办法分期提出报告书，报告书应说明由于何种因素或困难以致影响该公约所规定的各种义务履行之程度；第 18 条要求联合国各专门机关向经社理事会报告其有关工作之进展，报告书应详载有关决议和建议；第 19 条要求经社理事会将各国提交的报告书转交人权委员会研讨并提出一般建议，或斟酌情形供其参考；第 20 条规定各缔约国和各专门机关也可以向经社理事会就上述一般建议和报告书提出批评、建议。

又如，《消除一切形式种族歧视国际公约》第 9 条亦规定，缔约国承诺于该公约对其本国开始生效后 1 年内及其后每两年，并凡遇委员会请求时，就其所采用之实施该公约各项规定之立法、司法、行政或其他措施，

① 邵沙平、余敏友主编：《国际法问题专论》，武汉大学出版社 2002 年版，第 227 页。

向联合国秘书长提出报告，供委员会审议，委员会得请缔约国递送进一步之情报；委员会应按年将工作报告送请秘书长转送联合国大会，并得根据审查缔约国所送报告及情报之结果，拟具意见与一般建议，此项意见与一般建议应连同缔约国核具之意见，一并提送大会。

（二）国家来文及和解制度

国家来文及和解制度是缔约国通过有关国际机构监督其他缔约国履行人权公约义务的一项重要制度。《公民及政治权利国际公约》在这方面的规定较有代表性。

按照《公民及政治权利国际公约》第 41 条和第 42 条的规定，缔约国可以随时声明，承认人权事宜委员会有权接受并审议一缔约国指控另一缔约国不履行该公约义务的来文。如果某一缔约国认为另一缔约国未实施该盟约条款，得书面提请该缔约国注意。受请国应于收到此项来文 3 个月内，向递送来文的国家书面提出解释或任何其他声明，以阐明此事，其中应在可能及适当范围内，载明有关此事的本国处理办法，以及业经采取或正在决定或可资援用的救济办法。如果在受请国收到第一件来文后 6 个月内，问题仍未获关系缔约国双方满意的调整，当事国任何一方均有权通知人权事宜委员会及其他一方，将事件提交人权事宜委员会。人权事宜委员会对于提请处理的事件，应于查明对此事件可以运用的国内救济办法悉已援用无遗后，依照公认的国际法原则处理。人权事宜委员会审查来文时，应举行不公开会议。

如果按照上述规定提请人权事宜委员会处理的事件，未能获得有关缔约国满意的解决，人权事宜委员会得经有关缔约国事先同意，指派一专设和解委员会。和解委员会应为有关缔约国斡旋，俾以尊重该盟约为基础，和睦解决问题。委员会由有关缔约国接受的 5 名委员组成。和解委员会于详尽审议案件后，无论如何应于受理该案件 12 个月内，向委员会主席提出报告书，转送有关缔约国。和解委员会如果能达成和睦解决办法，其报告书应扼要说明事实及所达成的解结办法。如果未能达成解决办法，和解委员会报告书应载有其对于有关缔约国争执，事件的一切有关事实问题的结论，以及对于事件和睦解决各种可能性的意见，有关缔约国应于收到报告书后 3 个月内，通知委员会主席是否愿意接受和解委员会报告书的内容。

（三）个人申诉制度

许多国际人权条约还有关于个人申诉制度的规定。例如，《公民及政治权利国际公约任择议定书》第 1 条规定，人权事宜委员会有权接受并审查该议定书的缔约国管辖下的个人声称为该国侵害公约所载之任何权利的受害人的来文。其第 2 条指出，凡是声称其在公约规定下的任何权利遭受侵害的个人，必须是在其国内可以运用的补救办法“悉已援用无遗”后，才能向人权事宜委员会提出书面申请，要求审查。《公民及政治权利国际公约任择议定书》第 4 条要求，人权事宜委员会应将根据该议定书所提出的任何来文，提请被控违反公约任何规定的该议定书缔约国注意；收到通知的国家，应在 6 个月内向委员会提出书面解释或声明，说明原委及业已采取的救济办法。《公民及政治权利国际公约任择议定书》第 5 条规定，人权事宜委员会应参照申请人及关系缔约国所提出的一切书面资料，审查根据该议定书所收到的来文；如果同一事件已在或正在另一国际调查或解决程序审查之中，如果在区域性的人权委员会或人权法院的审查或审理中，人权事宜委员会不得审查；未用尽国内救济办法的申请，人权事宜委员会也不予以审查，人权事宜委员会应召开不公开会议审查来文，并应向有关缔约国及该个人提出其意见。

此外，《消除一切形式种族歧视国际公约》第 14 条也规定：“缔约国得随时声明承认委员会有权接受并审查在其管辖下自称为该缔约国侵犯本公约所载任何权利行为受害者的个人或个人联名提出之来文。”

第四节　中国与国际人权保护

中国政府一贯尊重《联合国宪章》促进人权和基本自由的宗旨，积极参与联合国人权领域的活动，尊重和肯定国际人权宪章中所确认的人权准则，并于 2000 年正式批准加入了人权宪章中的两个公约。

从 1991 年 11 月开始，国务院新闻办公室发表了中国第一份人权白皮书——《中国的人权状况》，1995 年 12 月又发表了《中国人权事业的进展》，1997 年再次发表了《1996 年中国人权事业的进展》，此外，还发表了 5 个专门问题的白皮书。它们是《西藏的主权归属和人权状况》、《中国妇女的状况》、《中国的计划生育》、《中国的儿童状况》以及《中国改造罪犯的状况》。这些文件以无数事实澄清和批驳了西方某些势力对中国人权的造谣和攻击，表明了中国对待人权的态度和立场。

我国对人权保护的基本态度

1. 人权保护是一个历史的发展过程

第二次世界大战以后，人权已经成为全人类最为关注的一个问题，联合国通过的有关人权的宣言和公约受到绝大多数国家的尊重和拥护。但是，中国政府认为，人权状况的发展要受各国历史、社会、经济、文化等条件的制约，是一个历史的发展过程。各国的社会制度、文化传统、经济发展都有着巨大的差异，因而对人权的认识也就不同。人权问题虽然有其国际性的一面，但主要是一国主权范围内的问题。因此，观察一国的人权状况，不能割裂该国的历史，不能脱离该国的国情，不能用一个国家的模式来衡量其他国家的人权状况。

2. 生存权和发展权是首要人权

中国政府认为，对一个国家和民族来说。人权首先是人的生存权。没有生存权，其他一切人权均无从谈起。从经济发展的角度看，还要重视发展中国家的发展权，没有安定的环境，没有公正、合理的国际经济新秩序，就不可能实现普遍的人权。所以，人权应当与维护世界和平，促进人类发展联系起来，才能得到有效的发展。

3. 反对借口人权问题干涉一国内政

不干涉内政是国际法的基本原则之一，也应当是国际人权法的基本原则。既然国家对人权的保护承担的是国际条约的义务，各国就应当在自己的国内努力维护和促进人权，而不应当热衷于指责和教训别国，更不应当把人权当做制造政治对抗，推行霸权主义和干涉别国内政的工具。

4. 中国会继续努力以充分实现人权

中国是一个发展中国家，受历史和现实条件的限制，人权状况还存在着一些不尽如人意的地方，例如，中国不存在违宪司法审查制度，宪法上规定的权利难以对立法和行政机关直接适用。在体制上，中国缺乏制约权力和监督权力的有效机制，造成行政机构权力过大。在现实中，以党代政、以言代法、以权压法，甚至徇私枉法等现象仍然存在，因此，如何充分实现人权仍是一个重大课题，但我们会继续努力。

5. 人权的概念和管辖

人权是国内法上的概念，也是国际法上的概念。作为国内法概念，其含义偏重个人的权利和自由，即个人生存权、政治权和经济发展权；作为国际法概念，其内涵偏重整个民族的集体权利和自由，即民族生存和自由发展的权利。“人权的国际保护”指国家根据条约承担保护人权的义务。国家根据条约保证其本国人的人权，也保证尊重他国和其他民族的人权。对于侵犯本国人的人权的事项，应通过国内法律和行政程序求得解决，他国不得借此进行干涉，因为这方面的人权事项本质上是属于国家管辖范围内的事情。至于侵犯他国或民族之人权以及侵犯集体人权（如灭绝种族、种族隔离、奴隶制度、虐待妇女儿童等）的行为，国家应对此行为负国际责任。

6. 人权的国际保护与国家主权的关系

西方国家强调人权的国际性质，主张要保障人权就必须限制甚至取消国家主权 。于是把人权的保护与国家主权对立起来。其实人权的保护与国家主权并不是绝对对立的，而是相互联系。从人权的国际保护与国家保护的关系看，国际保护有赖于国家保护。从欧洲人权公约和美洲人权公约的实施情况来看，无论是人权委员会受理有关缔约国违反公约的申诉，还是人权法院直接受理个人起诉的案件，都不能无视有关国家的意愿，当然这并不是说，人权问题只是国内问题，有些严重侵犯人权的行为，例如实施种族隔离或种族歧视、灭绝种族、贩卖奴隶，已构成公认的应予禁止的国际罪行，一切国家和国际组织是可以采取必要的措施予以制止的。既如此，这些措施就不能认为是干涉他国内政。

总的来说，国家主权是人权国际保护的基本依据，也是人权领域进行国际合作的基本条件。人权不可能高于主权，它必然以主权平等作为基础。

人权和主权的关系是：维护人权、尊重主权、反对霸权。

【案例研究】

伯利劳夫人诉瑞士案

【案情简介】

1981 年 5 月 29 日，瑞士公民玛兰·伯利劳夫人因参加了一次未经官方批准的示威游行而被洛桑市警察当局处以罚款。伯利劳夫人不服警察当局的裁定，逐级上诉至瑞士联邦法院，指控瑞士政府允许警察当局作出事实上的裁定而不经独立、公正的法庭复审，从而违反了《欧洲人权公约》第 6 条第 1 款的规定。该规定的内容如下：在决定某人的民事权利和义务或在确定对某人的任何刑事罪名时，任何人有权在合理的时间内受到依法设立的独立与公正之法庭的公平与公开的审讯。瑞士联邦法院驳回了伯利劳夫人的上诉，理由是，瑞士对该条款发表了如下解释性声明："瑞士联邦委员会认为，该《欧洲人权公约》第 6 条第 1 款关于在决定某人的民事权利和义务或确定对某人的任何刑事罪名时应予公正审讯的保证，仅为了确保对公共当局所作的有关确定这种权利或义务或此种罪名的行为或决定有最后的司法控制。"因此，该条款对瑞士的适用受到了限制。1983 年，伯利劳夫人向欧洲人权委员会提出申诉，该委员会指出，瑞士的这一解释性声明不是保留，即便是保留，也因不符合《欧洲人权公约》第 64 条的规定而无效。瑞士于是向欧洲人权法院提出上诉。

【判决】

1988 年 4 月 20 日，欧洲人权法院作出判决。法院认为，为了确定该解释性声明的法律性质，就要既看它的名称，又看它的实质内容。在本案中，瑞士看来是想从《公约》第 6 条第 1 款的范围中排除某些种类的诉讼，以便确保自己能够对抗对该条所作的解释，因为瑞士认为该条的解释过于宽泛。因此，该解释性声明应被认为是一项保留。另外，法院必须看到，《公约》的义务不受不符合第 64 条要求的保留的限制，因此就应审查该解释性声明作为保留是否有效。法院判定，瑞士的该项保留是无效的，理由是：第一，它是一个一般性的保留。即它的措辞含糊不清，意义广泛，不能用来确定其准确的范围或意思，是《公约》第 64 条所禁止的保留。第二，它未附有有关法律的简要说明。这个条件是《公约》第 64 条第 2 款所要求的，它不是单纯的形式条件而是实质条件。简言之，该项保留没有满足第 64 条所规定的两个条件。最后，法院判决，瑞士违反了《欧洲人权公约》第 6 条。

【评析】

本案是一个由区域性司法机关作出的一国违反人权条约义务的判决。在国际法上，对缔约国遵守和执行人权条约的情况，一般通过设立有关组织或机构加以监督的方式进行。但在欧洲，已建立了一个统一的司法机关，负责审理声称其在《欧洲人权公约》下的权利受到损害的个人对有关国家政府，包括其本国政府提起的诉讼。显然，这种国际司法制度是有利于人权的保护的。本案还涉及条约的保留问题。依一般国际法和1969年《维也纳条约法公约》的有关规定，某一条约明文规定了保留条款的，对该条约的保留依此条款办理。本案中，瑞士虽未明确对《欧洲人权公约》第6条提出保留，但它所作的解释性声明具有排除或更改该条对它适用的效果，因此被法院认定是保留；而它又不符合该公约第64条对保留所作的明确规定，故被判无效。

【拓展与反思】

人道主义干涉的合法性问题

按照奥本海国际法的权威论述，人道主义干涉可以这样被定义："当一国国内存在着有组织的大规模践踏基本人权的行为，而该国政府无力制止这类行为或干脆就是这类行为的采取者，主使者或纵容者时，或者一国政府无力或不愿承担在保障国内广大人民最基本的生存需要方面的其他应有责任时，国际社会未经该国同意所采取的针对该国政治权力机构旨在制止这类大规模践踏人权行为和满足该国人民最基本生存需要的强制性干预行动。"由此，人道主义干涉应该具有以下特征：被干涉国存在普遍违反基本人权的行为；干涉是以武力或者以武力相威胁的方式为主，但是不仅限于武力干涉的方式；干涉出于人道主义的目的；未得到被干涉国的同意或者请求。

在近现代某些国家大规模侵犯公民的基本人权的事情发生后，比如第二次世界大战期间德国纳粹对犹太人的大屠杀、卢旺达大屠杀、东帝汶悲剧，人们开始越来越怀疑主权的绝对性理论。事实上，国际法开始越来越倾向于接受这样一个事实：那就是，当一个国家发生大规模的侵犯本国的基本人权事件的时候，国际社会应该进行干涉以保护该国家的基本人权。也就是说，当一个国家政府对本国人民的基本人权置之不顾或无力顾及时，主权就不再具有绝对性，人权保护便成为更高的价值取向。在国际法实践中，如1992年联合国安理会通过决议授权使用武力对索马里进行人道主义干涉，基于索马里的大规模的人道主义灾难，旨在恢复和平，稳定的秩序，就得到了各国的广泛的认可和赞许。因此，可以说，在联合国授权下的人道主义干涉是合法的。

单方面的人道主义干涉是非法的，因为其违反联合国宪章的基本原则，在现代国际法上也找不到法律依据，同时存在严重的弊端，是非法的。正如著名国际法学者布朗利教授所指出的，没有什么证据支持这样的主张：关于人道主义干涉合法化的新的习惯国际法原则已经形成；用于人道主义目标的武力干涉是只开放给强国反对弱国的一种主张。

“保护的责任”对现代国际法规则的影响

“保护的责任”，即国家首先承担保护本国人民的责任，但如果国家出现某些相关情由且有关当局显然无法保护其人民免遭其害时，国际社会有权通过安理会采取集体行动进行干预。自 2001 年干预与国家主权委员会正式提出这一概念以来，经 2003 年名人小组的部分肯定以及 2005 年秘书长报告和世界首脑会议的进一步规范，“保护的责任”已发展成为国际社会的一项重要政策规范，具有广泛影响。

1. 对国家主权的规制。“保护的责任”实际上对国家主权进行了新的规制，国家管治面临国际社会的适当“监督”，国家主权也包含国家受国际法的约束协调、国际合作、担负共同责任等含义。正如安南秘书长所说的，“如果从事犯罪行为的国家知道边界并非绝对的屏障；如果它们知道安理会将会采取行动制止反人类的罪行，那么它们就不会从事这些行动，也不会期望基于主权的罪行豁免”。

2. 对不干涉内政原则的影响。现代以来随着国际联系的日益增多和广泛，即使地处遥远的国内动荡也可能开始影响国际和平与安全，进而影响人类的基本价值和共同利益。因此，所谓内政的范围也面临动态界定的困境，正如常设国际法院在 1923 年“关于突尼斯和摩洛哥国籍法令问题的咨询意见案”中所明确指出的：“每一事项是否纯属国家管辖范围之内是一个本质上相对的问题，其答案决定于国际法的发展”。而《宪章》第 2 条第 7 款也规定了不干涉内政的例外，即当各种事态（包括人权灾难）危及国际和平与安全时，安理会依宪章第 7 章规定的执行办法例外。前联合国秘书长佩雷斯 1991 年指出，人们现在日益感到，不能把不干涉国家国内管辖权的原则视为可以大规模或系统地侵犯人权的保护性屏障。

3. 对传统人道主义干涉的限制。《联合国宪章》规定了各国主权平等原则，宣布禁止使用武力或以武力相威胁。由于国际法原则已成为指导国际关系的基本准则，并且具有强行法的地位，因此只有与国际法基本原则不相矛盾的道德准则才有可能视为正义原则，符合《宪章》“以和平方法且依正义及国际法之原则，调整和解决足以破坏和平之国际争端或情势”的情形，而回避国际法规定的所谓人道主义干涉在现代国际法上是难以找到其存在的理由的。首脑会议规范的“保护的责任”通过对保护的范围和保护的方法进行规范，事实上从实体与程序方面对各种“人道主义干涉”进行了限制，使各种新老干涉主义在新的规范面前无所遁形。

复习和练习

重点问题

1. 国际人权法是第二次世界大战后形成和发展起来的，现在仍处于发展中的一个国际法部门。它的内容主要是关于人权的具体内容以及保证和促进遵守人权的原则、规则和规章制度的总和。

2. 国际人权法的渊源主要是国际条约。《世界人权宣言》、《公民权利和政治权利国际公约》以及《经济、社会、文化权利国际公约》三个文件被称为“国际人权宪章”。它们共同构成了现代国际人权法的基本文件。

3. 人权在本质上属于一国内部管辖的事项。保障和实现人权的主要责任在于主权国家。人权的国际保护，是国家之间通过条约，在尊重与保护人权上进行国际合作，并对侵犯人权的行为加以防止和惩治。利用人权干涉他国内政和借口内政问题来逃避严重侵犯人权的罪责，都是为现代国际法所禁止的。

4. 充分保障人权是中国政府长期为之努力的目标。中国政府尊重、保障、促进人权，但反对把人权政治化和搞人权的双重标准。中国政府一贯积极参与联合国人权领域的活动，将与其他国家、联合国一道共同推进国际人权事业的进步。

关键术语

人权　国际人权法　“国际人权宪章”　人权的国际保护　人权与主

权的关系　集体人权——发展权

思考题

1. 什么是国际人权法？国际人权法的主要内容有哪些？
2. 试述中国在人权的国际保护方面的态度和立场。
3. 试论人权的国际保护与国家主权的关系。
4. 试论人权的概念和人权的管辖。
5. 试用事例来反驳西方国家在人权问题上对中国的诽谤和攻击。

第五章　国家领土

领土是国家存在的物质基础和国家行使主权的空间。在国际文件中，领土往往与国家主权放在一起提出来。因此，领土在国际法中有重要的地位。国家领土的重要性表现在国际关系上，就是要尊重国家领土的完整性和不可侵犯性。领土的完整性和不可侵犯性是国家领土主权的固有属性。

第一节　国家领土概念及组成部分

一　国家领土的概念

国家领土（state territory），是指处于国家主权管辖下的地球的特定部分。国家领土可大可小，但如果没有领土，则无所谓国家。一个游牧部落，在确定的领土上定居以前，不是一个国家，没有领土的国家是不存在的。

国际法的领土不是一个一般的地理概念，而是一个复杂的法律概念，对领土概念的理解应注意两点：（1）领土是处于国家主权之下的，受国家主权管辖和控制的；（2）领土不仅仅局限于“土”，领土除了陆地和底土之外，还包括领水和领空，即在外延上穷尽了其各个组成部分。

二　国家领土的构成

国家领土由领陆、领水、领空组成。

1. 领陆（land territory）

领陆即国家领土的陆地部分，是指国家疆界以内的陆地，包括大陆和岛屿。领陆是领土的基本组成部分，决定着领水、领空、领底土的存在，其他部分都是附属于领陆的，领陆变动，其他部分也随着变动。

2. 领水（territorial waters）

领水即国家领土的水域部分，是指位于陆地疆界以内或者与领陆相连接的水域。一般意义上，领水不是某种水域的名称，而是由国家主权管辖的全部水域的统称。它包括内陆水域、内海水域、群岛水域和领海海域。由于各自的法律地位不同，本章下一节将重点讲述“内水”部分，其他部分将放到“海洋法”一章去讲述。

3. 领空（territorial airspace）

国家领土之上的空间，就是领空。它是指处在国家主权管辖之下的领陆和领水之上的空气空间。有关领空的相关问题，将在空间法讲述。

4. 领底土（territorial subsoil）

又称地下领土，是指国家领土的地下层部分。包括领陆的底土、领水的水床及底土。领底土的深度，从理论上来讲，是从领陆、领水范围垂直向下直至地心。同领陆一样，领底土受该国主权的完全管辖和支配。

第二节　内水

内水是国家领水的重要组成部分，内水可分为内陆水和内海水（内海水包括内海水域、内海湾、内海峡等，将在海洋法中讲述），内水主要由下列部分组成。

一　河流

按河流流经国家的多少以及河流的法律地位不同，河流可分：

1. 内河（inland river），是指从河源到河口完全流经一国领土的河流。这种河流完全处于该国的主权之下，可以不对外国船舶开放。

2. 界河（boundary river），是指流经两国之间，作为两国分界的河流。界河分属于两岸沿岸国，沿岸国船舶可在界河河道上航行，不受国界线的限制。界河的划定、利用、捕鱼以及河道的管理和维护，由有关国家协商，并以条约方式作出规定。

3. 多国河流（multinational river），是指流经两个以上国家领土的河流。（如澜沧江，在缅甸、老挝等为湄公河）。流经各国的河段分属于该国内水的一部分。多国河流尽管具有内河的某些性质，但毕竟不是内河，作为一个整体看，它是所有沿岸国的自然水道，拥有共同的利益，一国在行使权力时，应照顾到他国的利益。

4. 国际河流（international river），是指流经数国，可通航公海，并按有关条约向一切国家船舶开放的国际化河流（如多瑙河、莱茵河）。在法律地位上它与多国河流不同之处在于，它是向一切国家船舶开放，并由全体沿岸国成立委员会来进行共同管理。

二 运河

运河（canal），是指在一国领土内由人工开凿的水道（如京杭大运河）。但在国际法上的运河是指对国际航行具有重大价值，已经被条约确立为国际化运河，并构成为国际通航水道（如苏伊士、巴拿马）。

三 湖泊

湖泊（lake），湖泊如果完全由一国陆地所包围，并且不通向海洋，则为该国的领土，如青海湖、洞庭湖等。如果由两个以上国家的陆地所包围，其疆界的划分以及利用通常由条约来规定。如法、瑞之间的日内瓦湖，美、加之间的五大湖等。

第三节 国家领土的变更

领土变更（territorial change），是指由于某种法律行为和事件使得领土归属发生变动。无论历史上或是现实生活中，国家领土的变更都是经常发生的。在领土的取得方式方面，传统国际法利用罗马法中关于私有财产的取得的概念和标准，作为领土变更的合法方式。但是，领土的变更涉及主权的变更，根本不能与民法中的私有财产从一个人转移到另一个人的简单转移进行类比，所以，现代国际法已经不再承认传统的领土取得方式是全部有效的。但这些方式仍需要加以说明，因为它们可以解释历史上发生的各种领土变更的重大事件，毕竟，现实是在历史的基础上产生的（我们仍然得尊重历史）。

一 传统国际法的领土变更取得方式

传统国际法的领土取得方式有 5 种：先占、时效、添附、割让和征服。这些方式有的被现代国际法所采纳、发展，有的被淘汰了，失去了合法性，但在解决目前的领土纠纷方面仍具有一定的现实意义。

1. 先占（occupation）

先占作为原始取得领土的一种方式，是指对无主土地实行最先而且有效的占领，从而获得该领土主权的一种方式。这种理论是从罗马法中有关无主物可以先占的规则演变而来的。

传统国际法认为，先占作为一种法律行为，必须具备三个要件：

①先占的主体必须是国家，先占行为必须是一种国家行为，只能以国家的名义进行。

②先占的客体是无主地，所谓无主地（terramullius），是指无人居住，或者未经他国占领，或者已被占领者放弃的土地。按照西方学者的解释，土著居民不是无主地上的主人，因为他们尚未形成西方国家所谓“文明”的标准，只能算是“土人”。这样就无限地扩大了先占的范围，整个亚、非、美洲以及大洋洲都成为欧洲国家的先占范围。1975 年，国际法院在关于西撒哈拉法律地位的咨询意见中明确指出：没有任何居民的情况下，才能算是无主地，只要有土著部落在该地生存，他们就是该地的主人，以先占理由取得该地主权，就是剥夺了原有居民的民族权利，是对民族自决原则的粗暴践踏，就是出于这个理由，先占已经被现代国际法所否定。

③先占的内容为有效占领，所谓有效占领，是指国家不仅要有占领的意思，而且要有占领的行动。如果不对该土地实施管理，建立行政机构，那么这只是“简单的发现”，不产生“完全的权利”，“只能起到暂时阻止另一国加以占领的作用”。

随着世界上土地的“瓜分完毕”，以及民族自决原则的确立，“先占”这一种方式已经不再具有多大的现实意义，仅仅是在目前解决领土归属的争端时，有一定的参考作用。

2. 时效（prescription）

时效是指一国对他国部分领土进行长期安稳地占有后，就取得了法律上的权利的一种方式。时效来源于罗马法中的“物权取得时效”，但国际法时效与国内法时效有两点不同：一是国内法时效需要善意占有，而国际法时效不管是否善意；二是国内法时效有确定的年限，而国际法时效没有确定的期限。不过，因时效而取得他国领土的有效控制必须伴随着战败国的默许，抗议和强烈的抵抗能够阻止因时效而取得权利。

时效与先占的区别在于：时效是非法占有他国领土，而先占则强调占领“无主之地”。可见，时效的侵略性表现得更为强烈。过去的几百年间，时效为帝国主义掠夺他国领土提供了理论根据。现代国际法已经不再承认时效为领土取得的一种方式。

3. 添附（accretion）

添附是国家增加原始领土的一种方式，是指因陆地面积新的形成而使国家领土增加的一种方式。添附分为自然添附和人工添附两种，前者是基于自然力量的作用所导致的，例如河口沉沙堆积成三角洲，近海因地壳运动而出现新岛屿等。后者是指人为造成的土地增长，例如围海造田、岸外筑堤等。

添附是传统国际法取得领土的一种方式，现代国际法对这种方式给予了合理的继承，但强调人工添附不能损害邻国利益和公共利益。

4. 割让（cession）

割让是指一国通过条约将其对国家领土的主权转移给另一国。割让可以是和平谈判的结果，也可以是战争和武力威胁的结果，可以是有代价的，也可以是无代价的，据此，可将割让分为强制性和非强制性两类。

强制性割让在实践中出现得更多，所以，严格意义上的割让就是指强制性割让，它通常是指战胜国对战败国的兼并和掠夺，即战胜国通过战争手段强迫战败国签订条约割让土地。这种割让因战争成为非法手段之后已经失去合法地位。

非强制性割让往往是自愿以及和平谈判的结果，通常表现为买卖、交换、赠与等。例如，1867 年美国用 720 万美元购买俄国的阿拉斯加。交换经常发生于边界划界时（1960 年中缅边界条约，中方将猛卯三角地与缅甸的班洪、班老部落地区进行交换）。赠与大多发生于封建社会皇室婚嫁时，现在已无这种情况发生。

5. 征服（conquest）

征服是指一国以武力占领他国领土的全部或者一部分，并迫使被占领国停止反抗从而取得该国领土主权的方式。征服与强制性割让的区别在于，征服不需要缔结条约，如果后来又缔结了条约，征服就变成了割让。征服有两个要素：1. 占领者必须有征服的意思，而不是其他目的，并且实施了征服行为；2. 被占领者已经屈服，并停止了一切反抗活动，否则征服不能成立。

以上这 5 种方式中，除了添附，其他几种都曾被殖民主义、帝国主义广泛利用，以达到夺取他国领土的目的，以现代国际法的观点看，只有添附是合法的，其他都是非法的。

二 现代国际法的领土变更方式

现代国际法否定传统国际法中那些不合理、不合法的方式，但并非不允许领土变更，也不主张领土现状不可变更。只是要求有关国家在领土变更时，必须符合现代国际法的基本原则。现代国际法中被承认的变更方式，有些是从传统方式中继承的，有些是新增加的，主要有添附、非强制性割让、民族自决。其中，民族自决作为国际法的一项基本原则，在当代的领土变更中起到了绝对重要的作用。曾经被外国奴役和统治下的民族或人民获得独立，建立了新的国家，对其领土拥有主权，这种方式的特点在于实行自决的民族能够真正自由地表达自己的意志，自由决定其领土的命运。第二次世界大战以后，通过这种方式获得独立的国家很多。

第四节 对领土主权的限制

国家虽然拥有领土主权，但是领土主权不是绝对的，实践中经常遇到领土主权受到限制的实例，这些限制来自于两方面：国际习惯和公约。国际习惯造成的限制主要有：允许外国船舶无害通过其领海，不得在其领土内作出有害他国的行为（污染环境、建立颠覆、破坏活动基地）等，这类的限制称为一般限制，而来源于公约的限制是特殊限制，其形式主要有共管、租借、势力范围和国际地役四种。

一 共管（comdominium）

共管是指两个或两个以上的国家对某一特定领土共同行使主权或管辖。例如，第二次世界大战结束后，英、美、法、苏四国对德国的共管。

二 租借（lease）

租借是指一国根据条约将其部分领土出租给另一国，分为自愿和非自愿两种，前者是合法的。历史上发生的租借，大多是不平等条约的产物。租借始于 1894 年的英国和刚果之间的租借条约，随后西方列强纷纷把租借这种形式用于中国，使中国成为被迫租借最多的国家。例如，1898 年德国租借胶州湾（99 年），俄国租借旅顺和大连（25 年），法国租借广州（99 年），英国租借威海卫（25 年）和九龙（99 年）。

三 势力范围（sphere of influence）

势力范围是指根据条约一国将其控制下的别国领土的一部分或者全部，在名义上不加兼并的情况下，划为确保自己享有政治独占或经济专控等特权地位的利益范围。

势力范围的概念是 19 世纪西方列强在瓜分非洲殖民地的过程中出现的，早期的殖民者仅仅是占领了非洲的沿海地区，随后逐渐地向腹地推进，为了避免在推进过程中发生冲突，1885 年，西方列强在柏林召开会议，划定了西方国家在非洲的势力范围。19 世纪后期，西方列强在我国划分势力范围，长江流域为英国的势力范围，两广和云南为法国势力范围，山东为德国的势力范围（早期），福建、山东（后期）为日本的范围，东北为俄国的势力范围。这种做法违背了国家主权原则，现已成为历史遗迹。

四 国际地役（international servitude）

国际地役是指国家之间根据特别的协定，由一国将自己的部分领土提供给另一国长期使用或者为他国的利益服务。地役的概念源自罗马法，是物权的一种，指某人所有的土地用来为他人所有的土地利益服务。国际法采用这个概念是将领土主权与土地所有权相类比的结果。虽然 1960 年国际法院在“印度领土通过权案”中肯定了葡萄牙有权通过印度领土，但法院没有提到国际地役的概念。总的来说，历史上的国际地役大多是根据不平等条约而来的，体现了不平等的关系，所以，现在已经不再使用这个概念了。但是，1982 年的联合国《海洋法公约》规定，内陆国有权通过他国领土自由出入海洋。这是否意味着，国际地役有了新的含义。

第五节 国家边界和边境

一 国家边界的概念（state boundary）

国家边界是划分一国领土范围和管辖范围的界限。边界以内的区域属于国家领土。

由于国家领土是由各个不同部分组成的，因而边界可分为陆上、水上、空中和地下边界。

边界的形成有两种情况，一种是传统习惯线，它是指边界两侧的国家在长期历史发展过程中形成的划分各自管辖范围的，双方没有异议的界限；另一种是依条约划定边界，即有关国家通过缔结边界条约所划定的边界，历史上，大量的边界是传统习惯线，但由于传统习惯线具有不确定性，容易引起争端，所以用条约划定边界是当今的主流和发展趋势。

二　划界的方法和程序

边界分为有形和无形两种：有形边界是指由实在的自然标志（如山脉、河流、岩石等）或者由实在的人工标志（如界石、界柱等）所构成的界限，前者又称为自然边界，后者称为人工边界。

无形边界是指以经度、纬度为边界的几何边界，以及划分领海、专属经济区等海域的海上界限所构成的，没有实在自然标志的界限。

在国际实践中，通常通过三种方法来划定国界。

1. 自然边界，是指根据地形的特点和自然形成山脉、河流、丘陵的走向和分布来对自然边界进行划界：（1）以山脉为界的，应以分水岭为界；（2）以河流为界的，如果是可航河流的，以主航道中心线为界，如果是不可航河流的，则以河道中心线为界；（3）以桥梁为界的，以桥梁中间线为界；（4）以湖泊为界的，通常以中间线为界。上述这些原则虽然是通常的做法，但也不是绝对的，有时也需要考虑历史上的管辖范围。

2. 几何边界，用“两点成一线”的原理划成的边界，这种方法适用于水上或者地形复杂、难以勘探的陆上边界。

3. 天文边界，采用天文定位的方法来确定边界，主要适用于海上或人烟稀少的地区，例如，美、加两国就用北纬49度线为边界。

以上三种方法可以独立采用，也可以混合使用。

划界程序一般是指条约划定边界的程序，通常要经过定界和标界两个阶段。

定界是指有关国家通过谈判，签订边界条约来确定边界，在条约中规定边界的主要位置和基本走向，并标明在地图上的位置。

标界，包括实地标界和制定边界文件两项。即双方组成划界委员会，根据条约进行实地勘测并准确地确定边界的具体位置，竖立界标；然后制定有边界走向和界碑位置的边界议定书和地图等文件。这些文件都是两国政府签订的边界条约的附件，具有法律效力。

三　边境制度（frontier regime）

边境（frontier）和边界是两个不同的概念。边界是指两国领土的分界线，而边境是指位于边界两侧的一定宽度的区域，故边境常常称为“边境地区”。

边境制度是指国界一侧特定范围内的特殊管理制度，边境制度包括两方面的内容，前者有国内的海关法、出入境管理法、过境条例等，后者有关于边境制度的条约、协定等。一般来说，边境制度主要涉及下列事项。

1. 边界标志的维护。对边界标志，双方都有维护的责任，如果发现界桩已被移动、损坏、毁灭，应在另一方在场的情况下，在原地按原规格予以恢复、修理和重建。对于破坏标志的行为，应予以惩罚。

2. 界河的利用和管理。利用界河的过程中，不得损害邻国的利益。在管理上，一般是共同管理。

3. 边境居民的交往。为方便两国边民的来往，一般来说，相邻国家都给予边境居民以从事贸易、探亲访友、进香朝圣等出入国境的特殊便利，不必办理护照、签证等手续。

4. 边境事端的解决。轻微的边境事件由双方组成的边界委员会或其他机构负责调查和处理，如果属于特别严重的边境事件，则通过外交途径解决。

第六节　我国的边界问题

我国与15个国家相邻，有着很长的边界线，其中陆地边界线2万多公里，海岸线1.8万公里。新中国成立后，在和平共处五项原则的基础上，通过和平谈判和协商，先后与缅甸（1960）、尼泊尔（1961）、蒙古（1962）、巴基斯坦（1963）、阿富汗（1963）、老挝（1991）、俄罗斯、吉尔吉斯斯坦、哈萨克斯坦等国签订了边界条约，解决了边界问题。然而，由于各种复杂的原因，我国仍与日本、越南、印度等国存在着领土和边界问题，基本上主要有下列问题亟待解决。

1. 钓鱼岛问题。日本称为尖阁列岛，位于台湾东北120公里之处，由

5个小岛和三个礁石组成。原属中国所有，1895年随台湾一起割让给日本。日本本应根据1943年的《开罗宣言》和1945年《波茨坦公告》的规定将钓鱼岛同台湾一并归还中国，但日本拒不移交中国，继续非法占领，1951年，美国依《旧金山和约》以托管为名又占领了钓鱼岛，并于1971年6月非法将该岛连同冲绳一并“归还”日本。对此，我国政府多次提出强烈抗议，并于1972年致函联合国秘书长强烈抗议美、日的行径。在中国政府的抗议下，美国承认，美日之间的条约和协定并不表示美国承认日本对钓鱼岛等岛屿享有主权。现在钓鱼岛仍然是中、日之间的一个敏感的焦点问题（见图5－1）。

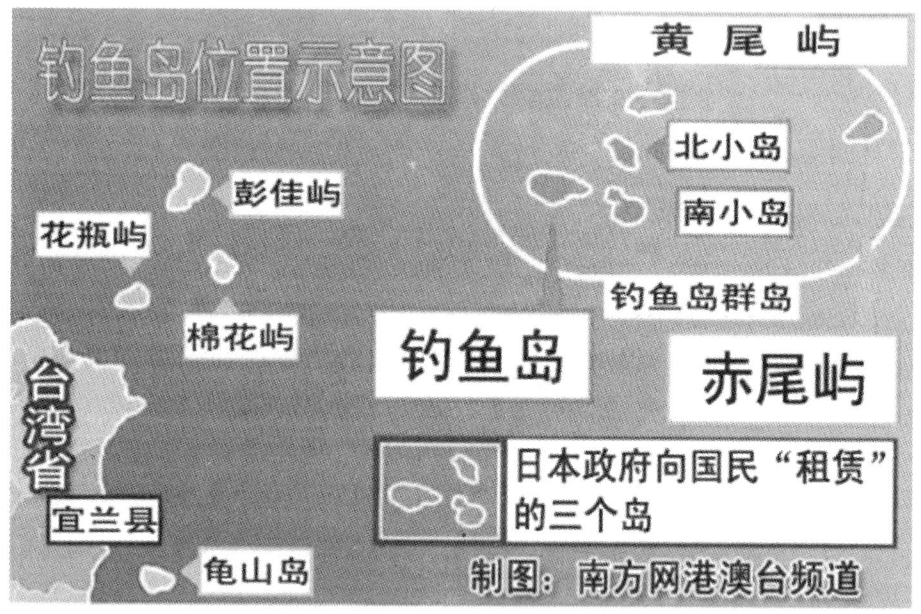

图5－1

2. 南海诸岛问题。中国南海有150多个珊瑚礁小岛，分为东、南、西、中沙群岛。其中的西沙、南沙群岛自宋朝起就由历代中国政府行使管辖权。1939年，日本侵占了两群岛。1975年，越南非法占领了南沙群岛中的一些岛屿，并公然对西沙、南沙两群岛提出领土要求。20世纪70年代，先后有菲律宾、马来西亚、印度尼西亚等国占领了南沙的部分岛礁。目前我国在这一问题上的基本立场是“搁置纷争，共同开发”。（见图5－2）

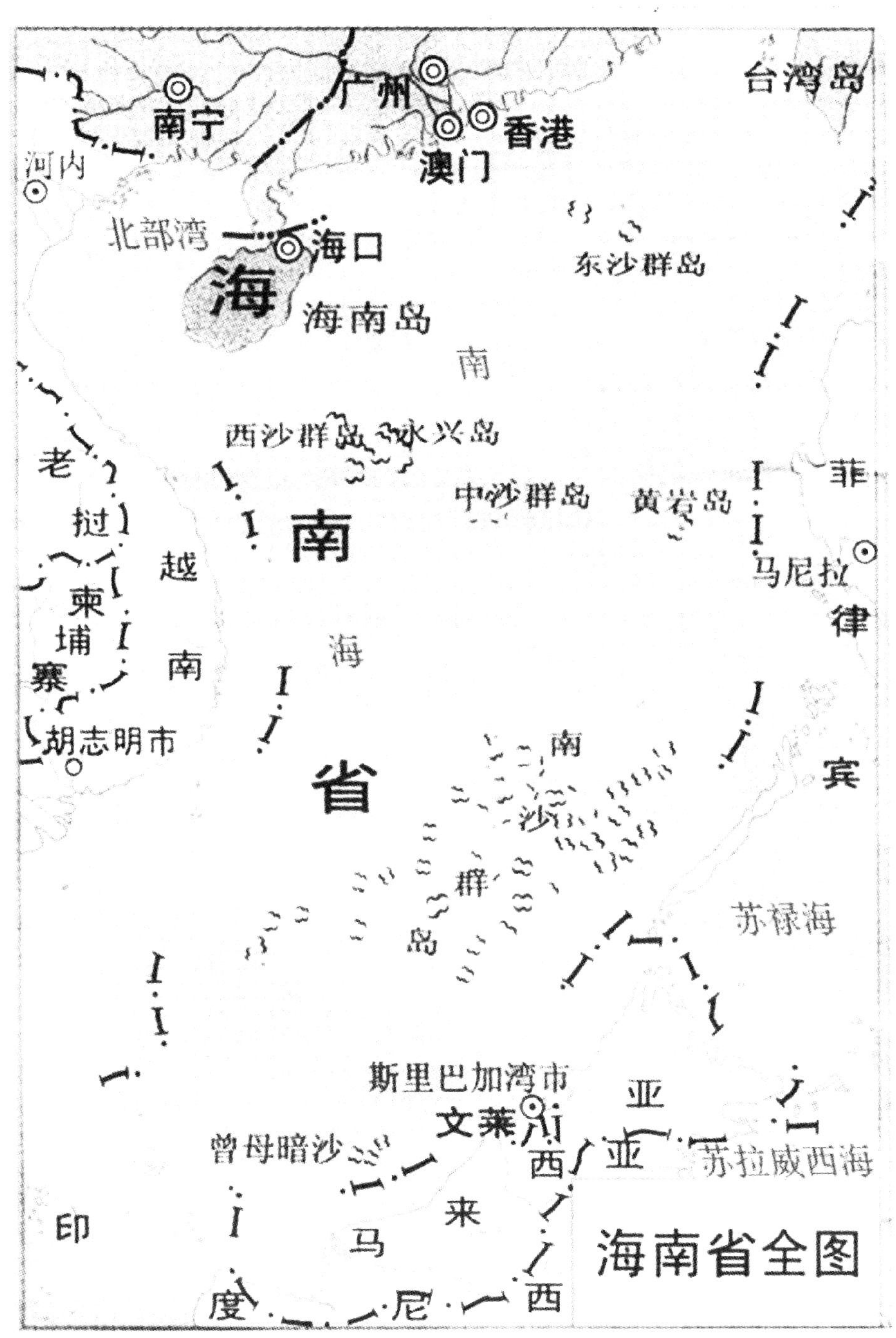

台湾岛
南宁
广州
香港
澳门
河内
北部湾
海口
东沙群岛
海
海南岛
南
西沙群岛
永兴岛
中沙群岛
黄岩岛
菲
老
挝
越
南
马尼拉
柬
埔
寨
南
海
律
胡志明市
省
南
沙
群
岛
宾
苏禄海
斯里巴加湾市
亚
文莱
曾母暗沙
西
亚
苏拉威西海
来
印
马
海南省全图
度
尼
西

图 5－2

3. 中印边界问题。两国边界全长2000多公里，从未经过条约的正式划定，只是在历史上形成了一条传统习惯线，依照该条习惯线，长期以来双方相安无事，但印度独立以后，逐渐改变了过去地图的划法，把属于中国的12.5万平方公里的领土划入印度的版图。印度方面提出的理由是1913年的“西姆拉条约”。但我们认为，该条约是当时的西藏地方当局与英国殖民者草签的，从未得到历届中国政府的承认，一个地方当局本身就无权与外国签结条约，何况该条约也仅是草签。无论从哪一个角度讲，都不具备法律效力。对于两国之间的这个问题，我国主张采取和平谈判和协商的方法来解决，在未解决之前，应维持边界现状（见图5-3）。

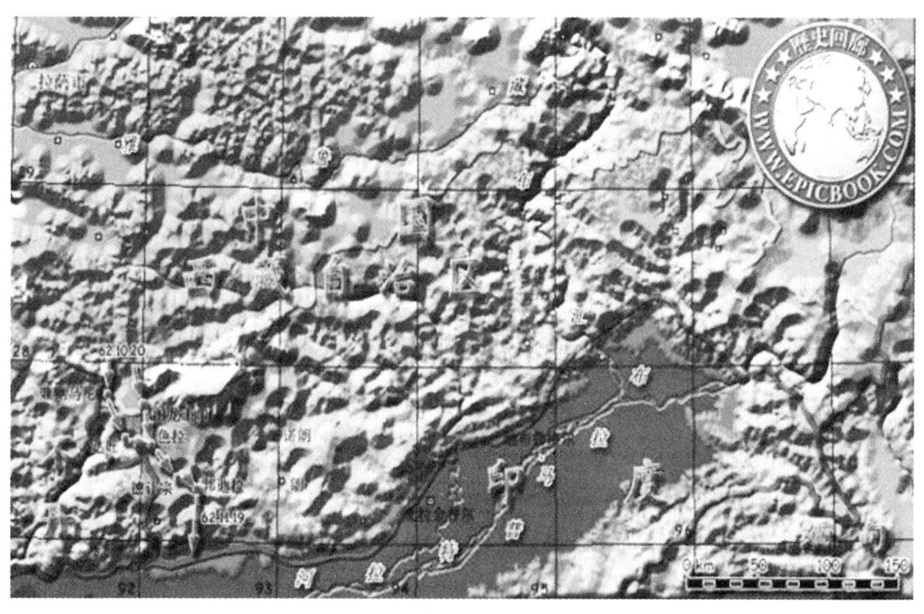

图5-3

第七节　南北极的法律地位

一　南极

南极是指南极洲大陆和南纬60度以南的岛屿和海域。面积为1400万平方公里，南极大陆的冰雪下面蕴藏着丰富的生物和矿产资源，但除了科研人员外，南极没有固定居民。1873 年，英国探险家詹姆士·库克首次登上南极大陆后，先后有英、法、澳、新西兰、阿根廷、智利、挪威、巴西、秘鲁、乌拉圭、日本等10 多个国家在20 世纪前50 年间对南极大陆提出领土要求。这些国家分别以所谓的“先占原则”、“相邻原则”（以其疆界相邻南极而主张对南极的权利）、“扇形原则”（即以南极极点为顶点，两条经线为腰，纬线为底的一个扇形区域）为理论依据，纷纷对南极进行瓜分，甚至不惜兵戎相见。

为了缓和各国的纷争，1959 年 12 月 1 日，12 个国家在华盛顿召开的南极会议上签订了《南极条约》，该条约有效期为30 年，现有当事国近 40 个。1991 年，在该条约有效期结束后，有关国家在马德里开会，决定延长该条约的有效期为 50 年（2041）。1983 年，我国加入该条约。20 世纪60—80 年代，在该条约的框架下，各国先后签订了 5 个有关南极环保和动植物保护方面的条约，形成了以《南极条约》为核心的“1 +5”的“南极条约体系”。

签订《南极条约》的目的是为了缓解各国争夺南极领土的矛盾，并以冻结各国领土要求，维护南极现状的方式来保证南极得到一个相对稳定的局面。因此，新闻媒体上普遍将其称为“冻结条约”。按照这个条约，南极目前的法律地位是：

1. 南极只用于和平目的，禁止在南极进行一切军事活动。
2. 冻结对南极的主权要求。
3. 科研自由和国际合作。
4. 环境与资源的保护。

二　北极

北极是指北极圈以内的区域，除极少数岛屿外，其余全是冻结的海洋，本来不存在领土问题，但也有国家对北极提出领土要求。1907 年，加拿大根据“扇形原则”最早向北极提出领土要求。随后，苏联政府于1926 年 4 月 15 日正式发表声明，宣布以北极点为顶点，以苏联北冰洋的海岸线为底，以东经 32°4′以及西经 168°49′为两条腰线，其间的一切陆地和岛屿，无论是已经发现的或者将来可能发现的，都属于苏联的领土。但是，北极地区的国家除苏联外，美国、挪威、丹麦都反对“扇形区理论”，他们认为，海洋不管是冰冻的还是自然液体状态都是海洋，海洋只能适用海洋法的有关规则，用“扇形原则”来划分海洋纯属荒谬。

目前，北极地区还没有任何条约来确定其法律地位和法律制度，只有1973年的《保护北极熊协定》（加、苏、美、挪、丹5国）。

【案例研究】

帕尔马斯岛仲裁案

【案情简介】

帕尔马斯岛是一个可以居住的小岛，位于菲律宾棉兰老岛与印度尼西亚纳努萨岛之间。当时，纳努萨岛是荷兰的殖民地，菲律宾则是西班牙的殖民地。1898年12月结束美西战争的《巴黎和约》规定，西班牙将菲律宾和帕尔马斯岛割让给美国。1899年美国将此条约通知荷兰时，荷兰对割让没有表示反对。1906年美国驻棉兰老岛司令视察帕尔马斯岛时发现岛上飘扬着荷兰国旗。美荷在进行外交接触后于1925年1月签订仲裁协议，将该岛主权归属问题交海牙常设仲裁法院解决。

【判决】

常设仲裁法院院长胡伯作为独任仲裁员于1928年4月4日作出裁决，裁定“帕尔马斯岛完全构成荷兰领土的一部分”。仲裁员认为，在对某块土地的主权发生争端时，考虑的关键是领土主权是否继续存在而且在争端发生时仍然存在。在当代国际法上，领土主权的取得构成主权的一个最重要因素是它的持续性，即持续和平稳地行使领土主权。国际法有关发现和取得无主地或只有土著居民地区的权利的规则，到19世纪末发生了变化。19世纪的国际法形成了这样的规则：占领必须是有效的，有效占领才能产生领土主权。发现不产生确定的主权，只产生一种不完全的权利。发现的这种权利必须在一个合理期间内通过对所发现土地的有效占领来完成。所谓有效占领就是能对在该地区上的该国及该国国民的权利给予最低限度保护的那种占领。

【评析】

本案是以和平方法解决领土争端的一个经典案例，其裁决所表达的许多观点现在仍为国家和学者所援引，对领土主权、发现、有效占领及占领的持续性等概念的发展作出了贡献，对我国有关领土争端的解决具有借鉴意义。

【拓展与反思】

从国际法视角分析钓鱼岛的主权归属

有关钓鱼岛主权纷争的关键问题有三，即（1）日本主张的“发现原则”是否成为占领钓鱼岛的理论依据；（2）日本“无主地先占”的结论是否成立；（3）战后美日之间的条约或协议能否作为日本拥有钓鱼岛主权的证据。

（1）日本主张的“发现原则”不能成为占领钓鱼岛的理论依据。

在1895年以前，钓鱼岛的主权是属于中国的，这一点无论是在国际法上还是历史事实上都是经得起检验的。日本国以“时效取得”为理由将钓鱼岛据为己有是有悖于当代国际社会通用的国际法理论。

（2）日本占领钓鱼岛的过程不符合国际法“无主先占原则”。

从1415年到清朝末约500年的时间内，中国政府派使20余次进行巡察管辖。在当时的条件下，对于人类尚无法永久性定居的岛屿而言，已经有中国台湾的渔民在该岛从事渔业生产和作息。所以，旧中国政府的上述管辖手段足以构成对钓鱼岛的有效管辖。因此，将钓鱼岛视为中国的固有领土甚为恰当。由于“先占”的前提是无主地，因而，日本国的所谓“先占”、“固有领土”的主张是完全违背历史事实的。

（3）美、日之间的协定不具备决定钓鱼岛主权归属的法律效力。

美国也承认美、日之间的条约和协定并不表示美国承认日本对钓鱼岛等岛屿享有主权。美国很早就声明：“把原从日本取得的对这些岛屿的行政权归还给日本，毫不损害有关主权的主张。美国既不能给日本增加在它们将这些岛屿的行政权移给我们之前所拥有的法律权利，也不能因为归还给日本行政权而削弱其他要求者的权利。”直到1996年9月11日，美国政府发言人伯恩斯仍表示：“美国既不承认也不支持任何国家对钓鱼岛群岛的主权主张。”可见，美国政府也并没有因条约和协定而承认日本对钓鱼岛群岛拥有主权。

复习和练习

重点问题

1. 领土是国家的构成要素之一。国家领土是指处于国家主权支配之下的地球的特定部分。国家领土由领陆、领水、领空和底土四部分组成。

2. 国家领土的取得，通常是指对领土的主权的取得。国家领土的变更，也是领土主权的变更。国家领土取得的传统方式有先占、添附、时效、割让和征服。从现代国际法的观点看，这些方式除添附和非强制性割让之外，都不能作为领土取得的有效根据，只在解决历史遗留的领土问题上起参考作用。

3. 国家对其领土享有主权。领土主权不是绝对的，它的行使可能受到国际条约的限制。这是对领土主权的特殊限制，其形式主要有共管、租借、势力范围和国际地役。

4. 国家边界的作用在于确定国家领土的范围或国家管辖的范围。国家边界通常依条约规定。通常通过三种方法划定国界：自然边界、几何边界、天文学边界。

5. 南极地区的国际法律制度由以《南极条约》为核心的“南极条约体系”所构成，其实质是“冻结”对南极的领土要求。而北极的法律制度还未形成。

关键术语

国家领土　多国河流　国际河流　先占　时效　添附　割让　征服　国际地役　租借　势力范围　南极条约

思考题

1. 试述领土主权的概念。
2. 国家领土由哪些部分组成？
3. 传统的领土变更方式有哪些？如何评价？
4. 试述划界的原则和方法。
5. 南、北极地区的法律地位。

第六章　国际海洋法

第一节　海洋法概述

一　海洋法的概念

海洋法（law of sea），又称国际海洋法，是确定各种海域及其法律地位和调整各国在各种海域从事各种活动的原则、规定和制度的总称。

海洋法的内容主要包括：

1. 划分各种不同的海域。不同时期的海洋法对海洋有不同划分，第二次世界大战之前的海洋法只将海域划分为公海和领海，1958 年的联合国第一次海洋法会议将海域划分为内海、领海、毗连区、大陆架和公海 5 个区域，而 1982 年的《联合国海洋法公约》又增加了群岛国的群岛水域、专属经济区、用于国际航行的海峡和国际海底区域（见图 6 -1）。

2. 规定各种海域的法律地位和制度。上述各类海域依国家行使管辖权的情况可分三类：（1）国家完全管辖的海域，如内海、领海、群岛水域；（2）国家部分管辖的海域，即沿海国在其中某些方面享有一定管辖权的海域，如毗连区、专属经济区、大陆架；（3）国家管辖范围以外的海域，如公海、国际海底区域。各种不同的海域具有不同的法律地位，也各有其不同的法律制度，因而各国在各种海域中拥有不同的权利。

3. 规定各国在从事海洋活动中的权利和义务。海洋法中的许多规则对各国在各种海域的航行权、管辖权、资源开发利用权以及相应的义务都作出了规定，并对海洋环境保护和争端的解决都作出了规定。

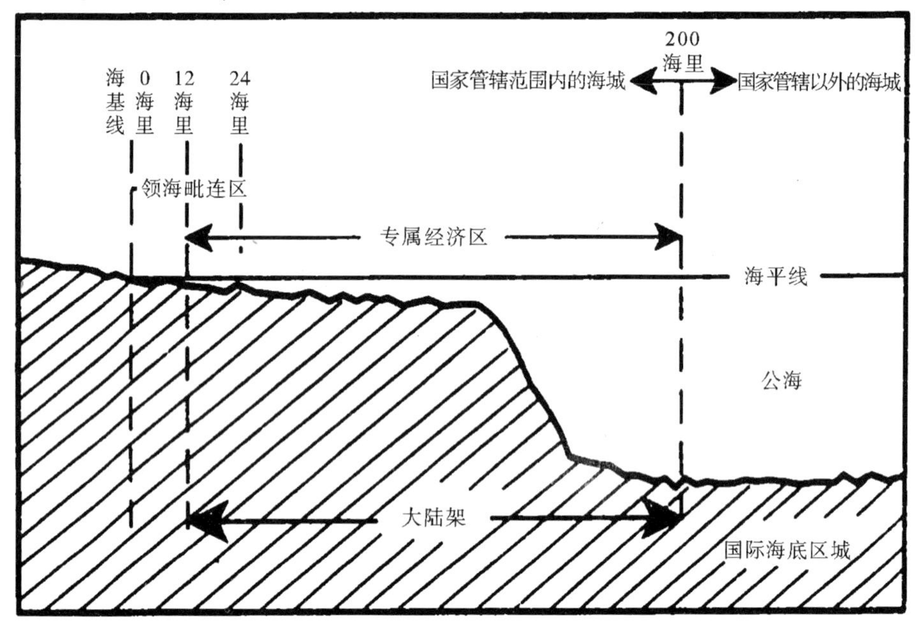

图6－1

二　海洋法的历史发展

生命起源于海洋，人类与海洋接触的历史几乎与人类本身历史一样悠长，但在漫长的岁月里，古人对海洋的认识没有脱离自身的蒙昧状态。一方面，由于海洋水深莫测、风大浪险的恶劣自然条件，古人对它产生敬畏心理，不敢随便踏入；另一方面，由于海洋巨大的范围和美妙的自然风光，古人认为海洋是一个陶冶性情的世外桃源，所以产生了许多类似的极乐岛，中国的蓬莱仙岛、海市蜃楼等种种神话传说。中国古代的第一部字典——《说文解字》（东汉许慎）是这样解释的，“海，天池也”。这是从视觉上认为海与天相通而产生的观念。既然海是天池，那肯定是躲避繁杂世事和陶冶性情的佳境。所以，孔夫子曾发誓说，假如他的主张不能在中原各国实施，他就逃避到海上去，“道不行，乘槎浮于海”（《论语·公冶长》）。

就在东方人对海抒情时，西方人开始对海进行法律界定。古希腊人把海洋视为“无主物”，认为它不属于任何人，但任何人都可以对其占有。由于海洋的巨大和海水的流动性，占有在当时是不可能的。随后的古罗马人认识到海洋无法占有，只能“共有”，认为海洋如同空气一样都是大家的共有之物。这段话保存在《查士丁尼法典》中，这是第一次在法典中宣布了海洋的法律地位。罗马法的这个概念排除了人们对海洋的所有权，使得海洋暂时处于一种原始状态中。

15 世纪的地理大发现，引发了瓜分海洋的欲望和斗争，为了平息这种斗争，罗马教皇于 1493 年颁布谕旨，指定大西洋上的一条子午线为分界线，以东属于葡萄牙，以西划归西班牙。这种安排当时引起了英国与荷兰的反对。1609 年荷兰学者格劳秀斯在他的名著《海洋自由论》中提出“一切财产权都是以占有为根据的，这就要求把所有动产都拿起来，把所有不动产都圈起来。因此，凡是不能拿起来或圈起来的东西，就不能成为财产权的客体。漂泊无定的海水，必然因此是自由的。”这就是格劳秀斯的“海洋自由论”。但是英国学者塞尔登反对格劳秀斯的观点。他于 1635 年出版了《闭海论》一书，认为英国有权占领英国周围的海洋。由于海洋自由论符合商业贸易的发展要求，因此格劳秀斯的观点为后来的公海自由奠定了基础。

18 世纪，荷兰学者宾刻舒克在其《论海上主权》（1702）一书中，正式提出了所谓“大炮射程说”。他认为，靠近海岸的海洋应当属于沿岸国所有，因为岸上的炮火可以将这部分海面控制起来。根据当时大炮的最远射程，各国学者认定这个射程为 3 海里。实际上，宾刻舒克的观点代表了当时各国对英国强大的海上军事力量的担忧。但“大炮射程说”对后来领海制度的形成，起到了关键的作用。

尽管有上述一些学术观点，但总的来说，第二次世界大战之前的海洋，基本上是一个法律真空状态。海军强国可以在海面上为所欲为。

联合国成立后，开始着手制定有关海洋法的规则。1958 年，联合国第一次海洋法会议在日内瓦召开。这次会议通过了 4 个公约：公海、领海、大陆架、捕鱼及养护生物资源公约。但是这四个公约受到发展中国家的抵制，他们认为，这 4 个公约只是反映了海洋大国和发达国家的利益。为了弥补 58 年会议的缺陷，第二次联合国海洋法会议于 1960 年仍在日内瓦举行。但由于各国对领海宽度存在着严重分歧，会议除了激烈的争吵之外，没有任何结果就草草收场。1973 年，第三次联合国海洋法会议在纽约召开，167 个国家的 3000 名代表先后参加了会议，到 1982 年会议结束，历时 9 年。这次会议历时之长，规模之大，都是史无前例的。1982 年 12 月，一部崭新的海洋法公约诞生了。公约共有 17 个部分，320 条，再加上具有同等法律地位的 9 个附件，构成了一系列设计微妙、互相制约的均衡和妥协的系统，每个国家在这个公约中均有得有失。由于各种各样的海洋问题都是息息相关的，需要作为一个整体来考虑，因此，会议规定了所谓的“一揽子交易”的原则，即各国在签署公约时不允许任何保留（要么全接受、要么不接受）。我国于1996年5月5日批准《海洋法公约》，现有缔约国120多个。

第二节 领海

一 领海的概念

领海（territorial sea）是指邻接国家领陆、内水或群岛水域的，受国家主权管辖和支配的一定宽度的海水带。从这个定义可以看出，领海有三个特征：（一）邻接领陆、内水或群岛水域（内陆国没有领海）；（二）受一定宽度的限制（并非辽阔无边）；（三）受国家主权的管辖和支配（国家具有排他的管辖权）。

二 领海的划定

（一）领海基线

领海基线就是确定领海从海岸何处起始的起算线。按照公约规定，领海基线有两种：正常基线和直线基线。

1. 正常基线，也称自然基线。即海水退潮时退到离岸最远的那条线—低潮线。正常基线多适用于海岸线较平缓，无明显凸凹，近岸岛屿不多的情况（见图6－2）。

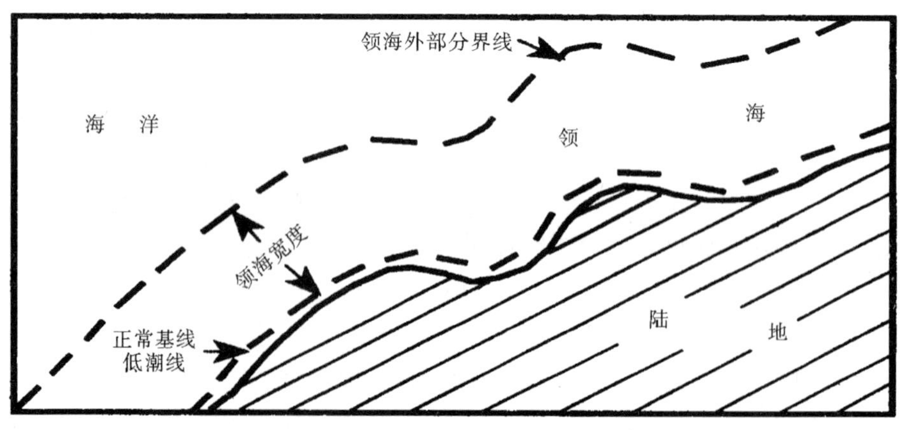

图6－2

2. 直线基线，指以连接海岸和近岸岛屿的最外缘上所选的基点的直线作为领海的起始线。其划法为，在大陆沿岸突出处和岸外岛屿上选定一系列适当的基点，在这些基点之间连续划出一条条的直线，这些直线构成的一条沿着海岸的折线，就是直线基线（见图6－3）。

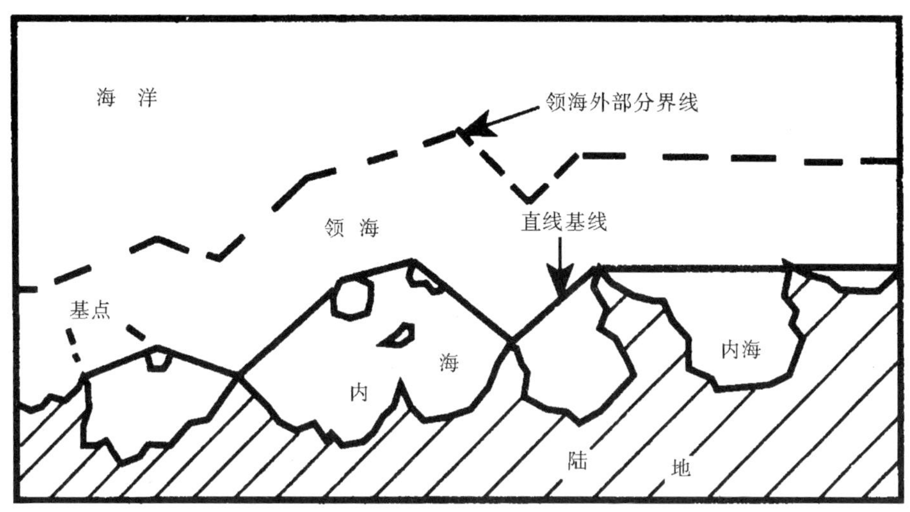

图6－3

按照《公约》规定，各国可交替使用正常基线和直线基线。实践中，有不少国家兼采用两种方法确定基线。根据1992年《中华人民共和国领海与毗连区法》的规定，我国采用直线基线法划定领海。

（二）领海的宽度和外部界限

领海的外部界限与基线之间和垂直距离就是领海的宽度。

公约生效以前，各国的领海宽度是自行确定的。1981年以前，全世界135个沿海国的领海宽度分别有3、4、6、12、15、18、20、30、50、70、100、150、200海里，其中主张12海里的国家最多，有80个国家。《海洋法公约》规定：每一国家有权确定其领海宽度，但最宽不应超过12海里。

领海的外部界限是一条其每一点同基线最近点的距离等于领海宽度的线（见图6－4）。

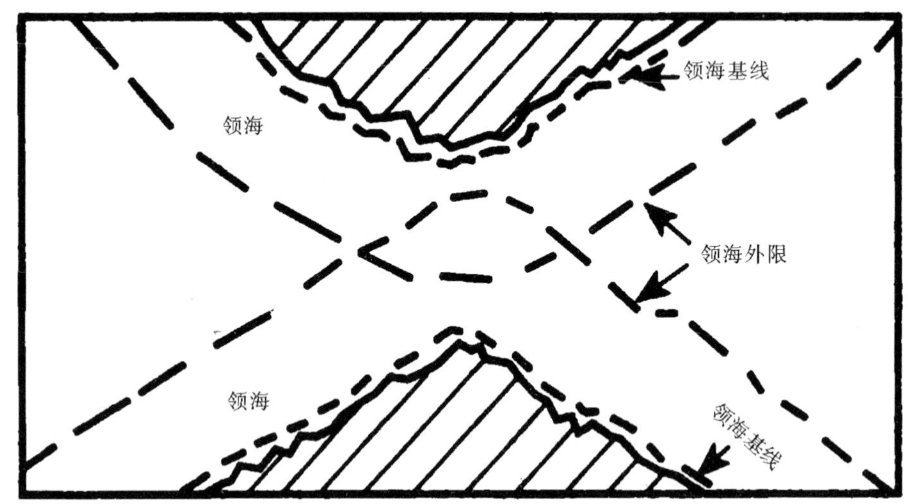

图 6－4

根据各国实践，划定领海外限的方法有三种：

1. 交圆法。在领海基线是正常基线时，以领海宽度为半径向外划出一系列相交的半圆，各焦点之间相连接的弧线（波纹线）即为领海的外部界限。

2. 共同正切线法。在领海基线为直线基线时，以基线上某些点为圆心，以领海宽度为半径向外划一系列相交的半圆，然后划出同切两个半圆的共同正切线，这些正切线连接在一起即构成领海的外部界限。

3. 平行线法。以基线上的某些点，按照领海宽度的距离向外推出一条大致与领海基线相平行的线，即为领海的外部界限。无论是正常的基线或者直线基线的情况均可适用这种方法。

三　领海的法律制度

领海是沿海国领土的组成部分，处于沿海国主权之下，国家对领海内的一切人、物、事件有排他的管辖权。但领海也有不同于领陆的独特之处，即其他国家享有领海的无害通过权。所以，这里着重讲一下无害通过制和司法管辖权。

（一）领海的无害通过制度

无害通过制是领海的最重要的法律制度，也是外国在别国领海的唯一权利。

1. 无害通过的含义。无害通过（innocent passage）是指在不损害沿海国和平、安全与良好秩序的情况下，无须事先通知或征得许可而持续不停地迅速穿过领海或者驶入内水或者自内水驶往公海而通过领海的航行。

对于无害通过，《海洋法公约》第 19 条还专门规定了 12 种情况为非无害通过。

（a）对沿海国的主权、领土完整或政治独立进行任何武力威胁或使用武力，或以任何其他违反《联合国宪章》所体现的国际法原则的方式进行武力威胁或使用武力；

（b）以任何种类的武器进行任何操练或演习；

（c）任何目的在于搜集情报使沿海国的防务或安全受损害的行为；

（d）任何目的在于影响沿海国防务或安全的宣传行为；

（e）在船上起落或接载任何飞机；

（f）在船上发射、降落或接载任何军事装置；

（g）违反沿海国海关、财政、移民或卫生的法律和规章，上下任何商品、货币或人员；

（h）违反本公约规定的任何故意和严重的污染行为；

（i）任何捕鱼活动；

（j）进行研究或测量活动；

（k）任何目的在于干扰沿海国任何通信系统或任何其他设施或设备的行为；

（l）与通过没有直接关系的任何其他活动。

2. 军用船舶的通过问题。对于非军用船舶的无害通过，各国普通承认和允许外国的无害通过其领海，这已成为公认的国际法规则。但是，对于军用船舶的通过问题，国际法学界一直存在着重大的分歧，各国的实践和主张也不一致。有的主张适用无害通过制度；有的主张实行须经事先许可或事先通知才能通过的制度。而《公约》对这一问题规定得不够明确，它仅仅规定："所有国家，不论为沿海国或内陆国，其船舶均享有无害通过领海的权利"。但《公约》的这一规定，不能简单地解释为军舰也享有无害通过领海的权利。我国 1992 年的《领海和毗连区法》第 6 条规定："外国的非军用船舶，享有无害通过我国领海的权利，但外国军用船舶驶入我国领海，须经我国政府批准。"

（二）国家在领海内的司法管辖权

根据国家的属地优越权，各国对在本国领海内发生的刑、民事案件均具有管辖权，但是，在通常情况下，沿海国不对通过其领海的外国船舶行使刑事管辖权。除非遇到下列情况时，沿海国可以行使刑事管辖权：（1）罪行的后果及于沿海国；（2）罪行属于扰乱当地安宁或领海的良好秩序的性质；（3）经船长或船旗国外交代表请求沿海国地方当局予以协助。（4）船舶是违法运送麻醉药品的。而对于民事案件，各国的实践一般采取不干涉态度。

第三节　内海水

一　内海水的概念和法律地位

内水（internal water）又称内海，是指领海基线向陆地一侧的海水域。例如我国的琼州海峡（见图6－5）。

内水与国家的陆地领土具有相同的法律地位，沿海国对其享有完全的排他性的主权。外国船舶非经允许，不得在其内水中航行。进入内水的外国船舶必须严格遵守沿海国的各种规章和制度。外国船舶在内水中不享有无害通过权，但是，如果使用直线基线法使原来并不是内水的水域成为内水，外国船舶则在这种水域内享有无害通过权。

二　内海湾

海湾是指海洋深入陆地而形成的明显水曲。按照国际法的观点，只有当水曲的面积大于或等于以湾口的宽度为直径划成的半圆时，才能视为海湾。按照《公约》规定，沿岸同属于一国的海湾如果天然入口处两端的低潮标之间的距离不超过24海里，则可在两个低潮标之间划出一条封口线，该线所包围的水域即为内水，也就是内海湾，如果天然入口处两端的距离超过24海里，那么封口线应划在海湾内，线内的水域才是内水。

上述标准不适用历史性海湾。历史性海湾是指海岸属于一国，其湾口宽度虽然超过24海里，但历史上一向被承认是沿海国内水的海湾。例如，渤海湾，湾口宽度为57海里。

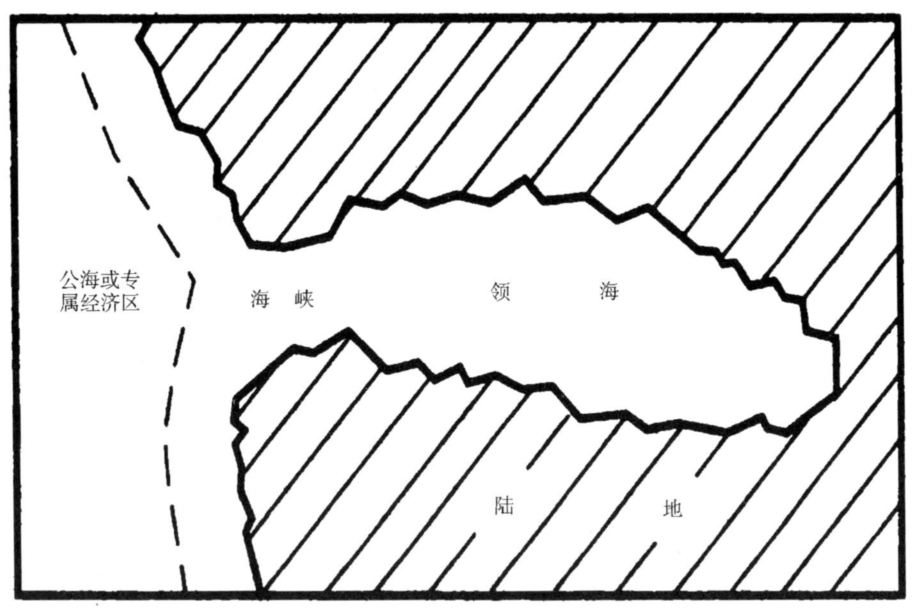

图 6 – 5

三　港口

具有天然条件和人工设备，便于船舶停泊和上下客货的港湾称为港口。港口是否对外国船舶开放，由沿海国自由决定，但出于国际交往的需要，各国通常指定一些港口对外国船舶开放，只要遵守规章制度，外国船舶便可入港。目前我国开放的港口有：上海、天津、大连、烟台、青岛、广州、厦门、海口、湛江等 10 多个。

第四节　毗连区

一　毗连区的概念

毗连区（contiguous zone）是指沿海国在毗连其领海的一定范围内，为对其海关、财政、卫生和移民等类似事项行使管制而设置的区域。毗连区的宽度从领海基线量起不超过 24 海里。

设置毗连区的目的是，沿海国为防止和惩治在其领土或领海内违反其海关、财政、卫生和移民等方面的法律和规章，而行使必要的管制，但这种管制不涉及毗连区上空。

在第三次海洋法会议上，有些国家主张取消毗连区，并将其并入专属经济区。但多数国家则主张保留毗连区，因为两个区域的目的和管辖事项都是不同的。例如，沿海国可以在毗连区中征收关税，但不能在专属经济区征收关税。《公约》采纳了多数国家的意见，保留了毗连区制度，但作了两点重要修改：1. 取消了毗连区属于公海的提法；2. 将毗连区的外部界限从 12 海里延伸至 24 海里。

二 毗连区的法律地位

毗连区的法律地位不同于领海。沿海国对毗连区不享有主权，只在该区域行使某些方面的管制，而且这种管制不涉及毗连区的上空，总之，毗连区没有独立的法律地位，其地位取决于其依附的海域，或接近于公海或接近于专属经济区。

第五节 用于国际航行的海峡与群岛水域

一 用于国际航行的海峡的概念

海峡（strait）是指两块陆地之间，两端连接海洋的天然狭窄水道。而于国际航行的海峡则是指连接公海或专属经济区的具有领海地位的而且未受国际条约限制的，又频繁用于国际航行的海峡。

据统计，这种海峡在实行 12 海里领海制度之后，世界上将有 116 个海峡因宽度不足 24 海里而处于沿海国领海之内，其中有 30 多个由于频繁使用而被认为是“用于国际航行的海峡”（straits used for international navigation）。在第三次海洋法会议上，西方海洋强国认为这种海峡由于已经成为国际通道而应该确保其自由航行和飞越的地位；而第三世界国家（包括中国）则认为，由于这种海峡已处于领海之内，只能实行领海的无害通过制度。最后，经过双方的妥协，《海洋法公约》专门为这种海峡创建了一种全新的通行制度——过境通行制度。

二 过境通行制度

过境通行（transit passage）是指外国船舶或飞机在公海或专属经济区之间的用于国际航行的海峡上，以持续不停和迅速过境为目的而行使的航行和飞越自由。

船舶和飞机在过境通行时的义务是：（1）毫不迟疑地通过或飞越海峡；（2）不对沿岸国的主权形成威胁；（3）不从事除通过之外的任何活动。除非因不可抗力或遇难的情况发生；（4）过境的船舶和飞机应遵守国际通行的规章制度和沿岸国制定的法律规章。

与无害通过制相比，过境通行适用于所有船舶和飞机，而且不应停止通过，而无害通过制主要适用于非军事船舶，不适用于飞机，在某种情况下可以停止。潜艇在过境通过时无须浮出水面并展示旗帜。

三　群岛国与群岛基线

群岛国制度是在第三次海洋法会议上形成的，被规定在《联合国海洋法公约》第四部分之中。根据公约第46条，群岛国是指全部由一个或多个群岛构成的国家，并可包括其他岛屿。这里的群岛是指一群岛屿，包括若干岛屿的若干部分、相连的水域或其他自然地形，彼此密切相关，以至于这种岛屿、水域和其他自然地形在本质上构成一个地理、经济和政治的实体，或在历史上已被视为这种实体。

群岛国可以划定连接群岛最外缘各岛和各干礁最外缘各点的直线群岛基线（archipelagic baseline）。群岛国的领海、毗连区、专属经济区和大陆架的宽度从群岛基线量起。但是，群岛基线的划定受下列条件的限制：（1）这种基线应包括主要的岛屿和一个区域，在该区域内，水域面积和陆地面积的比例应在1∶1到9∶1之间；（2）这种基线的长度不应超过100海里。但围绕任何群岛的基线总数中至多3%可超过该长度，最长以125海里为限；（3）这种基线的划定不应在任何明显的程度上偏离群岛的一般轮廓；（4）群岛国不应采用一种基线制度，致使另一国的领海同公海或专属经济区隔断。

群岛基线与直线基线不同，主要在于后者没有水陆面积比例和基线长度的限制（见图6－6）。

四　群岛水域的法律地位

群岛水域（archipelagic waters）是群岛基线所包围的水域，不论其深度或距离海岸的远近如何。它是《联合国海洋法公约》新设立的一个海洋区域。根据《联合国海洋法公约》的规定，群岛水域的法律地位主要是：群岛国的主权及于群岛水域的上空、海床和底土，以及其中的资源。群岛国应尊重与其他国家间的现有协定，并应承认直接相邻国家在群岛水域的某些区域内的传统捕鱼权利和其他合法活动，以及尊重其他国家所铺设的通过其水域而不靠岸的现有海底电缆。

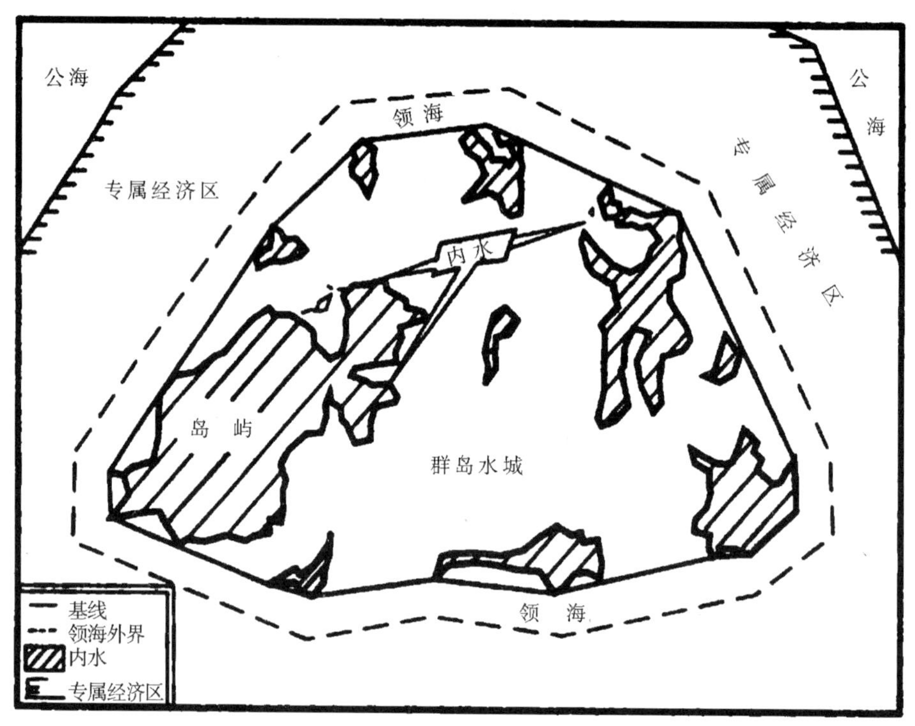

图6-6

群岛水域的通过，有无害通过权和群岛海道通过权（right of archipelagic sea lanes passage）两种。所有国家的船舶均享有通过除群岛国内水界限以外的群岛水域的无害通过权。群岛国可在群岛水域内指定适当地穿过群岛水域和邻接的邻海的海道和其上空的空中航道，即“群岛海道”（archipelagic sea lanes）。所有船舶和飞机均享有在这种海道和空中航道内的群岛海道通过权。群岛海道通过是指专为在公海或专属经济区的一部分和公海或专属经济区的另一部分之间继续不停、迅速和无障碍地过境的目的，行使正常方式的航行和飞越的权利。但是，群岛海道通过制度不影响包括海道在内的群岛水域的地位，或影响群岛国对这种水域及其上空、海床和底土以及其中所含资源行使其主权。而且，船舶和飞机在通过时应遵守适

“用于国际航行的海峡”在过境通行时的所有义务。

因此可见，群岛水域既不同于内水，也不同于领海，而是自成一类（sui generis）的海洋区域。

第六节　专属经济区

一　专属经济区的概念

专属经济区（exclusive economic zone）是指领海以外并且邻接领海的一个区域，该区域从测算领海宽度的基线量起，不超过200海里。

专属经济区最早始于智利，1947年6月，智利发表声明，宣布智利海面200海里以内的海域由智利保护和控制，但不影响其他国家公海自由航行的权利，随后厄瓜多尔、秘鲁、阿根廷、巴西、洪都拉斯等拉美国家前后宣布了200海里区域，使用的名称有“承袭海”、“专属渔区”等。而“专属经济区”的名称最先始于非洲国家，1972年6月，肯尼亚等17个非洲国家召开了一次海洋法会议，正式提出非洲国家有权在其领海之外“设立一个经济区”。《海洋法公约》接受了非洲国家的建议，专门在公约第5部分规定了专属经济区制度。

二　专属经济区的法律地位

沿海国家在专属经济区享有以勘探和开发、养护和管理其自然资源为目的的主权权利；对该区域内的人工岛屿、设施和结构的建造和使用以及海洋科学研究、海洋环境的保护和保全享有管辖权；并具有公约规定的其他权利和义务。外国在专属经济区内享有船舶航行、飞机飞越和铺设海底电缆和管道的自由，但在行使此项权利时，必须遵守沿海国的有关法律和规章。

专属经济区不同于公海。它是受国家一定管辖和支配的海域，沿海国对该区域的自然资源享有主权，并在其他一些方面享有管辖权，从而限制了其他国家在该区域的活动。同时，专属经济区又不同于领海，它不属于沿海国的领土组成部分。沿海国的主权只及于专属经济区的自然资源，而不包括其他方面，因而其他国家在专属经济区仍享有一些自由。总之，专属经济区既非公海又非领海，而是自成一类的具有独立地位的海域。

根据海洋法公约的规定，沿海国家对专属经济区的权利并不是固有的，需要沿海国以国内法形式来宣告。因此，我国于1998年颁布了《中华人民共和国专属经济区和大陆架法》，规定我国的专属经济区为我国领海以外并邻接领海的区域，从测算领海宽度的基线量起延伸至200海里。

三 海岸相向或相邻国家间专属经济区的划界问题

据统计，在实行200海里专属经济区制度后，将有100多个沿海国家面临着与邻国的专属经济区发生重叠的情况。因而用什么原则和标准进行划界，成为第三次海洋法会议上争论不休的一个问题，英、日、西班牙、希腊等50多个国家极力主张以等距离中间线为划界原则，即所谓的“中间线集团”；而中国、爱尔兰、罗马尼亚、利比亚等50多个国家则认为，鉴于各国海域情况复杂，应当公平合理的划界，即所谓“公平集团”；经过协商和妥协，两大集团最终达成协议，形成了公约第74条的规定，即“海岸相向或相邻国家之间专属经济区的界限，应在国际法院规约第38条所指国际法的基础上以协议划定，以便得到公平解决”。这条规定表明，虽然没有确立公平原则，但要求达到公平的结果。

第七节 大陆架

一 大陆架的概念

地质地理学上的大陆架（continental shelf）是指从海洋的低潮线起，海底以极其平缓的坡度向海洋方面倾斜延伸，一直到坡度发生显著增大的转折处为止的这一部分海床。从此处再向外，坡度急转直下的部分称为大陆坡。在大陆坡脚堆积着沉淀物的地方，称为大陆基。

很长一段时间内，大陆架没人注意。自从1945年9月美国总统杜鲁门发表《大陆架公告》，宣称连接美国海岸的大陆架属于美国，并且由美国管辖和控制。从此，大陆架问题作为一个法律问题开始进入国际法领域，并在地质学大陆架概念的基础上形成了国际法上大陆架的概念。

《海洋法公约》第76条给大陆架下了一个法律定义，“沿海国的大陆架包括其领海之外依其陆地领土的全部自然延伸，扩展到大陆边外缘的海底区域的海床和底土。如果从测算领海宽度的基线量起到大陆边的外缘的距离不到200海里，则扩展到200海里的距离”。这个定义表明，法律上的大陆架不仅包括大陆架，还包括大陆坡和大陆基。

二　大陆架的法律地位

《海洋法公约》规定，沿海国家为勘探和开发其自然资源的目的，对大陆架行使主权权利。这种权利是固有和专属性的，也就是说，这种权利不取决于有效的占领或者任何明文公告，沿海国即使不开发大陆架的自然资源，未经允许，他国也不得从事这种活动。同时，沿海国对大陆架的主权权利不影响上覆水域或水域上空的法律地位。

三　大陆架的划界原则

由于大陆架上蕴藏着丰富的自然资源，是沿海国的一笔宝贵的财产，所以各沿海国对大陆架的划分基本上采取寸土不让的策略，而国际法上关于大陆架划界的原则和方法一直存在着严重的分歧，因此，自 20 世纪 60 年代以后，国际法院和国际仲裁法院就忙于审理各国之间的大陆架划界的案件，大有应接不暇之势。在第三次海洋法会议上围绕着大陆架的划界问题又展开了激烈的争论，其焦点集中于依照什么原则和标准划界，会上形成了两个对立的集团，主张中间线原则的中间线集团和主张公平原则的公平集团。最后，《海洋法公约》采纳了折中方案，形成了第 83 条："相邻或相向国家间大陆架的界限，应在国际法院规约第 38 条所指国际法的基础上以协议划定，以便得到公平解决"（与专属经济区的第 74 条规定一样）。从这条规定可以看出，公约采用了"协商原则"，从而暂时缓和了各方的争斗。但公约生效后，并没有平息各方的争论。目前，国际上有关大陆架划界的原则主要有以下几种。

1. 等距离中间线原则

是指海岸相邻或相向国家间进行大陆架划界时所作的一条其每一点均与领海基线的最近点距离相等的界限。等距离线适用于海岸相邻间"横侧"划界，中间线则适用于海岸相向的国家之间的"中间"划界。实际上中间线也是等距离线。

1958 年的《大陆架公约》认为它是最公平、最平等的大陆架划界原则。1969 年国际法院在"北海大陆架案"（德国与荷兰、丹麦）的判决中否定了等距离中间线原则已经是国际习惯法的提法，指出"中间线的使用不是强制性的，也不是唯一的划界方法"。

2. 自然延伸原则

这种主张认为，从地质地理上看大陆架是国家陆地向海下的自然延伸，所以，大陆架划界时应当使每一沿海国都尽可能地得到其陆地领土向海洋方面的自然延伸的一切领土，而不侵犯另一国领土的自然延伸。

自然延伸原则首次在 1945 年的《杜鲁门公告》中提出。1982 年的《海洋法公约》也确定了大陆架是沿海国领土的自然延伸，但公约没有把它作为划界原则。

3. 公平原则

公平原则是指在大陆架划界中，不管采用何种方法划界，都应该达到公平合理的结果和目的。原则总是从属于目标。一项原则的公平性，必须按照其为达到公平结果的有用性来衡量（北海大陆架案判决词）。

公平原则首先得到了北海大陆架案例的支持，随后又体现在《海洋法公约》第 83 条的规定。所以得到了许多国家的拥护。

4. “协商原则”

按照第 83 条的规定，大陆架划界应根据国际法由当事国协议解决，因此，有人把这种方法称为“协商原则”。这一原则具有灵活性，既可以为公平原则的国家接受，也可以为中间线原则的国家所认可。对缓和两大集团的冲突，并最终达成第 83 条的规定，起到了重要的作用。但这一原则并未规定具体适用的规则，在实践中很容易引起争执，因此可以说，公约的此项规定也是不尽完善的。

四 我国大陆架的问题

我国是世界上 18 个大陆架宽度超过 200 海里的宽大陆架国家之一。渤海、黄海海底全部为大陆架，东海三分之二的海底为大陆架，最宽达到 400 海里，南海大陆架也占海底面积的二分之一以上。

除渤海之外，我国在黄海与朝鲜、韩国，在东海与日、韩，在南海与越南、马来西亚、菲律宾等国家都存在着划界问题。

在东海区域，由于我国是大陆型国家，海底的自然延伸部分较宽，约占东海的三分之二，而日本是岛国，大陆架较窄。在中、日大陆架之间有一条冲绳海沟。我国主张以这条海沟作为谈判基础，以公平原则来划分各自的大陆架。而日本则主张等距离中间线为划界原则。这样一来，日本就可以跨过冲绳海沟，占有大片理应属于我国的大陆架。1974 年，日本以中间线为界，与韩国签订了所谓的“共同开发大陆架协定”，片面地把大片我国的大陆架划进所谓的“共同开发区”内，为此遭到我国的多次抗议。

基于各种原因，迄今我国还没有同任何一个邻国划定彼此之间的大陆架界限。我国认为，如果各方在短时期内暂时无法达成协议，出于经济发展的需要，可以“搁置争议、共同开发”。这就是我国目前的立场。

第八节　公海

一　公海的概念

公海（high sea）是指“不包括在国家的专属经济区、领海或内水或群岛国水域内的全部海域”（《公约》第86条）。

二　公海的法律地位

公海不属于任何国家领土的组成部分，也不在任何国际法主体的管辖之下，它属于国家管辖范围以外的海域。因此，任何国家不得将公海的任何部分置于其主权之下，也不得对公海本身行使管辖权。这是公海法律地位的基础，也是公海不同于其他海域的本质特征。据此特征，公海是全人类的共同财富，对所有国家开放，所有国家包括内陆国都可以平等地使用公海，并有权行使公约规定的各项自由。

三　公海的法律制度

（一）公海自由

公海法律制度的基础和主要原则是公海自由。早期的公海自由主要是指航行自由和捕鱼自由。1958年《公海公约》规定了公海的四大自由：（1）航行自由；（2）捕鱼自由；（3）铺设海底电缆和管道的自由；（4）飞越自由。1982年的公约为了适应科学技术的发展，将“四大自由”增加为“六大自由”，即增加了建造国际法所允许的人工岛屿和其他设施的自由，以及科学研究自由两项。

从以上6大自由的内容来看，最核心的仍然是航行自由和捕鱼自由两项：

1. 航行自由。是指所有的国家的各种船舶，均有权在公海的任何区域自由航行，其他国家不得加以干涉和阻碍。在公海上航行的船舶，除受船旗国的管辖和国际法的限制外，不受其他国家的支配和管辖，不受任何强制性的海上礼节的约束。

但是，在公海上航行的船舶都必须具有一个国家的国籍，并悬挂该国的国旗作为标志，没有取得国籍的船舶，或者取得多个国籍的船舶不能在海上航行。国际法没有规定国家授予船舶国籍的条件，通常是以船舶的所有权来授予国籍的。但在实践中，许多船主为了逃避其本国的税收，往往到另一个免税或低税的国家去注册登记，取得该国的国籍。这种现象称为“方便旗”现象。

在公海上航行的船舶有互相救助的义务，每个国家应当责成其船长在不严重危及其船舶、船员安全的情况下，尽力救助海上遇难的人，在发生碰撞时，应对损害的船舶、船员予以救助，否则应当予以处罚。

2. 公海捕鱼自由。是指任何国家或其国民都有权在公海上自由捕鱼，而不受其他国家的阻碍。但捕鱼自由并非毫无限制地任意进行的自由。所有国家都有保护公海生物资源的义务，而且任何捕捞行为不能使渔业资源枯竭。为此，联大于 1995 年专门通过了《公海捕鱼协定》。

（二）公海上的管辖权

公海不属于任何国家的管辖范围，但并不是说公海上没有任何形式的管辖，当然，这种管辖不是针对公海本身，而是针对公海上的活动。根据国际法，公海上仍有以下几种管辖。

1. 船旗国管辖。是指各国有权对在公海上的具有该国国籍的船舶及其人、物、事件实行管辖。这表明在公海上的船舶和人要受其国籍国的管辖。船旗国管辖主要是适用船旗国的法律。

2. 普遍性管辖。是指为了维持公海上的良好秩序，各国有权对公海上违反人类利益的国际性罪行及某些违反国际法的活动进行干涉和管辖，尽管受管辖的船舶和人可能不具有该国的国籍。管辖的对象主要有以下行为：(1) 海盗行为；(2) 贩运奴隶；(3) 进行未经许可的广播；(4) 没有国籍的船舶或虽有国籍但不展示其国旗。对于上述这些活动的管辖方式主要有登临检查、扣押、逮捕。但在行使这些权力时必须慎重，如果事后证明有嫌疑的船舶是无辜的，并且造成了损失，由管辖国家负责赔偿。

3. 保护性管辖。这是沿海国为维护其利益，对某些违反本国法律的行为实施管辖，并把这种管辖延伸到公海实施的情况，也可以说是国家属地管辖权的延伸适用。这种管辖在公海制度中突出体现在“紧追权”上。

“紧追权”（right of hot pursuit）是指沿海国的军舰或军用飞机对于在其管辖范围内的海域内违反了该国法律的外国船舶进行追逐直至公海仍可继续，以便捕获的权力。按照国际法行使紧追权时必须遵守下列规定：（1）紧追必须在国家管辖海域内开始，即领海、毗连区、专属区内开始；（2）紧追必须持续不停地进行，不得中断后又重新开始；（3）紧追至别国领海时应当立即终止；（4）紧追必须使用军用或有明显标志的政府授权的船舶和飞机进行；（5）紧追不当，追逐国应承担赔偿责任。

第九节 国际海底区域

一 国际海底区域的概念和法律地位

国际海底区域（intternational sea-bad area），简称“区域”，是指大陆架之外不属于国家管辖范围的海床、洋底及其底土。

“区域”是海洋法中的新概念和新制度。“区域”的概念不同于以前公海的海底，它不具有“公”的性质，而具有“共”的特征。

区域在20世纪60年代以前对各国没有多大意义，随着科技的进步，人们发现海底蕴藏有大量的锰结核矿物资源，由于这种资源深藏于海底，迄今只有少数大国有能力开发。为了避免少数大国垄断海底资源。第三世界国家提出了“区域”应当成为“人类共同继承财产”的建议。海洋法公约采纳了这一建议，建立了“区域”制度。但是美、英等国强烈反对这一建议，认为这是一个典型的“吃大户”的制度。美国承认，公约的大部分规定同美国的利益相一致，但就是这种深海采矿制度损害了美国的利益，因此，美国迟迟不肯批准公约，直至1994年，经过联合国秘书长的斡旋，联大通过了有关区域采矿制度的所谓“执行协定”，部分照顾了美国的利益，美国才批准加入了公约。可见，“区域”已成为各国新的利益领域。

按照公约的规定，区域的法律地位为：

1. “区域”及其资源是全人类的共同继承财产，任何国家不应当对“区域”主张或行使主权。

2. “区域”内的资源属于全人类，由国际海底管理局代表全人类行使管理和分配资源，并特别考虑发展中国家的利益。管理局在公平的基础上分配各国从区域活动中取得的经济利益。

3. “区域”的法律地位不影响上覆水域和水域上空的法律地位。

二 平行开发制度

平行开发制度所要解决的问题是，由谁来开发国际海底区域。西方大国主张由有技术能力和资金保障的强国及其企业来开发，而发展中国家主张由管理局负责区域的勘探和开发等一切活动。经过协商后，公约采用了“平行开发制度”，即区域的勘探与开发应在管理局的安排和控制下进行。一方面由管理局进行，另一方面由国家与管理局共同协作进行。具体做法是，开发申请者要向管理局提供两块同等价值的矿址，管理局选择其中一块作为保留区，留作管理局与发展中国家共同开发的矿址。另一块作为合同区，由缔约国或其企业通过与管理局签订合同进行开发。

三 先驱投资者

先驱投资者是指进行预备性投资的国家，企业和国际财团。预备性投资是指在公约生效以前，为在“区域”进行勘探和开发而作出的投资，但这种投资不是直接用于商业开发，而是用于进行大规模商业开采之前所必需的准备活动。按规定，申请先驱投资者的条件有两个：一个是 1983 年 1 月 1 日之前至少已经将 3000 万美元用于预备性投资；另一个是至少应有一个缔约国证明申请者已支出上述数额用于预备性投资。先驱投资者享有开发“区域”的优先权。第一批先驱投资者有法国、日本、印度和俄罗斯 4 国和 4 个国际财团。1991 年 8 月 28 日，联合国秘书长签发给我国“先驱投资者”证书。我国成为第 5 个先驱投资国，并在北太平洋地区获得了 15 万平方公里的勘探开发区。按照平行开发制的规定，最终在上述开发区内圈定了 7.5 万平方公里的采矿区。目前，我国共向这块区域投资了 2 亿多美元。

【案例研究】

北海大陆架案

【案情简介】

1966 年，德国与荷兰和德国与丹麦在如何划定北海大陆架界线上发生争议：荷、丹主张依等距离规则划定全部界限；德国认为这种划法不公平，因为德国的海岸是凹入的，从其两端划出的等距离线会形成交叉，使德国得到的大陆架只是一个与其海岸长度小得不成比例的三角形。1967 年 2 月，德国与丹麦和德国与荷兰分别达成协议，将争议提交国际法院，请求法院判定，“在划分属于该三国的北海大陆架区域时应适用什么国际法原则和规则”。

【判决】

国际法院在 1969 年 2 月 20 日以 11 票赞成、6 票反对作出判决。法院指出，等距离概念从来不曾被认为具有已被接受的大陆架学说的内在必然性。日内瓦公约第 6 条确实包含有一项规则，但它是一项纯公约规则。法院不否认等距离划界方法是一种非常便利的方法，并在很多情况下被采用。但这些因素本身还不足以使该方法成为一项法律规则，从而把接受使用该方法的结果看做是在所有情况下必须履行的义务。等距离方法不是习惯法的强制性规则。因此，德国没有义务接受等距离规则。划界应“通过协议，按照公平原则，并考虑到一切有关情况，以使每一个国家尽可能多地得到构成其陆地领土自然延伸的大陆架所有部分，并且不侵占另一国陆地领土的自然延伸。”在谈判过程中，各当事国应予考虑的因素包括：（1）海岸的一般构造以及任何特殊或异常特征的存在；（2）大陆架的自然和地质结构及其自然资源；（3）依公平原则划归沿海国的大陆架区域的范围与依海岸线一般方向测算的海岸长度之间的合理比例（见图 6 -7）。

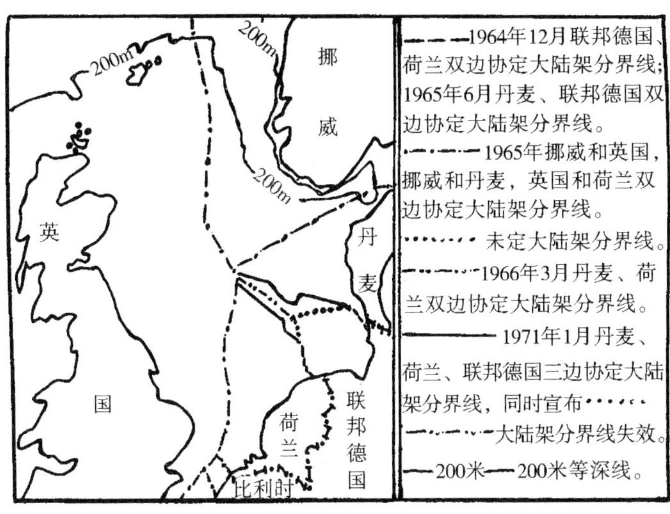

图 6 -7

【评析】

北海大陆架案是关于大陆架的自然延伸概念和经协议公平划界原则的重要案例。公平原则不排除依等距离规则划界，但等距离规则不具有习惯法的地位，其适用在许多情况下可能有失公平。同时，判决还指出了划界导致的重叠处可实行共同管辖和开发。该判决的基本主张为后来的海洋划界判例所援引和发展，成为海洋划界法发展的重要渊源。1982 年《联合国海洋法公约》的划界制度深受本判决的影响。

【拓展与反思】

北海大陆架案在大陆架划界原则方面的重要影响

在前联邦德国、荷兰和丹麦为当事国的 1969 年北海大陆架案中，国际法院的判决阐明了大陆架是沿海国陆地领土在海下的自然延伸；区分了划界方法与划界的一般原则，确认等距离只是一种划界方法，不是习惯法规则，对《大陆架公约》的非缔约国或对此项规定予以保留的国家不具有拘束力；确定了大陆架划界的习惯法规则：划界应通过协议，按照公平原则，并考虑到所有相关情况，并且指示了几种在划界谈判过程中应该考虑的相关情况，包括地质因素、地理因素、矿藏的统一性和比例因素。

北海大陆架案是通过国际司法程序解决的第一个大陆架划界案，在此案中，国际法院提出的根据公平原则考虑一切有关情况通过协议解决的观念，在以后的司法与仲裁实践中得到多次肯定与支持。可以说公平原则已成为“一项得到普遍承认的划界所采用的一切规则和方法的压倒一切的国际准则”。在本案之后，公平原则又多次被应用于划界实践中，如在 1977 年英法大陆架仲裁案中，法庭继续肯定了公平原则作为习惯国际法规则的地位；在 1982 年突尼斯—利比亚大陆架划界案中，国际法院认为划界应按照公平原则，并考虑到所有有关情况，而且“公平被作为解决问题的直接的唯一的渊源”。

复习和练习

重点问题

1. 海洋法是确定各种海域及其法律地位和调整各国在各种海域从事各种活动的原则、规定和各种制度的总称。

2. 领海基线是测算各种海域的起点线。基线有正常基线和直线基线两种。

3. 领海是领海基线以外一定宽度的海域。沿海国对领海享有主权，但应允许外国船舶无害通过。领海宽度不应超过 12 海里。

4. 毗连区是沿海国在领海以外对海关、财政、移民或卫生行使必要管辖的海域，其宽度不应超过 24 海里。

5. 大陆架和专属经济区都是沿海国为勘探开发其中的资源而对其享有主权权利以及对其中的某些事项享有管辖权的海域，其他国家在这两个区域里享有航行、飞越、铺设海底电缆与管道的权利。两个海域的划界应注意相邻和相向国家的划界原则。

6. 公海是不包括国家管辖海域在内的全部海域。其基本法律地位是“公海自由”，所有国家均享有公海上的六大自由。公海上航行的船舶受船旗国的专属管辖。登临权和紧追权是船旗国专属管辖的例外。

7. 国际海底区域是国家管辖范围以外的海床洋底及其底土。“区域”及其资源是人类的共同继承财产，任何国家不得据为己有，不得主张或行使主权权利。

关键术语

海洋法　第三次海洋法会议及其成果　大炮射程说　直线基线　正常基线　领底　毗连区　专属经济区　大陆架及其划界原则　无害通过权　公海　国际海底区域　平行开发制　先驱投资者

思考题

1. 试述领海的法律制度。
2. 试述大陆架的法律地位。
3. 试述专属经济区的法律地位。

4. 论公海自由。
5. 比较无害通过制度与过境通行制度。
6. 试述大陆架的划界原则及我国的立场。
7. 试述专属经济区的划界方法。
8. 试述国际海底区域的法律地位。

第七章 国际空间法

地球表面之上是无限高的空间。科学家和法学家把空间分为“空气空间”和“外层空间”两个区域。这两个区域在法律上是性质完全不同的区域。人们把在空气空间的活动称为航空，而在外层空间的活动称为航天。与此相对应，国际法把指导和规范空气空间活动的法律称为空气空间法或者航空法，而把指导并规范外层空间活动的法律称为外层空间法。严格地说，这是两个性质不同的法律部门。但是，为了教学的方便，我们把它们放在一起，这并不意味着它们已经组成了一个法律部门。

第一节 空气空间法(航空法)

一 空气空间法的概念和法律渊源

空气空间法（airspace law）是调整国家之间利用空气空间，进行民用航空运输所产生的各种关系的法律规范的总和。

在这个概念中，要特别注意“民用航空”这个词，军队、海关、警察等部门的国家航空器的活动由于不是“民用”的目的，所以与此类活动有关的法律规则不属于航空法的范畴。

作为国际法的一个分支，航空法是20世纪的产物，是随着“航空”现象的出现而产生的，并且随着科学技术的进步而发展的。1903年12月，美国的莱特兄弟（Wright Brothers）把重于空气的动力装置安装在飞行器上，被公认为世界第一架飞机的发明，从此，开创了人类航空的新纪元。飞机在两次世界大战中的军事用途，对航空事业产生了猛烈的推动和冲击，大大促进了民用航空的发展。可以说，现代人类生活已经离不开航空活动。与此同时，航空法也迅速地发展起来，成为国际法领域的一个重要分支。

由于国际航空活动具有国际性的特征，加之空间技术的发展的历史不长，没有古老的国际习惯，这就决定了航空法的渊源主要是国际条约，这些条约主要有：

1. 1919 年的《巴黎航空公约》。这是最早的航空公约，其特点是确立了领空的概念，后被 1944 年的《芝加哥公约》所取代。

2. 1929 年的《华沙公约》，全称为《统一国际航空运输某些规则的公约》，其主要内容是有关航空运输的业务范围，运输票证，承运人的责任，损害赔偿的标准等，形成了国际航空运输上的所谓“华沙体系”。我国于 1957 年加入该条约。

3. 1944 年的《芝加哥公约》全称《国际民用航空公约》。这是最重要的公约，它确立了现代航空法的基础，并根据此公约成立了“国际民用航空组织”，重建了民用航空方面的法律制度和组织框架。我国曾是该公约和该组织的创始国，后因历史原因中断，1974 年 2 月，我国重新恢复了该公约缔约国和该组织成员国的身份。

4. 此外，还有三个反劫持公约，它们是：1963 年的《东京公约》，我国于 1978 年加入；1970 年的《海牙公约》，我国于 1980 年加入；1971 年的《蒙特利尔公约》，我国于 1980 年加入。

二　空气空间的法律地位

地球表面之上的空气空间分为两个部分：一部分是根据罗马法格言“谁有土地，谁就有土地的上空”（cujus est solun，ejus estusque ad coelum）而来的国家领土的上空，称为领空。

另一部分是国家领土之外的上空，例如公海、南北极的上空。对于前者，《巴黎公约》和《芝加哥公约》都规定，国家对其领空享有完全的和排他的主权。外国的飞机未经允许不得进入领空，也不享有所谓的“无害通过权”。对于后者，由于不属于任何国家的管辖范围内，因而是自由和开放的，任何国家的航空器均可以自由飞越。

三　国际民用航空制度

根据《芝加哥公约》的规定，为了维护领空的安全，各国有权制定适用于本国的航空法律和规章制度，可以在各自的领空内设立“禁飞区”，并且可以保留在境内两点之间作航空运输的经营权，称为“国内载运权”。

除此之外，还有以下一些法律制度：

1. 航空器的法律地位

航空器（aircraft）通常是指从事航空活动的工具。《芝加哥公约》给航空器所下的定义为：凡是能够从空气的反作用，而不是从空气对地面的反作用，在大气中获得支撑的任何器械就是航空器。航空器是航空法的客体，其活动和权利义务要受航空法的规范。航空器分为民用航空器和国家航空器两类，这一分类不是依据所有权，而是根据使用性质。用于国家公务、军事、海关、警察部门的航空器属于国家航空器，除此之外，属于民用航空器。航空器的国籍采用“登记主义”原则，即航空器的国籍取决于注册登记。当航空器飞越他国领空时，受地面国法律管辖，应当遵守该国的法律和规章，当航空器飞越公海时，受其国籍国的管辖。

2. 航班飞行与非航班飞行

《芝加哥公约》将航空器的飞行分为两类，航班飞行（scheduled flight）与非航班飞行（non-scheduled flight）。航班飞行是指以航空器从事国与国之间乘客、邮件或货物运输的定期的航运业务飞行。从事国际航班飞行，非经其他缔约国的特准和许可，不得在该国领土上空飞行或飞入该国领土。不从事国际航班飞行的其他航空器，就属于非航班飞行的航空器，对于非航班航空器，可以不需事先获准，有权飞入或飞经其他缔约国的领空而不作降停，但该国有权命令它降落。

3. 关于“空中劫持”

空中劫持（hijacking）是一种危害国际民用航空安全的行为。它是指在飞行中的航空器内以暴力或暴力威胁对航空器加以劫持或迫使其改变航程。

按照反劫机三公约的规定，空中劫持是一种严重的可引渡的刑事罪行。航空器国籍国、降落地国、嫌疑犯所在国、受害国都具有管辖权。但空中劫持是一种跨国罪行，各国的管辖权常常会产生冲突，也会出现管辖权的疏漏或空白，给犯罪分子逍遥法外的可乘之机。所以《海牙公约》和《蒙特利尔公约》都规定，空中劫持是一种可引渡的罪行，排除政治犯罪的可能。但两公约都没有给缔约国设置强制引渡的义务，在这种情况下，降落地国或嫌疑犯所在国可以有两种选择：一是把被指控的罪犯引渡给有主要管辖权的国家，一般是航空器国籍国；二是把劫机案件提交本国的司法部门以便起诉，本国的司法部门应当把此罪行视为严重的普通刑事罪行予以惩处。这就是规定在两公约中的所谓“或引渡，或起诉”原则（aut dedere aut punire）。

第二节 外层空间法

一 外空法的概念及其渊源

外空法（outerspace law）是指调整人类探索和利用外层空间活动的国际法规范的总称。

外层空间有两个层面上的概念，一是自然科学上的概念，是指地球大气层以外的整个空间。另一个是法律上的概念，是指国家主权范围以外的整个空间，包括所有的天体在内。

最早使用外层空间这个词的是美国总统艾森豪威尔，他在1957年1月20日发表的国情咨文中首次从法律的角度阐述了外层空间的概念。随后，联合国等国际组织也多次使用这个名词，使它成为一个公认的具有法律概念的名词。

外空法没有悠久的历史，1957年10月4日，苏联将第一颗人造地球卫星送上太空，从此，太空引起了人类的关注，外空法也逐渐地形成。从1957年算起，外空法迄今也不过50多年的历史。可以说，外空法是国际法中最年轻的一个分支。

正因为外空法只有较短的历史，所以外空法的渊源只有国际条约，而没有国际习惯。目前，构成外空法渊源只有一个宪章和4个条约，共计5项条约。它们分别是：

1. 1966年的《外层空间条约》，全称是《关于各国探索和利用包括月球和其他天体在内的外层空间活动的原则条约》，该条约全文17条，其内容主要是规定外层空间活动的法律原则和法律制度，由于是最早的外空条约，也由于该条约主要是规定外空活动的法律原则，所以，该条约被认为是外空法的基石，同时也被世人称之为“外空宪章”。我国于1983年12月30日加入该条约。现在93个缔约国。

2. 1968年的《营救协定》，全称是《营救宇宙航行员和归还发射到外层空间的物体的协定》。该协定具体规定了营救宇航员和归还外空物体的各种规则。我国于1988年1月加入该协定。现有缔约国83个。

3. 1971年的《国际责任公约》，全称是《空间物体造成损害的国际责任公约》。该公约规定了空间物体造成损害的责任制度以及损害赔偿的原则。我国于1988年11月加入。现有75个缔约国。

4. 1979年《月球协定》，全称是《指导各国在月球和其他天体上活动的协定》。该协定确定了月球和其他天体的法律地位及各国在月球和其他天体上进行活动的法律原则。我国尚未加入该协定。现有缔约国9个，西方大国及俄国对该协定的态度冷淡，因为他们反对第11条中的“月球及天体是人类共同继承财产，月球及天体的资源应建立国际开发制度”的规定。

5. 1974年的《登记公约》，全称是《关于登记射入外层空间物体的公约》。该公约规定发射国应将所有发射的空间物体及其有关资料提供给联合国秘书长，以便进行登记。秘书长应将所登记的内容向全世界公布。我国于1988年11月加入该公约，现有38个缔约国。

二 空气空间与外层空间的界限

由于领空对一个国家的安全极其重要，所以，第一次世界大战之后领空已成为国家主权的管辖范围。但是当时的各国没有详细考虑领空的高度，只是笼统地套用罗马法中“谁拥有土地，谁就拥有土地的无限上空”的原则。实际上，由于地球的自转和公转，以及整个太阳系的运动，外层空间并不固定于一个国家的上空，再加上，超过一定的高度，国家也无法行使有效的控制。所以，国家主权无限制地延伸到宇宙中去，是没有任何实际意义的。然而，这个界限应该定在什么地方，对于这个问题，国际法没有规定，理论上的学说和主张甚多，归纳起来，主要有两种观点。

1. 空间论（spatial approach）。该学说主张依照空间的物理特征和大气层空气分布的情况作为标准划界。也就是空气空间与外层空间的界限以自然科学的标准来划定。物理学家按照地球上空空气的变化，将大气分为五层。

对流层：海平面至约10公里

平流层（同温层）：约10公里至约40公里

中间层（外平流层）：约40公里至约80公里

热成层（电离层）：约80公里至370公里

外大气层：约370公里以上

地球上空的大气约有四分之三在对流层内，约97%的大气是在平流层的上缘以下，同时，80 公里也是航空器依靠空气的支撑进行飞行的最高限度，但是 16000 公里处仍有大气的存在。据此，空间论学派中较有代表性观点主要有以下几种：

（1）以空气的密度为标准，主张平流层以下为领空，以上为太空，但空气是流动的，并不固定在某一线上。而且，各地的地形不同，大气的差异比较明显。因此，该标准未被接受。

（2）以依靠空气支撑的航空器能够飞行的最高高度为界限。目前飞行上限的最高高度大约为地面以上 30—40 公里。由于这个标准偏低，对保障领空安全不利，因此，大多数国家也不接受它。

（3）以人造地球卫星轨道的近地点为标准。一般为 100—110 公里的高度。苏联及一些发展中国家就持这种观点。但西方国家反对过早地划定领空和外空的界限。

（4）赤道国家提出以赤道国家上空的地球静止轨道为界。这个高度大约在 3 万公里以上。这个标准除了赤道国家，没有被其他国家所接受。

2. 功能论（functional approach）。主张按飞行器的功能来确定其适用的法律。飞行器分为“航空器”和“航天器”两类。航空器（aircraft）是指能够从空气的反作用而不是从空气对地面的反作用中获得支撑的任何器械。航空器适用航空法。航天器（spacecraft）是指在外空按照天体力学的规律运行的各类飞行器。航天器从发射到返回的全过程，适用外空法。功能论是根据飞行器的功能和作用来决定适用的法律，这样可以避开空气空间和外层空间在划界上的困难。此论以美、英、荷等西方国家为代表。目前已生效的有关外空的国际条约的制定实际上都考虑了功能论的观点。

由于空气空间与外层空间的界限就是国家主权的最高界限，因此，它不仅是一个单纯的自然科学问题，而是一个与各国主权和安全利益密切相关的政治和法律问题。所以，这个问题可能在短时间内难以解决。但目前有较多的国家倾向于综合空间论和功能论的观点，主张以人造卫星运行的最低限和航空器飞行的最高限，即以离地面 100 公里左右的空间作为空气空间和外层空间的界限。

三　外层空间的法律地位

空气空间和外层空间的界限虽未确定，但外层空间独立于空气空间之外以及不受地面国主权支配的观念已为现代国际法的理论和实践所公认。

这也表明空气空间与外层空间是两个性质完全不同的空间领域，这两个空间也就具有完全不同的法律地位。

现代国际法确认，外层空间的法律地位是：外层空间不属于国家领土主权的范围，不受任何国家的管辖；外空应对各国开放，各国均可自由探索和利用，但不能成为任何国家、国际组织之间转让、交换、买卖的对象，任何国家、实体不得垄断或独占；对外层空间的利用应为全人类福利而进行；禁止将外层空间用于军事和战争目的。

四　外层空间的法律制度

外层空间法是一个正在发展中的法律部门，它的许多法律制度还在形成之中，目前已经确立的法律制度主要有：

（一）宇航员与外空物体的营救制度

宇航员是全人类的使者，而不单纯是某一国家的人，他在从事探索外空活动时，应当受到全世界的保护。外空物体也是人类从事外空活动所必需的工具。所以，根据1968年的《营救协定》的规定：

1. 当宇航员发生意外、遇难，或在他国境内或公海紧急降落时，发现国应提供一切可能的援助，立即把他们送还发射国，并通知联合国秘书长。

2. 各国在获悉或发现外空物体返回地球并落在它所管辖的区域内，或者落在公海时，应通知发射国和联合国秘书长，并归还外空物体。

（二）外空物体的损害责任制度

根据1972年《责任公约》的规定，发射国应对其空间物体所造成的损害承担国际责任。

这些责任主要有：

1. 绝对责任。绝对责任是指只要发射国发射的空间物体给其他地面国造成了损害，不管发射国是否有过错，都要承担赔偿责任。

2. 过错责任。过错责任是指发射国发射的空间物体在空间给其他国家发射的空间物体造成损害，由过错或者过失的发射国承担赔偿责任。

3. 共同责任。由两个或两个以上国家共同发射的空间物体造成的损害，应由这两个或两个以上的国家共同或单独承担赔偿责任。

赔偿可由受损害的国家或个人向发射国提出，也可通过联合国秘书长提出。赔偿的数额以能恢复到原状为原则。赔偿一般以要求国货币或者赔偿国货币支付。

（三）外空活动登记制度

根据 1975 年《登记公约》的规定，联合国秘书长保持一份外空物体总登记册。发射国应将其发射的空间物体的下列资料向秘书长报告，以便登记入册。

1. 发射国或共同发射国的国名；
2. 空间物体的标志或登记号码；
3. 发射的日期和地点；
4. 基本轨道参数（包括倾斜角、远地点、近地点、交点周期等）；
5. 所发射的空间物体的一般功能。

建立登记制度，是为了确立发射国对空间物体的管辖和控制，并对该物体所造成的损害承担国际责任。

另外，随着科学的发展，外空活动中也产生了一些新的问题，例如卫星遥感地球的问题、卫星直接电视广播的问题、外空使用核能源的问题等。这些问题都涉及各国主权、安全和利益的敏感问题，引起了广泛的争议，目前均未形成有效的法律制度。

五 有关其他外空活动的原则

1. 卫星直接广播。卫星直接电视广播包括由卫星把节目传送到地面集体接收站收看的电视广播和由卫星将电视节目直接传送给普通家庭电视机的广播。一方面，利用卫星进行直接电视广播可以扩大广播范围，提高广播质量，对促进各国间科学文化联系及交往，改善教育状况无疑起着重要的作用。另一方面，也不可忽视卫星直接电视广播有可能被用作进行煽动、战争宣传、干涉其他国家国内事务的工具。因此制定共同遵守的卫星直接电视广播的原则，成为各国关切的事情。在审议卫星直接电视广播问题期间，争议的焦点主要集中在尊重国家的主权和自由传播消息的问题上。关于开办直接电视广播业务前是否应取得有关国家的同意，广播节目的内容是否应受限制等问题，意见分歧很大。广大第三世界国家主张进行卫星直接电视广播必须严格地尊重国家主权原则和遵守不干涉国内事务原则，利用卫星进行直接电视广播时要经收视国的事先同意。少数发达国家则主张自由对另一国进行直接电视广播，认为要求收视国事先同意违反一般接受的新闻自由、传播消息和思想自由的原则，是不必要和不能接受的。1982 年 12 月 10 日联合国大会通过了《关于各国利用人造地球卫星进行国际直接电视广播所应遵守的原则》的决议。该决议的主要内容有：

（1）利用卫星进行国际直接电视广播活动，不得侵犯各国主权，包括不得违反不干涉原则，并且不得侵犯人人有寻求、接受和传递情报和思想的权利。这类活动的进行应促进文化和科技领域情报和知识的自由传播，促进国家和人民之间的相互了解和友好合作。

（2）从事卫星直播活动应遵照国际法，其中包括《联合国宪章》、《外空条约》、《国际电信公约》及其无线电规则的有关规定，以及关于各国间友好与合作及关于人权的国际文件的有关规定。

（3）国家及其授权的个人或实体从事卫星直播活动，权利一律平等，所有国家和人民有权享有直播活动带来的利益；各国有权按议定的条件，不受歧视地取得这方面的技术。

（4）同一国际直接电视广播服务范围的任何广播国或接受国有要求协商的权利和迅速与之协商的义务。

（5）缔结适当协定，保障版权和邻接权利。

（6）拟议设立或授权设立国际直接电视广播卫星服务的国家应将此意图通知收视国，如后者提出要求，应迅速与之协商。国际直接电视广播卫星服务的建立，必须事先通知收视国和经要求与之协商，并根据国际电信联盟有关文书规定的协议和（或）安排，以及遵照这些文书的规定进行。这项原则基本上是按发展中国家的要求规定的，但是由于多数有能力开办卫星直接电视广播的国家未投赞成票，各国利用人造地球卫星进行国际直接电视广播所应遵守的原则能否得以遵守还是个问题。

2. 卫星遥感。卫星遥感是一项综合性活动，包括原始数据的收集、处理和分析所获得的数据，以及散发各种卫星数据和资料。一方面，卫星遥感获得的有关地球的数据和资料可用于各种领域，对工农业发展和保护地球环境有着重要的意义。另一方面，遥感所获得的有关一国军事和自然资源的重要情报，若被他国掌握和利用（甚至滥用），就有可能影响受感国的经济发展和国家安全。制定有关卫星遥感活动所应遵守的原则，于 1972 年纳入联合国和平利用外空委员会法律小组委员会的议程。在审议过程中，发展中国家强调遥感活动对地面国家的影响和国家对自然资源享有永久主权，要求从事遥感活动须经被遥感国的同意或事先通知被感国，坚持散发遥感数据资料前要经过被遥感国的同意，被遥感国有权优先取得有关其领土和自然资源的卫星数据和资料。发达国家认为卫星遥感是在外空进行的，在外空没有主权，应适用外空自由原则，并且坚决反对卫星遥感数据资料的散发加予任何限制。经历了15年的讨论和辩论，联合国大会终于1986年12月3日经协商一致通过了《关于从空间遥感地球的原则》的决议。该决议包括15项原则。主要内容有：

（1）遥感活动应为所有国家谋福利和利益，进行遥感活动应遵守国际法，并特别指明应遵守《外空条约》第1条所载的在平等基础上自由探索与利用外层空间的原则，应尊重所有国家和人民对其财富和自然资源享有完全和永久主权的原则。这种活动的进行不得损及被感测国家的合法权利和利益。这项原则兼采用了发展中国家和发达国家的理论主张。

（2）从外层空间遥感地球的国家经请求应同领土被感测的国家举行协商，以提供参与机会和增进由此而来的相互利益。这项原则否定了从事遥感的国家必须事先征求被遥感国的同意的主张，但赋予被感测国请求协商的权利。此协商的目的不在于阻止或限制遥感活动，而在于提供被感测国参与遥感活动的机会。

（3）被感测国有权在有关其领土的原始数据和处理过的数据一经形成，即在不受歧视的基础上依照合理费用条件取得这些数据。被感测国也有权按同样基础和条件，取得任何参与遥感活动的国家所拥有的关于其管辖下领土的分析过的资料。这项原则肯定了被感测国得到有关其领土的原始数据和分析过资料的一定的权利。即使不能说被感测国有权优先得到有关其领土和资源的遥感数据，也可以说被感测国有权不迟于任何第三国得到这些遥感数据。

（4）参加遥感活动的国家有义务促进地球自然环境的保护和促进人类免受自然灾害的侵袭。若拥有经认定能防止有害于地球环境的现象的资料或对受自然灾害侵袭的国家可能有助益的数据和资料，应提供给有关国家。

由于在通过这项原则决议时，各国意见不一致，这个文件没有法律拘束力，需要制定一项有关卫星遥感活动的国际公约，来规制遥感资料的收集和散发。

3. 使用核动力源。航天器在进入轨道飞行后，为了控制飞行姿态、进行通信指挥以及运转各种设备，需要一定的电能。随着越来越多的大型航天器、载人航天器和深入外空探测的航天站的建造和使用，依靠太阳电池、化学电池或其他燃料电池的供电方法已不能满足较强大和持久的动力需求，使用核动力源来解决这一问题势在必行。

苏联和美国已发射了多颗核动力卫星，核动力卫星失事而重返地球的事件也屡见不鲜。1964 年，美国一颗核动力卫星重返地球时在印度洋上空烧毁，其燃料铀 –238 在高空中放射了 17000 公里。苏联的核动力卫星“宇宙 –954 号”在加拿大境内坠毁，几十公斤的放射性残片在其西北部 46 万平方公里的领土上散落。这些核动力卫星的失控事件虽未造成巨大灾害，但核动力源的使用对地球的环境和人类生命财产的潜在威胁，使人们不能不从科学技术和法律两方面作出努力，以保证外空使用核动力源的安全。

外空使用核动力源的法律问题于 1978 年在外空委员会法律小组委员会的会议上被提出，1980 年正式列入会议议程，经过十余年的审议，1992 年年底，联合国大会终于通过了该委员会拟定的《关于在外层空间使用核动力源的原则》的决议。该决议共有 11 条原则，其主要内容是：

（1）安全使用的准则和标准。首先规定了对核动力源使用的限制：为了尽量减少空间放射物质的数量和所涉及的危险，核动力源在外层空间的使用应限于非核动力源无法合理执行的航天任务。

关于放射性防护和核安全的一般目标方面，规定载有核动力源的空间物体的设计和使用应极有把握地确保危害在可预见的操作情况下或事故情况下低于国际辐射防护委员会建议的对公众的防护目标，同时要求根据深入防范的原则来设计、建造和操作安全系统。关于核反应堆，规定它可用于星际航天任务和足够高的轨道。若在低地球轨道上使用，航天任务执行完毕后，必须将反应堆存放在足够高的轨道上。核反应堆的燃料只能用高浓缩铀 235，核反应堆在到达运行轨道或星际飞行轨道前不得使其进入临界状态，并应有一个极为可靠的操作系统。

在放射性同位素发电机方面规定，该种发电机应用封闭系统加以保护，应保证载入高层大气时可承受热力和空气动力，一旦发生撞击，应确保没有放射性物质散入环境。

（2）安全评价。对核动力卫星拥有管辖和控制权的国家在发射前应进行彻底和全面的安全评价，并在发射之前公布评价的结果。

（3）重返时的通知。发射载有核动力源的空间物体的国家在该空间物体发生故障而产生放射性物质重返地球的危险时，应及时通知有关国家，通知内容包括系统参数，核动力源的放射危险性的资料，并且也应将该份资料送交联合国秘书长。

（4）对各国提供的协助。在接到关于核动力源重返大气层的通知后，拥有空间监测和跟踪设施的所有国家均应本着国际合作精神，尽早向联合国秘书长和有关国家提供它们可能拥有的关于载有核动力源的空间物体发生故障的有关情报，以便可能受影响的国家估计情况，采取必要的预防措施。当载有核动力源的空间物体重返地球大气层以后，发射国及所有拥有有关技术的国家、国际组织，根据受影响国家的要求，提供必要的协助。

（5）国际责任、赔偿责任和赔偿。关于国际责任和赔偿责任的规定基本与《外空条约》和《国际责任公约》规定的原则一致。损害赔偿方面，除规定应按国际法和公平合理的原则确定赔偿外，还特别指出所作的赔偿应包括有足够的搜索、回收和清理工作的费用，其中包括第三方提供援助的费用。

这个原则决议已被各空间大国接受，其核心部分可被视为习惯国际法，有法律约束力①。

4. 减缓空间碎片。空间碎片，又被称为太空垃圾，现已成为有关外空环境保护的一个重要课题。空间碎片是指“位于地球轨道上或再进入大气层的无功能的人造物体，包括其碎片和零件”。空间碎片的主要来源是失去功能、不再工作的留在外空轨道上的人造外空物体、由于碰撞而产生外空物体的碎片，以及人造外空物体及其发射装置等自身爆炸产生的碎片。

空间碎片的存在对航天事业的发展带来重大隐患。很小的碎片就可以击碎航天飞机的舷窗，穿透宇航员的航天服，不仅威胁外空物体的生存、宇航员的生命，还会造成更多外空事故和空间碎片。较大的空间碎片坠落地球，还会造成地面人的生命和财产的损害。这种情况已引起国际社会的关注，需要制定规章，采取有效措施来减缓空间碎片。

现有的有关国际空间法的国际公约没有控制空间碎片的直接规定。由主要的空间机构参加的机构间空间碎片协调委员会对此问题进行了磋商，2002 年，该协调委员会颁布了《缓解空间碎片问题指南》，提出缓解空间碎片的三项原则：（1）预防空间物体在轨道上的解体；（2）将结束任务的航天器和火箭级从有用的轨道上移除；（3）限制在正常运作期间释放碎

① Macro Pedrazzi、赵海峰：《国际空间法教程》，黑龙江人民出版社 2006 年版，第 78 页。

片。该指南还就限制在正常运作期间释放碎片；减少可能发生的轨道爆炸或解体；任务后的处理；预防在轨道上的碰撞等方面作出建议。在此基础上，2006 年，联合国和平利用外空委员会的科学和技术小组委员会，在其第四十三届会议上，协商一致通过了《空间碎片减缓指南修订草案》，其主要内容有：

指南 1：限制在正常运作期间释放碎片。空间系统应当设计成不在正常运行中释放碎片。如果这样做不可行，则应尽可能降低所释放的任何碎片对外层空间环境的影响。

指南 2：最大限度地减少操作阶段可能发生的解体，航天器和运载火箭轨道级的设计应当避免可能导致意外解体的故障模式。如果检测到将会导致发生此类故障的状况，则应部署并执行进行处置和钝化的措施，以避免解体。

指南 3：限制轨道中意外碰撞的可能性。在航天器和运载火箭级的设计和任务规划期间，应当评估并限制系统在发射阶段和轨道寿命期内发生意外碰撞的概率。如果现有的轨道数据表明可能会发生碰撞，则应考虑调整发射时间或者进行在轨机动。

指南 4：避免故意自毁和其他有害活动。由于碰撞风险的增加可能会对空间操作造成威胁，应当避免任何在轨航天器和运载火箭轨道级的故意自毁和可产生长期存在碎片的其他有害活动。如果有必要进行有意解体，则应在足够低的高空进行，以缩短所产生残块的轨道寿命。

指南 5：最大限度地降低剩存能源导致的任务后解体的可能性。为了限制意外解体对其他航天器和运载火箭轨道级所造成的危险，所有随载储存能源，凡不再需要进行任务操作或任务后处置的，均应做耗尽或安全处理。

虽然这些文件没有法律拘束力，但能起到填补有关空间碎片毫无规则可循的法律空白的作用。

第三节　中国与外层空间法

中国于 1970 年 4 月成功发射了第一颗人造卫星，迈出了我国在外层空间科学技术领域中的第一步。自此以后，我国的外空技术研究和探索利用活动迅速开展，我国已自主研制发射了遥感卫星、广播通信卫星、气象卫星、导航卫星等各种用途的人造卫星。我国研制的运载火箭和建设的发射场已成功发射了多颗国内外的卫星。2003 年“神舟”五号载人航天飞行取得圆满成功，使我国跻身世界载人航天大国的行列。

随着我国航天事业的飞速发展，我国也积极参加了国际空间法的研究和立法活动。我国于 1980 年 6 月开始派观察员代表团出席联合国外层空间委员会的会议，1980 年年底，联大决议通过我国正式参加外层空间委员会。从 1981 年起我国作为正式成员国派代表团出席了外层空间委员会和它所属的科技和法律两个小组委员会。我国还派代表团出席了联合国的第二次和第三次外层空间大会。我国加入了除《月球协定》外的其他四项有关外空的国际公约。1983 年 12 月，我国加入了《外空条约》，1988 年 12 月，我国加入了《营救协定》、《责任公约》和《登记公约》。

但是我国有关外空活动的国内立法还非常欠缺，国防科工委仅于 2001 年 2 月 8 日发布了《空间物体登记管理办法》，2002 年 11 月 12 日发布了《民用航天发射项目许可证管理暂行办法》。

《空间物体登记管理办法》规定，“空间物体是指进入外层空间的人造地球卫星、载人航天器、空间探测器、空间站、运载工具及其配件，以及其他人造物体。短暂穿越外层空间的高空探测火箭和弹道导弹不属于空间物体”。该管理办法“适用于在我国境内发射的所有空间物体，以及我国作为共同发射国在境外发射的空间物体”。“所有从事发射或促成发射空间物体的政府部门、法人、其他组织和自然人”均应履行登记义务。该条例第 7 条规定，“空间物体应由空间物体的所有者进行国内登记，有多个所有者的空间物体由该物体的主要所有者代表全体所有者进行登记”。这一规定比《登记公约》中规定的外空物体应由发射国进行登记更明确、更合理。该条例第 8 条还规定，“在我国境内发射的空间物体的所有者为其他国家政府、法人、其他组织或自然人时，应由承担国际商业发射服务的公司进行国内登记”。这样，若我国的发射公司为外国的空间物体进行发射，我国的发射公司应在我国就该外空物体进行登记。

《民用航天发射项目许可证管理暂行办法》规定了民用航天发射实行许可制度。根据这个条例，民用航天发射的总承包人或航天器产权的最终所有人在具备一定的条件下可申请许可证。这一条例符合《外空条约》第 6 条的规定，即国家应对其外空活动进行批准和监督，使其符合国际法。

这两个条例是我国对外空活动进行立法的开端，填补了法律的空白，但还远远不能满足我国在外空活动方面的需要。此外，为了保证履行我国从事外空活动的义务，我国有必要加紧和完善国内的外空立法。

【案例研究】

卓长仁劫机案

【案情简介】

1983 年 5 月 5 日，从沈阳机场载客 105 名飞往上海的中国民航班机 296 号，自沈阳东塔机场起飞后，被机上乘客卓长仁、姜洪军、安卫康、王彦大、高云萍和吴云飞 6 名持枪歹徒采用暴力和威胁的方式劫持。他们用枪射击驾驶舱门锁，破门闯入驾驶舱后，对舱内人员射击，将报务员王永昌和领航员王培富击成重伤；威逼机长王仪轩和副驾驶员和长林改变航向，并用枪顶住机长的头，威胁乘客要与全机同归于尽；还强行乱推驾驶杆，使飞机颠簸倾斜、忽高忽低（最低高度为离地 600 米）地飞行，严重危及飞机和全机人员的安全。飞机被迫在我国渤海湾、沈阳、大连和丹东的上空盘旋后飞经朝鲜民主主义人民共和国后飞入韩国领空，被韩国四架鬼怪式战斗机拦截，迫降在该国的春川军用机场。飞机降落后，罪犯们又控制了飞机和机上人员达 8 个小时之久。最后，他们向韩国当局缴械并被拘留。

事发后，韩国有关当局对事实进行了调查，并迅速将情况通知了中国政府和国际民用航空组织理事会。

中国外交部接到通知后，向韩国提出请求，要求按照有关国际条约的规定，立即将被劫持的航空器以及机组人员、乘客交给中国民航当局，并将劫机罪犯引渡给中国处理。国际民用航空组织致电韩国当局，表示对中国民航 296 号班机被非法劫持一事的密切关注，并希望韩国将不遗余力地安全交还乘客、机组人员和飞机，按国际民用航空组织大会的决议和韩国参加的 1970 年《关于制止非法劫持航空器的公约》的规定，对劫机犯予以惩处。

随后，经韩国民航局局长金彻荣的同意，中国民航局局长沈图率民航工作组于 1983 年 5 月 7 日赴汉城协商处理这一事件。经与韩国代表谈判，签署了一份关于交还乘客、机组人员和飞机问题的备忘录。按备忘录规定，被劫持的飞机上的乘客，除3名日本乘客回日本外，其余中国乘客和机组人员都先后返回中国。被劫持的飞机经韩国有关部门作了技术检修后归还给中国。

【判决】

对于劫机罪犯的处理，韩国拒绝了中国的引渡要求，而坚持由其自行决定进行审讯和实施法律制裁。1983年6月1日，韩国汉城地方检察院以违反韩国《航空安全法》、《移民管制法》和《武器及爆炸物品管制法》为由，对6名劫机犯提起诉讼。7月18日，汉城地方刑事法院开始审判。经审理后，法院作出判决：判处卓长仁、姜洪军有期徒刑6年，安卫康、王彦大有期徒刑4年，吴云飞和高云萍有期徒刑2年。

【评析】

1970年《关于制止非法劫持航空器的公约》（简称《海牙公约》）第1条明确规定："凡是在飞行中的航空器内的任何人：（甲）用暴力或用暴力威胁，或用任何其他恐吓方式，非法劫持或控制该航空器，或企图从事任何这种行为，或（乙）是从事或企图从事这种行为的人的同犯，即是犯有罪行。"根据这一规定，卓长仁等6人均构成了国际法上的空中劫持罪。

由于本案的6名被告都是中国人，被劫持的航空器为中国民航班机，中国方面享有对该案的管辖权。根据《海牙公约》的规定，上述罪行是可引渡的罪行，如果一缔约国规定只有在订有引渡条约的情况下才予以引渡，而有关国家间又无引渡条约时，则公约就是引渡的法律根据。因此，中国通过外交途径向韩国当局提出了引渡罪犯的请求。由于公约所规定的引渡并非缔约国的一项义务，当时中韩尚无外交关系，韩国方面拒绝了中国的引渡请求。依公约的规定，如果不引渡罪犯，则应无例外地将此案提交主管当局起诉。韩国方面承担并履行了起诉及审判卓长仁等6名罪犯的义务。但是，《海牙公约》明确规定，缔约国应根据本国法律，对有关罪犯不问其行为动机都应予以严厉惩罚。韩国司法部门最后仅判处卓长仁等6名罪犯6年至2年有期徒刑，这一刑罚显然是畸轻的，没有彻底履行公约所规定的义务。

《海牙公约》还规定，缔约国对被劫持航空器的机长和乘客给予协助和方便，将货物和航空器归还给合法所有人。在这方面，韩国方面的做法是令人满意的。

【案例研究】

“宇宙954号”案

【案情简介】

1977年9月18日，苏联将核动力卫星“宇宙-954号”发射入轨道，并正式通知了联合国秘书长。第二年1月24日，该卫星在重返大气层时进入了加拿大西海岸夏洛特皇后群岛北部的上空。在重返和解体过程中，该卫星的残片坠落在加拿大西北部4.6万平方公里的区域内。加拿大在美国支持下采取“晨光行动”，共搜集65公斤残片。在互换一系列外交照会后，1979年1月23日，加拿大根据1972年《空间物体所造成损害的国际责任公约》对苏联卫星进入其领空和卫星的有害放射线残片散落在其领土上所引起的损害提出赔偿要求。

【判决】

加拿大认为，苏联在该卫星可能进入和立即进入加拿大地区的大气层时没有通知它，苏联也没有对其提出的有关该卫星的问题作出及时、全面的答复。在所搜集的卫星残片中，除了两件以外，所有的都具有放射线，其中有些放射线是致命的。加拿大和苏联都是1972年《责任公约》的缔约国。根据该公约第2条，苏联作为发射国对该卫星给加拿大造成的损害负有绝对赔偿责任。危险的放射线残片散布在加拿大大片领土上以及存在于环境中的这些残片使其部分领土不适宜使用构成《责任公约》意义内的“对财产的损害”。此外，卫星进入加拿大领空和危险放射线残片散布在其领土上还侵犯了其主权。因此，苏联应赔偿加拿大600万美元。苏联则明确拒绝承担赔偿责任。它认为，由于设计了卫星上的核反应堆在重返大气层时完全烧毁，因此其残片不应该具有严重危险。在受影响的地方，引起当地污染的可能性很小。卫星坠落并未造成加拿大人员伤亡，也未造成实际财产损失，因此没有发生《责任公约》范围内的“损害”。苏联最后同意“善意性”支付300万美元了结此案，但仍然拒绝负有赔偿责任，因为加拿大声称的损害不属于《公约》范畴内的损害。

【评析】

本案争论的焦点在于是否发生了《责任公约》所定义的损失。按照《责任公约》第 1 条，导致赔偿责任的外空物体所引起的损害是指生命丧失、身体受伤或健康的其他损害，以及国家、自然人、法人的财产或国际政府间组织的财产受损失或损害。显然，这种损害应是实际损害。至于像放射线物质引起的环境污染是否也属于《责任公约》定义的损害，则是不清楚的。正因为《责任公约》有这一缺漏，苏联才拒绝承担责任。无论如何，由于核动力卫星所含放射性物质对人体和环境均有危险影响，所以“宇宙 954 号”卫星坠落事件引起了国际社会对在外层空间使用核动力源问题的严重关切，这直接导致了联合国外空委员会从事制定这方面法律原则的工作。1992 年，联合国大会通过了《关于在外层空间使用核动力源的原则》。

复习和练习

重点问题

1. 空气空间是领土的组成部分，其法律地位属于主权管辖范围。而外层空间属于国家主权管辖范围之外的部分，其法律地位是外空对各国开放、各国均可自由探索和利用，但不能成为各国据为己有的对象。对外空的利用应为全人类的福利而进行。

2. “华沙公约体系”和“芝加哥公约体系”构成了现代航空法的框架，是航空法的主要渊源。“反劫机三公约”对于防止和惩治危害国际民用航空安全的犯罪行为起到了极其重要的作用，是各国反劫机方面进行合作的法律依据。

3. 外空法的渊源主要是国际条约。目前由 5 项条约构成外空法的法律制度框架。其中，最重要的是 1966 年的《外层空间条约》，它被称为“外空宪章”。

4. 空气空间与外层空间的界限尚未确定。目前主要存在着两种理论：“空间论”和“功能论”。两种观点均有其利弊。

关键术语

空气空间法　外层空间法　民用航空器　航班飞行和非航班飞行　空

中劫持　空间论　功能论　航天器　宇航员　外空物体　“外空宪章”
外空物体的登记　外层空间的法律地位

思考题

1. 试述国际民用航空制度的主要内容。
2. 试论“或引渡、或起诉”原则。
3. 试述空气空间和外层空间的法律地位。
4. 外层空间的活动应遵循哪些基本法律原则？

第八章　外交关系与领事关系法

外交和领事关系（diplomatic and consul relations）是指国与国之间为了实现各自的对外政策，通过各种方式进行交往所形成的关系。外交和领事关系法是国际法最古老的部门之一，在某种程度上说，国际法就是在外交和领事关系法的基础上逐渐形成和发展起来的。虽然外交关系法和领事关系法有着密切的联系，但它们在实质上却是两个不同的部门。这一点需要在学习中加以注意。

第一节　外交关系法的概念

外交关系法是调整国家及其他国际法主体之间的外交关系的，并且规范外交关系机关及其人员的组成、地位、职能及活动方式、程序的国际法原则、规则和规章、制度的总称。

外交活动同历史本身一样悠久。

据史籍记载，早在中国的战国时期，就已出现了专司外交事务的“职业”外交家。苏秦和张仪就是其中的代表人物。

苏秦被封为齐相后，审时度势地分析了当时的形势，认识到任何一国的力量都不足于对抗秦国。为此，他进行了频繁的穿梭外交活动，出没于齐、楚、赵、韩、魏、燕六国之间，凭着如簧巧舌，过人才智，逐一说服各国，促成“合纵”的局面。迫使秦国在15年内不敢轻举妄动。

“夫贤人在而天下服，一人用而天下从”。这是《战国策》评价苏秦的溢美之词。

效命于秦惠王的张仪，为了打破六国对秦国的孤立，奔走于六国之地。他恩威并施，谋略共用，迫使各国单独与秦国“连横”，以分化瓦解六国的“合纵”，达到了各个击破的目的，为秦始皇统一中国奠定了基础。

现在我们所用的成语“纵横捭阖”就来源于他俩的故事。

司马迁为苏秦、张仪两人专门作传，并叹曰：“此两人真倾危之士哉！”

无论在东方，还是在西方，外交都具有同样迷人的魅力。

在古希腊人眼中，外交是一门艺术。各城邦国家之间的复杂问题，首先应由外交途径解决，武力则退居第二位。是和平还是战争取决于外交手段的成败。正因为外交活动的意义重大，古人认为外交使节是神圣之人，即使是来自敌对国家的使节，也不得加以伤害。

外交关系法的渊源，在第二次世界大战以前主要是国际惯例。第二次世界大战之后，国际社会陆续地签订一些国际公约，主要有 1961 年的《维也纳外交关系公约》，1969 年的《特别使团公约》，1973 年的《关于防止和惩处侵害应受国际保护人员包括外交代表的罪行的公约》。其中最重要的是 1961 年的《维也纳外交关系公约》。可以说，该约对历史上的外交习惯法进行归纳、总结，使之成文化，并对现代国际法中的外交关系制度作了全面而且具体的规定，是外交领域的主要法律渊源。该约于 1964 年 4 月生效后，现已有 150 多个缔约国，我国于 1975 年 11 月加入该公约，但对该公约的第 14、16 条作出了保留（涉及教廷使节的部分，我国不承认罗马教廷有权派遣使节）。1986 年 5 月，我国颁布了《中华人民共和国外交特权和豁免条例》，这个立法与公约的规定是一致的，体现了我国在外交特权与豁免方面的实践。

第二节　外交关系机关体系

国家的外交关系机关，一般分为国内机关和国外机关两类：国内机关包括国家元首、政府及其首脑、外交部门；国外机关包括驻外的使馆、使团、特别使团和外交团等。

一　国内外交关系机关

1. 国家元首。国家元首是国家对外关系上的最高机关，它可以是个人，也可以是集体（如瑞士联邦委员会）。国家元首在对外关系方面的职权，由其本国宪法规定，一般都具有：派遣和接受外交代表、批准和废除国际条约、宣战和媾和等。按照国际惯例，应邀访问的外国元首，在礼仪上享有最高的尊荣：例如迎宾仪式是最高规格的国宾级，铺红地毯迎送，鸣放礼炮 21 响，检阅三军仪仗队等。另外，国家元首在国外享有完全的外交特权和豁免。我国的国家主席，依照我国宪法的规定，就是我国的国家元首。

2. 政府和政府首脑。政府是国家的最高行政机关，各国的对外关系也大多由政府来领导。政府在外交方面具有广泛的职权，主要有决定对外政策和管理外交事务，签发外交代表的全权证书、任免高级外交人员以及同外国政府进行谈判和签约等。

政府首脑是政府的最高行政长官。他无须全权证书就可以与外国政府进行谈判、参加国际会议和缔结条约。政府首脑不同于国家元首，国家元首代表国家，政府首脑代表政府，地位低于国家元首，欢迎仪式时鸣放礼炮 19 响，但政府首脑在外国期间，也享有完全的外交特权和豁免。

3. 外交部门。外交部门是专门执行国家的外交政策，具体负责处理日常对外事务的政府机构。各国外交部门有不同的称谓，日本称为外务省、美国称为国务院、瑞士称为政治部。我国最早于 1860 年设立“总理各国事务衙门”，简称“总理衙门”，1860 年以前，对外事务由理藩院掌管，主要处理进贡等事宜，1912 年改称外交部。现多数国家都称为外交部。

外交部的主要职责有：代表国家与外国进行联系和交涉，领导外交机关的工作，与外国外交代表保持接触，保护本国公民在国外的合法权益等。

外交部门的长官称为“外长”，他具体负责外交方面的日常工作。参加各种外交活动时，也无须出示全权证书，同样，在国外期间，也享有完全的外交特权和豁免。

二 国（驻）外的外交关系机关

国外的外交机关是一国派驻另一国用以保持国家间经常联系的常设官方机构。主要分为三级：大使馆、公使馆和代办处。它们都是国家设在国外的外交代表机关。

建立什么样的外交关系，互设哪一级的使馆，由双方协商确定。如果两国关系改善或者恶化，双方均可提出外交关系升格或降格。

常设使馆制度是近代欧洲国际关系的产物。最早始于 15 世纪意大利各城邦国家，如威尼斯、热那亚、罗马等都设有常驻外交使团，后来，很快为西欧、中欧国家所仿效，逐渐成为一种制度。中国接纳外国的常设使馆，始于 1858 年的《中英天津条约》，而向外国派驻常驻使节则始于 1877 年。

三　使馆人员的设置

按照 1961 年《维也纳外交关系公约》的规定，使馆馆长分为三级：大使、公使、代办三个等级。

1. 大使（ambassador），是一国元首向另一国元首派遣的最高一级使馆馆长，享有完全的外交特权和豁免。19 世纪以前，只有大国才能互派大使，一般国家只能互派公使。这反映了当时大国与小国之间的不平等。现在绝大多数国家都是互派大使。

2. 公使（minister），也是由国家元首向另一国元首派遣的，但他是公使馆馆长，所享有的礼节待遇低于大使。20 世纪以前，互派公使的情况较多，20 世纪之后，都改为互派大使。目前，我国除了与圣马力诺是互派公使外，其他都是互派大使。

3. 代办（charges d'affaires）是由一国外长向另一国外长派遣的最低一级使馆馆长，是代办处的馆长。代办的派遣在现代国际关系中已经不常见了，只有在两国关系不正常时才会采用。例如 1954—1972 年的中英互派代办。

使馆馆长虽然有等级上的不同，但是除了位次和礼仪上有所区别外，在其他方面不应有任何差别。

4. 使馆其他人员。除馆长之外，各国使馆中属于在编的使馆人员可以分为外交人员、行政技术人员和服务人员三类。

（1）外交人员是一国派往他国办理外交事务并具有外交官官衔的人员，除馆长外，主要有参赞、秘书、武官、随员和专员。

（2）行政技术人员是使馆中从事行政和技术工作的人员。他们负责处理使馆内日常行政和技术性事务，主要有无线电技术员、翻译、打字员、会计等。

（3）服务人员是指使馆中从事后勤服务工作的人员。包括司机、传达员、厨师、门卫、清洁工、维修工等。

四　使馆人员的派遣和接受

使馆人员是由派遣国任命的，但是，外交人员中特别是使馆馆长和陆、海、空军武官的任命，事先需要用书面或口头方式征得接受国政府的同意，方能正式委派，因为这些人选对两国关系往往会产生直接影响。

而接受国可以拒绝接受任何一个它所认为不能接受的人，并且无须说明拒绝的理由。这在外交关系上称之为“不受欢迎的人”（persona non grata）。接受国拒绝接受某一外交人员，只是针对某一特定的人，不应视为不友好的行为，因为这是接受国行使主权的表现。对于行政技术人员和服务人员，派遣国可以自由委派，不必事先征得接受国的同意。但是，接受国可以随时宣告其为“不能接受的人”（non-acceptable）。

遇到上述情况，派遣国应当召回或者终止其职务，否则，接受国可以拒绝承认其外交人员或者使馆人员的身份。

五　使馆的职务

根据《维也纳外交关系公约》的规定，使馆的职务主要有五项：

1. 代表，即在接受国中代表派遣国。

2. 保护，即在国际法许可的范围内，在接受国中保护派遣国及其国民的利益。

3. 交涉，即与接受国政府办理有关交涉。

4. 调查，即以一切合法手段调查接受国的状况和发展态势，并向派遣国政府汇报。

5. 促进，即促进派遣国与接受国之间的友好关系，以及发展两国之间的经济、文化和科学关系。

六　特别使团、常驻使团和外交团

特别使团是指出国执行特别任务的外交代表团。其主要职能有两类：一是政治性职能，如出席国际会议、交涉重要问题、谈判、签约等；二是礼仪性职能，如参加开国大典、国家元首就职等庆典活动。特别使团中可包括外交人员，也可包括行政技术人员和服务人员。接受国可适用“不受欢迎的人”以及“不能接受的人”的规则来拒绝接受任何特别使团的成员。

常驻使团是指各国派驻国际组织的常设代表团，其主要职能是代表派遣国参与国际组织的各项活动。常驻使团的人员也包括外交人员、行政技术人员和服务人员。但是，由于常驻使团是向国际组织而不是向东道国派遣的，因而对常驻使团人员不适用“不受欢迎”或者“不能接受”的程序，只能以不颁发签证或撤销签证等程序使其离境。

外交团是对各国驻在一国首都的所有外交人员的总称。外交团不具有独立的法律地位，仅仅作为一个整体就外交礼仪性以及日常事务与东道国交涉。例如，在庆典、宴会上祝酒致词、向新成员介绍东道国的风俗习惯、为离任的使节饯行等。外交团团长由等级最高、到任最早的使馆馆长担任。外交团不得从事政治性、法律性的活动，不得向东道国施加压力或干涉东道国的内政。

第三节　外交特权与豁免

一　外交特权与豁免的概念和理论根据

外交特权与豁免是指外交使馆及其人员在接受国所享受的特别权利和优惠待遇的总和。从含义上看，外交特权与豁免并不完全是一个内容，特权是指由于其所处的特殊地位而享有的特殊权利，豁免是指因其特殊地位而免除一定义务的履行。但这两个概念很难截然分开的，从某种意义上讲，豁免也是一种特权。因此，一般都将其统称为“外交特权与豁免”。

为什么要给予外交人员特权与豁免？对于这个问题，国际法学界有三种学说。

1. 治外法权说。这种学说认为驻外使馆象征着派遣国领土的延伸，外交人员虽然身处接受国，但法律上推定他仍在本国领土上，因此使馆及其人员不受接受国法律的管辖。

这种学说容易招致误解，而且也不符合现代外交关系的实践因此已经被绝大多数学者所抛弃。

2. 代表性说。这种学说认为使节是派遣国及其国家元首的代表，体现着主权者的尊严，根据“平等者之间无管辖权”的原则，作为国家代表的使节自然应当享有外交特权和豁免。这种学说有一定的事实根据。但还不能充分说明这个问题，例如，它无法解释为什么对外交人员的非公务行为也给予豁免。

3. 职务需要说。这种学说以职务需要来说明特权与豁免的理由，认为之所以让外交人员享有特权与豁免是为了使其排除压力和干扰而更好地履行职务。

《维也纳外交关系公约》兼采职务需要说与代表性说，将二者有机结合起来解释外交特权与豁免权的根据。公约序言指出："此等特权与豁免的目的不在于给予个人以利益，而在于确保代表国家的使馆能有效地执行职务"。这是当今普遍接受的观点。

二 使馆的特权与豁免

根据《维也纳外交关系公约》的规定，使馆作为外交代表机构，主要享有以下特权与豁免。

1. 使馆馆舍不可侵犯。包括三层含义：（1）未经馆长许可，接受国官吏不得进入；（2）接受国应采取一切适当步骤，对馆舍加以特别保护，使其免受侵入或损害；（3）接受国不能对馆舍和设备进行任何诉讼保全、搜查、征用、扣押或强制执行。违反以上规定，接受国应承担国际责任。

2. 档案和文件不可侵犯。使馆档案和文件不论何时，也不论位于何处，均不得侵犯。

3. 通信自由。使馆有权采用一切适当的通信方法，包括外交信使、密码电报和外交邮袋。但使馆使用无线电发报机，应经接受国同意。

4. 行动及旅行自由。除接受国设定的禁止或限制进入的区域之外，使馆人员有在接受国境内自由行动和旅行的权利。

5. 免除捐税、关税。使馆公务用品入境免纳关税，使馆馆舍免除一切捐税。

6. 使用国旗和国徽。使馆有权在其馆舍以及馆长的寓所和交通工具上使用派遣国的国旗和国徽。

三 外交人员的特权与豁免

外交人员的特权与豁免主要有：

1. 人身不可侵犯。包括两层含义：（1）不得对外交人员进行搜查、侮辱、拘禁、逮捕；（2）对外交人员应给予尊重，防止其人身、自由或尊严受到任何侵犯。

2. 寓所和个人财产不可侵犯。

3. 管辖豁免，包括刑事管辖豁免，民事管辖豁免，行政管辖豁免。同时，免除其作证、强制执行的义务。

4. 免纳捐税。免除对外交人员的收入税、财产税等各种税种的征收。

5. 免除关税和入关查验。外交人员的私人用品入境时免征关税、其私人行李免受查验。但有重大理由推定其中装有违禁物品时，可在外交代表或授权代理人在场的情况下进行检查，若属于不当检查，应当道歉并赔偿。

6. 其他特权与豁免。主要包括免除社会保险义务，免除一切个人劳务和各种公共服务，免除征用、捐献等军事义务，等等。

外交特权与豁免一般在外交人员到达接受国境内开始享受，在外交人员离开接受国后终止。

第四节　领事关系法

一　领事关系概述

领事关系是指一国根据与他国达成的协议，相互在对方一定地区设立领事馆和执行领事职务所形成的国家间的关系。

领事关系与外交关系既有联系又有区别。其联系在于：（1）领事关系和外交关系都是国家关系，两国之间同意建立外交关系也就包含了同意建立领事关系；（2）外交使节可以同时执行领事职务，领事和外交代表均属外交部领导，但在国外，领事则从属于本国驻当地的外交使节，受其保护和指导；（3）在两国尚未建交的情况下，领事可以兼办外交事务，领事关系可以视为外交关系的初步。

其区别在于：（1）名义、地位不同。外交使节是全面代表派遣国，与接受国的外交部和国家元首交涉两国间的重大问题；而领事则是在职务范围内同驻地的地方当局交涉；（2）职务不同。使馆所保护的利益是全局性的，而领馆所保护的是有关派遣国商务，侨民等具体利益；（3）享受特权与豁免的程度不同，包括礼仪上的待遇也不同。总的来说，领事和领馆享受的特权与豁免要比外交使节和使馆的少。

领事关系法方面最重要的国际公约是由联合国主持制定的 1963 年《维也纳领事关系公约》。该公约是国际上第一个全面规定领事关系一般规则的国际公约。我国于 1979 年 7 月加入该公约。目前，该公约已有 130 多个缔约国。

二　领馆人员的类别

领馆人员分为领事官员、领事雇员和服务人员三类。

领事官员是指执行领事职务的人员，按其职位可分为四级：总领事（领馆馆长）、领事、副领事和领事代理人。

领事雇员是指领馆内的行政和技术人员。

服务人员包括司机、传达员、警卫人员等。

三 领事的委派与接受

领事由派遣国委派，并由接受国接受和准予执行职务。任命领事的机关由各国国内法规定。美国是由总统任命领事，而我国的总领事由国务院任命，其他等级的领事，由外交部任命。派遣国任命领事时，应将领事委托书发送给接受国的外交部，并由接受国外交部发给“领事证书”后，方可开始执行职务。

对于领事人选接受国是否同意，一般是通过是否发给领事证书来表示，而无须再预先征求对方意见。如果接受国不同意接受可拒绝发给领事证书。接受国还可随时通知派遣国，宣告某领事官员为“不受欢迎的人”或者宣告其他馆员为“不能接受的人”，并且可视情况直接撤销某人的领事证书。采取上述措施，接受国无须说明理由。

四 领事的职务

根据《维也纳领事关系公约》的规定，领事的职务有 13 项，其主要内容可归纳为：

1. 保护，即保护本国及其侨民在接受国的利益。

2. 促进，即促进两国间商业、文化、科学及友好关系的发展。

3. 调查，即以一切合法手段调查接受国的商业、经济、文化及科学活动的发展情况，向派遣国汇报。

4. 办证，即办理护照、签证、公证、认证等事项。

5. 帮助，即给予本国侨民以所需要的帮助。

五 领馆的特权与豁免

1. 领馆馆舍在一定限度内不可侵犯。一定限度是指：用于公务的馆舍未经许可不得进入，其余馆舍不包括在内；遇有火灾和其他灾害时，可进入馆舍；若有必要征用馆舍及财产时，可征用，但必须给予赔偿。

2. 领馆档案和文件不可侵犯。

3. 通信自由。

4. 与派遣国国民保持通信和联络的自由。

5. 其他特权与豁免。包括行动自由、免纳捐税、关税、使用国旗、国徽，等等。

六 领馆人员的特权与豁免

根据领事关系公约的规定，领馆人员的特权与豁免主要有：

1. 人身自由受一定保护。领事官员不受逮捕和拘留，但犯有严重罪行的除外。

2. 一定限度的管辖豁免。公务行为有管辖豁免权，但私人行为不给予管辖豁免。

3. 免除捐税、关税和免受查验。

4. 其他特权与豁免。包括免除社会义务、免除个人劳务和捐献、免除军事义务等。

我国于1990年10月30日颁布了《中华人民共和国领事特权与豁免条例》，全文共29条，基本内容与《维也纳领事关系公约》完全一致，同时根据我国国情，做了一些更具体的补充性规定。该部条例是目前我国处理领事关系方面的主要法律依据。

【案例研究】

美国驻德黑兰外交和领事人员案

【案情简介】

1979年11月4日，在美国驻伊朗大使馆外进行游行示威的伊朗人袭击了大使馆馆舍。尽管大使馆曾多次呼吁伊朗当局给予援助，但伊朗保安部队并没有干预或控制这种局势，结果大使馆馆舍被占领，使馆人员，包括领事及非美籍人员和当时在大使馆的来宾，均被拘禁。11月5日，在伊朗的领事馆也发生了同样的事件。从那时起，该大使馆和领事馆馆舍一直在占领者手中，占领者搜索并掠夺外交和领事档案与文件。除释放13人外，其余的被拘禁人员均被扣作人质，以迫使美国满足他们提出的要求。1979年11月29日，美国向国际法院就美国驻伊朗大使馆的处境及美国驻伊朗的外交和领事人员被扣为人质的问题对伊朗提起诉讼。

【判决】

1979 年 12 月 15 日，国际法院指示了临时措施：

1. 伊朗政府应立即保证归还美国大使馆、办事处及领事馆，恢复美国当局对上述馆舍绝对的控制和占有，并应按两国间的有效条约及一般国际法的规定，保证其不受侵犯并得到有效的保护；

2. 伊朗政府应立即无例外地释放一切被扣押在美国大使馆或伊朗外交部中或在其他地方作为人质的全部美国公民，并应依两国间有效条约和一般国际法，对上述全体人员提供充分的保护；

3. 伊朗政府应从即日起，对美国外交领事人员提供依两国间有效条约和一般国际法所享有的充分的保护、特权和豁免，包括一切刑事的管辖豁免以及离开伊朗的自由和便利；

4. 美伊两国政府不得采取，并应保证不采取可能加剧两国间紧张局势或使解决现有争端更加困难的行动。

1980 年 5 月 24 日，法院对本案实质部分作出判决。法院驳回了伊朗的主张，认为对本案有管辖权。

伊朗在许多方面业已违反，并正在违反它根据国际条约和长期确立的国际法规则所承担的义务。伊朗违反对美国所承担的义务，根据国际法应负国际责任。1981 年 1 月 19 日，美国和伊朗缔结了一些解决此争端的协议，人质获释。此案最终以政治方法得到解决。

【评析】

外交、领事特权与豁免是使领馆及其人员的代表性和职务需要所必不可少的，不仅是条约法的规则，而且是习惯法的规则，任何国家均应尊重这些特权与豁免，并给予使领馆及其人员特别保护。如果一国未履行其义务，就引起国家责任。在本案中，伊朗对武装分子袭击、占领使领馆和扣留人质的行为本来不负责，但它在美国使馆请求伊朗当局给予援助和保护时采取不作为的态度，这就违反了其应采取一切适当步骤保护使领馆及其人员的国际义务。而且，伊朗政府还赞同和支持武装分子的行为。通过这种国家行为，武装分子的非法行为就可归于伊朗国家而成为伊朗的国家行为，这构成伊朗对其国际义务的再次违反。因此，伊朗要承担国家责任。

复习和练习

重点问题

1. 外交关系是一国为了实现其对外政策，由外交机关行使其职权参与对外活动而形成的关系。外交机关的体系包括外交中央机关和外交代表机关，使馆是常设的外交代表机关。使馆及其人员享有外交特权和豁免，并对接受国承担一定义务。

2. 外交人员享有特权与豁免的理论根据是为了确保外交代表能有效地履行职务。这就是所谓的“职务需要说”。该学说是正确解释特权与豁免的理论依据。

3. 领事关系是一国为保护本国及其国民在他国的合法权益，与他国达成协议互设领事馆，执行领事职务而形成的国家间关系。它与外交关系既有联系又有区别。领馆及领事人员享有的特权和豁免略低于使馆及使馆人员，其职能及活动范围应与使馆相区别。

关键术语

外交关系　领事关系　外交代表机关　大使　公使　领事　代办　外交特权与豁免　职务需要说　领事特权与豁免　特别使团　外交团

思考题

1. 试述外交关系与领事关系的联系和区别。
2. 试述外交特权与豁免的主要内容及其理论根据。
3. 试述使馆的职责范围。
4. 简述国家的外交机关体系。

第九章　条约法

条约法作为国际法的一个重要组成部分，是指规范国际法主体之间的条约法律关系，确定条约的缔结，效力和解释等问题的各种原则、规则和制度的总和。

第一节　条约的概述

一　条约的定义

条约（treaty）是国际法主体之间所缔结的，以国际法为准，用以确立、变更和终止其相互权利和义务关系，并具有法律约束力的国际书面协议。根据这个定义，条约具有以下特征。

1. 条约是国际法主体之间的协议（这就排除了国家与自然人、法人之间签订的协议只能是合同，而不是条约）。

2. 条约必须以国际法为准，这个特征有两层含义：（1）条约是依据国际法而非国内法缔结的。如果两个国际法主体根据国内法签订的协议，例如贷款、购买土地、房屋等协议，就不是条约，只能是受国内法调整的私法协议；（2）条约必须符合国际法，凡违反国际法的条约，属于非法条约，因而是无效的。

3. 条约的内容是确立权利、义务关系。条约的内容如果不规定双方的权利和义务关系，就是没有法律约束力的协议，例如两国对某一问题共同发表的宣言、白皮书等就不是条约。

4. 条约主要是书面形式的协议。这是因为，条约的内容常常涉及国家重要事项，如不以书面形式用文字加以记载，则空口无凭，造成条约履行的困难。但国际法并没有否定口头协定的效力。

二　条约的分类和名称

条约从不同角度可分为不同种类。

按缔约方的数量可分为：双边条约和多边条约；按条约的法律性质可分为：造法性条约和契约性条约；按非缔约者可否加入可分为：开放性条约和非开放性条约；按条约的内容可分为：政治性条约和非政治性条约（科技、卫生等）。

关于条约所使用的名称，国际法上并没有明确统一的规则。“条约”一词在国际上有广义和狭义两种含义。广义的条约包括国际法主体之间缔结的各种协议；狭义的仅指以“条约”为名称的协议。广义的条约的名称很多，常见的有：

1. 条约，一般适用于较重要的政治、军事、经济、法律等方面的协定。这种条约有效期长，缔结程序较为复杂，条文形式完备，缔结形式庄重。

2. 公约（convention），是指内容多为造法性质的多边条约，缔约国数目较多，缔约形式庄重，一般都需要有一定数量的国家批准并交存批准书后方能生效。

3. 协定（agreement），一般是为解决行政性或技术性的具体问题而达成的协议，它不如条约、公约那样正式，一般有效期较短。

4. 议定书（protocol），通常是辅助性的法律文件，解决的问题比协定还要具体。例如对条约的解释、补充、修改或者就某些技术性问题所达成的协议，可附在正式条约之后，也可作为单独文件。

5. 宪章、盟约、规约。这类名称通常用于建立国际组织的协议，属于多边条约的性质。

此外，宣言、声明、备忘录、最后文件、联合公报等也可以作为条约的名称。

三　条约法的编纂

长期以来，缔结条约主要是依据国际习惯法和各国国内法。第一次世界大战以后，国际联盟曾试图对条约法进行编纂，但未获成功。联合国成立后，即把条约法的编纂作为重点项目之一，经过 20 年的努力，联合国国际法委员会完成了条约法的编纂，并且获得了 1969 年 5 月召开的维也纳外交会议的通过，定名为1969年《维也纳条约法公约》。该公约不仅将习惯法成文化，而且增加了不少新内容。被认为是成功编纂国际法的典范。

该公约由85条和1个附件组成并于1980年1月生效，我国于1997年5月9日加入该公约，该公约目前是条约法方面最重要的渊源。

第二节　条约的缔结程序

条约的缔结程序是指缔结条约的一般过程和需要履行的手续。根据各国的实践，缔约程序一般包括谈判、签署、批准、交换批准书以及保留等。

1. 谈判（negotiation），是指各方为了使条约的内容达成一致而进行的交涉。除国家元首、政府首脑和外交部长之外，其他外交代表参加谈判，须持有全权证书（fullpowers）。全权证书是指一国主管当局所颁发的，指派一人或数人代表该国谈判、议定或认证条约的约文，表示该国同意接受条约的约束，或完成有关条约的任何其他行为的文件。全权证书通常由国家元首签署，并由外交部长副署。

如果谈判达成协议，并且拟定约文后，各方都要向自己的政府请示，为了表示谈判代表对其拟定的条约文本的认可，通常采用草签的方式。草签（initialling）是条约正式签署前的初步签字。通常中文姓名只签署其姓氏，西方姓名上签署其第一个字母。草签没有法律效力，必须经批准正式签字后，以正式签字日作为生效日。

2. 签字（signature），是表示缔约方同意接受条约约束的一种重要方式。通常在庄严的仪式下进行。按照国际习惯，双边条约采用轮换制（轮署制），即各自在本国保存的文本的首位签字（左或上，为首），然后在对方保存的文本的次位（右或下）签字。多边条约按各国国名的英文字母顺序依次签字。

3. 批准（ratification），是指条约的当事国对其代表所缔结条约的确认，以表示同意接受条约约束的法律行为。批准的法律意义在于：承认条约对本国的约束力。如果拒绝批准双边条约，则该条约不能生效；如果拒绝批准多边条约，则该条约对拒绝方无效。批准和拒绝批准条约均由国家自主决定。国家没有必须批准其代表所签署的条约的义务。

4. 交换批准书（instrument of ratification），是指缔约双方互相交换各自国家权力机关批准该条约的证明文件。多边条约一般采用交存制度，即把批准书交给条约规定的国家或国际组织保存。例如，在联合国主持下制定的多边条约，批准书或确认书交给联合国秘书长保存。

5. 条约的保留（reservation），是指缔约方为排除条约中某些条款对该缔约方适用时的法律效力而作的片面声明。保留主要发生于多边条约和国际公约，双边条约一般不发生保留问题。

根据《维也纳条约法公约》的规定，国家有权对条约提出保留，除非：

（1）该项保留为条约所禁止。

（2）条约只准许特定的保留而有关的保留不在其内。

（3）该项保留与条约的目的与宗旨不相符。

一般来说，保留只有在被其他缔约方接受的情况下，才会产生法律效力。如果保留经另一国反对，则所保留的条款在两国之间不发生效力，如果反对保留的国家提出因保留而使条约的全部条款不发生效力时，则该条约的全部条款在保留国与反对保留国之间不产生效力。

在实践中，我国提出的保留主要是针对：

（1）有关将争端提交国际法院或交付仲裁的条款，因为我国一贯主张以谈判、协商方式解决争端。

（2）有关承认台湾为国际法主体资格的条款。因为世界上只有一个中国。

（3）某些与我国实际情况不合或者与我国对外政策不一致的条款。例如，我国不承认梵蒂冈的国际法主体资格；也不承认由其派遣的教廷使节的资格。因此，我国在签署《维也纳外交关系公约》时，对有关教廷使节的条款作出了保留（第14、16条）。

6. 条约的登记（registration of treaty），是指将缔结的条约交存国际组织以便公开发表的行为。建立登记制度的目的是为了防止秘密协定。根据《联合国宪章》的规定，凡是联合国会员国所订的条约，应当送给联合国秘书处登记，这是会员国应尽的义务。但不登记并不影响条约的效力，只是未登记的条约不得在联合国机构中援引。1985年6月12日，中、英两国政府同时将有关香港问题的《中英联合声明》送交联合国秘书处登记。这是我国首次进行条约登记。

第三节 条约的效力

一 条约对缔约国的效力

条约一经生效，就对各缔约国产生法律约束力，缔约各国必须善意履行，依条约的规定行使权利、履行义务，不得违反，这就是国际法上的“条约必须遵守”原则（practa sunt servanda）。

这是一个古老的原则，但在现代国际法中也具有重要意义，因为国际社会中没有一个超国家的机构可以强制执行条约，如果各国都不遵守所签订的条约，正常的国际秩序就无法保证，国际法也就失去了基础。

条约必须遵守的核心内容就是善意履行，即诚实、公平地履行条约。这就要求在履行条约时，既要严格遵守条约的文字规定，又要符合条约的精神，从而真正实现条约的宗旨和目的。如果违反了该原则，就构成了国际不法行为，应承担国际责任。

从各国的实践来看，为了保证履行条约义务，各国大体上采取三种措施来保障条约的实施。

1. 直接转化，即条约不需要另外经国内立法程序而直接纳入国内法，使其具有国内法的效力，这种方式以德国为代表。

2. 间接转化，即条约必须经国内立法程序转化为国内法，在国内才具有法律效力，这种方式以英国、意大利为代表。

3. 混合转化，即兼采直接转化和间接转化。这是最为流行的方式。

我国倾向于采用直接转化的方式。例如，我国的许多法律中都有这样的条款：“中华人民共和国缔结或参加的国际条约与中华人民共和国法律有不同规定的，适用该国际条约的规定。”另外，我国也部分采用了间接转化的方式。例如，我国在加入了《维也纳外交关系公约》后，于1986年和1990年先后颁布了《外交特权与豁免条例》和《领事特权与豁免条例》。

在国内法中，如果条约与国内法发生冲突，各国采取四种做法：（1）条约优于宪法，如荷兰；（2）条约优于国内法，如我国；（3）国内法与条约效力相等，如果冲突，视为不冲突；利用和谐解释的方式调和它们；（4）国内法优于条约，这种方法极为少见，有承担国际责任的风险，如阿根廷。

需要注意的是，条约必须遵守原则不能绝对化。在自愿基础上签订的，并且符合国际法原则的条约才是应当遵守的；相反，如果以欺诈、武力等手段签订的不平等条约是非法的、无效的条约，不能适用条约必须遵守原则。

二　条约对非缔约国的效力

一般来说，条约只对缔约方发生效力，而不能约束第三方。即条约对第三方既不赋予权利，也不设定义务。这就是罗马法格言“约定对第三者既无损也无益”（pacta tertiis nec nocent prosunt）。《维也纳条约法公约》第 34 条也作出了同样的规定：条约非经第三方同意，不得为该国创设权利和义务。

然而，在实践中，条约确实能影响到第三国，甚至会引起某些法律后果，这种情况主要有：

1. 条约的规定已成为国际惯例而约束第三方。例如，外交特权与豁免，最初只在少数国家签订的条约中，现已成为公认的惯例而约束第三国。

2. 条约因事实上的原因而使第三方享有权利。例如，1888 年签订的关于苏伊士运河自由通航的《君士坦丁堡公约》以及 1903 年美国与巴拿马之间关于巴拿马运河自由通航的条约都规定，两条运河向一切国家开放，这样非缔约国也可享有自由航运的权利。

3. 最惠国待遇条款。这是典型的给第三国创设权利的例证。

4. 《联合国宪章》中规定了一些非会员国也必须遵守的条款。例如，和平解决国际争端，尊重他国的主权和领土完整，支持和维护联合国采取的维和行动等。

第四节　条约的无效、终止和中止

一　条约的无效

条约的无效（invalidity of treaty），是指条约因不符合国际法所规定的条约成立的实质要件而自始无法律效力的情况，条约无效的原因可归纳为三大类。

（一）违反一般国际法强制规定（强行法）

条约法公约规定：违反联合国宪章所体现的国际法原则，以武力威胁和使用武力而缔结的条约无效（52 条）；同时又规定，条约在缔结时与一般国际法强制规范相抵触者无效（53 条）。

（二）违反自由同意原则

根据国际法的规定，条约的缔结是缔约各方自愿的不受任何强制和威胁的自由表达。如果缔约时一方对另一方进行欺诈，施加强迫，对谈判代表贿赂，则违反了自由同意原则，这种条约应属无效。

1. 欺诈（fraud），是指缔约一方故意以虚假的陈述或者事实欺骗另一方，并诱使其缔结条约的行为。《条约法公约》第 49 条规定，一方可以援引，条约是由于另一方的欺诈行为而诱使缔结为由，主张条约无效。

2. 贿赂（corruption），是指一方直接或间接贿赂另一方谈判代表，使其同意与之缔约的行为。条约法第 50 条规定，缔约方可以以贿赂为理由，撤销其受到的条约的约束。

3. 强迫（coerciou），是指一方使用强制手段迫使另一方订立条约的行为。传统国际法承认以武力强迫而签订的条约具有法律效力。但 1928 年《非战公约》和《联合国宪章》都规定：禁止以战争作为推行国家政策的工具以及禁止非法使用武力。所以，缔约时对他国实施强迫，该条约应归于无效。

（三）条约依据的基本事实的错误

错误（error）也是使条约归于无效的理由之一，主要是指条约是依据错误的事实或情势而缔结的，在这种情况下，当事国可以撤销其对条约的同意。在实践中，因错误而缔结的条约的例子十分罕见。较为典型的是，1772 年 8 月，俄、奥（奥匈帝国）两国在瓜分波兰的条约中规定，波兰与德国的国界应以阿史河为界，事后发现根本没有这条河的存在，因此撤销这个条约。《条约法公约》第 48 条原则上同意缔约国可以以错误为由撤销条约，但是规定了两个条件：（1）被援引的错误是缔约国在缔结条约时假定存在的事实或情势；（2）此种错误构成缔约国同意的必要根据。但如果错误是缔约国自己的行为造成，或者缔约国当时应当有可能知道错误的存在，则不能援引错误为由使条约无效。另外，如果只是条约文字和语法上的错误，则不影响条约的效力。

二 条约的终止

条约的终止（termination of treaty），又称条约的失效，是指条约由于某种事实或原因而失去效力。导致条约终止的情况可分为两类：一类是因全体当事国共同同意而终止；另一类是因单方面的意愿而终止。

总的来说，引起条约终止的具体情况主要有：

1. 条约期限届满。有时间限制的条约，有效期届满而终止。

2. 条约执行完毕。条约规定的事项执行完毕，缔约各方也都履行了各自的义务，条约即告终止。

3. 条约的解除条件成立。有些条约规定了解除条件，一旦该条件成立，条约就失去了效力。

4. 旧约被新约所代替。因为，新约的法律效力优于旧约。如果全体缔约国就同一事项缔结新条约时，旧约应视为已被终止。

5. 缔约各方同意终止。

6. 条约的继续执行已不可能。因出现意料不到的事件，使条约的执行成为不可能，主要有以下几种情况。

（1）双边条约的当事一国丧失国际人格。一般来说，非政治性条约并不终止，而由继承国继续履行。

（2）条约的标的物消失，致使条约的履行成为不可能。

（3）由于战争使条约无法履行。

7. 单方面废约。原则上，条约必须遵守，当事国不能单方面废约。但遇到下列情况之一时，单方面废约被认为是合法的。

（1）废除不平等条约。因为不平等条约违反了平等自愿原则，属于强加于人的条约，受害国完全有权予以废除。

（2）一方违约另一方废约。当事一方不履行义务，他方可以免除自己应尽的义务。这是古老的私法原则，这一原则在国际法上也同样适用。《条约法公约》第60条规定：双边条约当事国之一有重大违约情况时，他方有权援引违约为由终止该条约。

（3）援引情势变迁原则废约。情势变迁（rebus sie stantibus）的含义是，缔结条约时有个假定，即条约的有效以缔约时所能预见到的情势不变为条件，如果情势发生了根本变化，缔约国有权终止、退出或中止实施条约。这一原则来源于16、17世纪民商法上的情势变迁原则。1966年法国以情势变迁为由单方面宣布退出《北大西洋公约》及其组织，这就是最典型的情势变迁废约的实例。

关于情势变迁原则，长期以来国际法学界存在着争议，有的持肯定态度，有的持否定态度，但多数学者认为，对这一原则还是应当予以肯定。《条约法公约》对这一原则采用了谨慎和有条件承认的态度，对该原则的适用作了相当严格的限制。它规定，所发生的变化必须是当事国在缔约时未能预见的，并且将根本改变当事国所要履行的条约义务的范围。但是，如果是一项边界条约，其所发生的情势变迁是当事国违反条约义务的结果，则不能以情势变迁为由终止该项条约。

三　条约的中止

条约的中止（suspension of treaty），又称为条约的暂停施行，是指由于某种原因使条约暂时不能施行，一旦停止原因消失，条约就恢复其效力。条约的终止与条约的中止的区别在于：条约的终止是指条约的效力对当事方永久地停止，而条约的中止是指条约的效力在一定条件下，通过一定的程序还可以恢复，并不是永久的停止。

条约中止的原因与条约终止的原因基本相同。

【案例研究】

英伊石油公司案

【案情简介】

英伊石油公司是一家英国私有公司，由伊朗政府授予其在伊朗境内开采石油的特许权。双方在许多问题上存在着分歧。1951 年，伊朗议会通过了石油工业国有化的法律。根据这项法律，伊朗政府对英伊石油公司实行了国有化。这就引起了伊朗和该公司之间更大的冲突。英伊石油公司认为这些法律违反了以前与伊朗政府签订的有关契约。英国政府支持该公司的主张，并以行使外交保护权的名义，于 1951 年 5 月 26 日以单方申请形式在国际法院对伊朗提起诉讼。

【判决】

国际法院于 1951 年 7 月 5 日作出临时保全措施的裁决，裁定伊朗政府不得采取措施阻挠英伊石油公司照常进行工业生产和商业活动，这种活动仍然在公司的管理机构控制之下进行，另成立一个监察委员会予以监督。

1952 年 7 月 22 日，国际法院对管辖权问题作出判决：它对本案没有管辖权，并立即终止临时保全措施。法院认为，其管辖权只能建立在争端当事国同意的基础之上。本案中，对伊朗 1932 年 9 月 19 日所作出的声明的适用范围，英国和伊朗存在着两种不同的理解。法院承认，从语法上看，上述两种理解都是可能的。但是，法院认为，不能建筑在纯语法性的解释之上，只能以自然的、合理的方式阅读文本，并充分考虑伊朗作出声明时的意图。这样做的结果是，法院管辖权应只局限于 1932 年声明作出以后的条约争端。

国际法院不接受英国关于 1933 年特许权协定既是一项契约、又是两国之间的条约的主张。法院认为，虽然在签订这项协议前，两国政府间进行过谈判，但协议本身只能被认为是一国政府和外国法人之间的一项特许合同，英国政府并非契约的当事人，英国政府同伊朗政府无契约上的法律关系。伊朗政府既不能根据契约对英国提出任何权利要求，而只能向该公司提出要求，也不对英国政府负担任何契约上的义务，而只对该公司负担义务。协议文件由伊朗政府与英伊石油公司双方签署，唯一的目的是规定伊朗政府同公司之间有关特许协议的关系，绝不是调整两国政府间的关系。因此，英国政府不能援引 1933 年协定，要求伊朗对其承担国际法上的义务。

【评析】

本案涉及条约的解释方法和条约的定义及特征问题。在该案中，法院指出，条约的解释，只能以自然的、合理的方式阅读文本，并充分考虑当事国的意图。这一点为 1969 年《条约法公约》所确认。该公约规定，条约文字必须按其在上下文中自然而通常的意义加以解释，即通常意义原则。此外，由于条约是国家间缔结的协议，因此，解释条约还应探究当事国的真实意思表示，即考虑当事国的意图。

在国际法上，条约是国际法主体之间依据国际法所缔结的据以确定其相互权利义务关系的国际协议。只有国家、国际组织等国际法主体间订立的协议才是条约，任何自然人或法人与国家间订立的协议，不论内容和形式如何，均不是条约而只是契约。法院在本案中对以英伊石油公司为一方，伊朗政府为另一方所订立的特许权协议的性质的理解，正是建立在此基础上的。因此，任何国家都不能以一个契约为根据对另一个国家提出权利请求。如本案的情况，伊朗不能以该特许权契约要求英国承担国际法上的义务；反之，英国也不能以其为根据要求伊朗承担国际法上的义务，两国之间不存在条约关系。

复习和练习

重点问题

1. 条约是国际法主体之间依据国际法确立其相互间权利和义务而缔结的国际书面协议。条约有不同名称，可作不同的分类。但是，条约的效力不取决于它的名称。

2. 缔结条约一般经过谈判、签署、批准和交换批准书的程序，但并非都经过这些程序。未在条约上签字的国家可通过加入的方式表示同意接受条约的约束。保留是排除条约中若干条款对缔约国进行约束的一种方式。

3. “条约必须遵守”原则是指缔约国各国必须善意履行所签订的条约，依条款的规定行使权利、履行义务，不得违反。在履行条约规定时既要严格遵守条约的文字规定，又要符合条约的精神，从而真正实现条约的宗旨和目的。但是，条约必须遵守原则不能绝对化，凡是以欺诈、武力等手段签订的不平等条约是违反国际法的非法条约，不能适用该项原则。

4. 条约的无效、终止和中止是不相同的概念。条约被确定无效后，其规定无法律效力，而且条约自始无效。条约终止后，解除当事国继续履行条约义务。条约中止后，暂时或暂停地解除当事国在一定时间内履行条约的义务。

关键术语

条约　批准　轮署制　草签　条约的保留　造法性条约　情势变更　条约的无效　条约的中止　条约的终止　条约必须遵守　条约的登记　条约的加入

思考题

1. 试述条约的缔结程序。

2. 试述条约必须遵守原则。
3. 试述条约的失效与无效。
4. 论条约对第三国的效力。
5. 什么是条约的保留？条约的保留对相关当事国有何影响？

第十章　国际组织法

第一节　国际组织概述

一　国际组织的概念与特征

国际组织（international organization）的概念有广义和狭义之分。广义的包括政府间国际组织、各国间民间团体以及各国间以个人为成员的机构，如国际红十字会、绿色和平组织（个人）、奥委会等。狭义的是指国家或政府间的国际组织。国际法所调整的国际组织关系，仅仅是指狭义概念上的国际组织。所以，在这里，国际组织的概念应当是，国际组织是指若干国家或者类似国家的政府实体为实现特定的目的和任务，根据共同同意的国际条约而建立的常设性机构。

从此概念中，可归纳出国际组织的以下特征。

1. 国际组织是国家之间的组织。这个特征有三方面的含义，首先，国际组织的主体是国家，强调的是“nation”；其次，国际组织是国家组建的，强调的是“inter -”，即它是国家之间的，而不是国家之上的组织，更不是超国家的组织。国际组织不能凌驾于国家之上，不能干涉成员国的主权管辖事项；最后，国际组织的权力来源于其成员国的授权，超出其授权范围的行为是无效的。

2. 国际组织是为了特定的目的和任务而设立的。也就是说，具有明确的目的性。该目的性确定了国际组织的权能，并且因权能的差异而形成各种不同的国际组织类型。例如，维持国际和平与安全的联合国；从事卫生、保健、防疫的世界卫生组织。

3. 国际组织是依据国际条约而成立的。国际条约是国际组织据以成立的法律基础。国际组织的主要机构、职权、活动程序以及成员国的权利与义务，都必须以该条约为依据，不得违反。

4. 国际组织是常设性机构。国际组织为了实现其目的和宗旨，特别建立了一套处理日常事务的常设性机构，以及具有固定的办公地点（总部），这是区别于国际会议的主要特征。

二　国际组织的发展

国际组织是国家间进行国际合作的重要形式。19 世纪以前的国际交往与合作主要是通过国与国之间的双边交往和合作来进行的。偶尔也召开过国际会议（例如威斯特伐里亚和会），但没有形成常例。

1814 年拿破仑战争以后，由于多国卷入战争，仅靠双边关系难于解决战争遗留下的问题，于是，1814 年 10 月至 1815 年 6 月，解决战后欧洲问题的维也纳会议召开了，除奥斯曼帝国外，所有的欧洲国家都到会，总数达到 53 个国家和城邦。会后建立的国际秩序被史学家称为“梅特涅体系”，并直接导致四国同盟（俄、英、奥地利、普）和神圣同盟的建立。

从此，开创了国际组织发展史上的第一个时期，称为欧洲协调时期。欧洲协调被视为一种国际会议模式，是指定期的、多边的、高层政府会议制度。欧洲协调的特点是：会议频繁、内容广泛、多边交往、确立大国地位（英、法、奥、俄、普五强，为今天的大国安理会制度提供了雏形和渊源）。但由于其采取的表决制度是全体一致的表决规则，许多问题难于获得通过，不利于问题的解决。

第二个发展时期称为国际行政联盟时期。国际行政联盟不是某一组织的名称，而是国际组织发展的一种阶段，其特点是，这类组织具有稳定的、常设的组织形式，但这类组织不涉及政治问题，只处理行政技术事务，故称为“行政联盟”。

19 世纪中期，受到工业革命和科技发展的影响，欧洲各国出于解决跨国性技术、行政问题的需要，出现了一大批国际行政联盟式的国际组织，例如，1815 年莱茵河委员会；1865 年国际电报联盟、1875 年邮政总联盟、1883 年保护工业产权联盟；1890 年国际铁路货运联盟、1899 年常设国际仲裁法院等。这类国际组织对现代国际组织的发展贡献主要有三项：（1）使行政活动在客观上突破了国家边界；（2）开创了国际组织三重结构的范例（大会、执行机构、秘书处）；（3）改进了国际议事的各种程序规则。

第三个时期是现代国际组织时期，包括整个 20 世纪，所以有人称 20 世纪为“国际组织的世纪”。其中尤为重要的是 1920 年 1 月成立的国际联盟（League of Nations）简称“国联”，和1945年10月成立的“联合国”，以及其后相继成立的一大批普遍性、专门性的国际组织，这些组织大多数与联合国发生联系，从而构成了所谓“联合国体系”（United Nation Family）。

现代国际组织的特点有：（1）主体地位更加重要；（2）作用日益加强；（3）体制更加完善；（4）组织网络日益扩展。

截至20世纪末，各类国际组织的总数高达36000多个，中国参加的国际组织已超过600多个，其中所参加的政府间国际组织124个。

三　国际组织的分类

国际组织的名目繁多，职能各异，可以从不同的角度进行分类，常见的分类有：

1. 按照国际组织的成员构成性质可以分为政府间组织与民间组织（非政府）。这种分类涉及该国际组织是否受国际组织法的调整。

2. 按照基本职能来分，可分为一般性的和专门性的两大类。

一般性的（General），是指具有较广泛的职能，以政治、经济等社会活动为主的组织，如联合国、非统组织、东盟、北约等。

专门性的（Special），是指具有较专门的职能，以某种专业技术活动为主的组织，如国际海事组织、世界气象组织、世界卫生组织等。

3. 按照成员国地域的分布，可分为世界性（或普遍性的）以及区域性的两大类。

普遍性的（universal）是指不分地理位置，对一切国家开放，各国均可以加入的国际组织。

区域性的（regional），是指仅限某一地区国家参加的，而且其职能范围也以该地区为限的国际组织，如阿拉伯国家联盟（阿盟），美洲国家间组织等。

此外，还可以从持续性分为常设的和临时的；从是否接纳会员国可分为开放式的与封闭式的；从与联合国的关系可以分为与联合国有关的和与联合国无关的，等等。

以上三种是最常见的分类，也是适用最广的分类。

第二节　国际组织法

一　国际组织法的概念

国际组织法是用以调整政府间国际组织内部以及对外关系的法律规范的总和。具体一点说是指有关国际组织的结构、国际组织的活动规则以及国际组织在国际关系中的地位、权利与义务等方面的法律规范。

国际组织法分为对外、对内两大部分：对外主要是确定国际组织在国际法律关系中的地位、权利和义务等，即调整国际组织与其他国际法主体之间的相互关系，包括与该组织成员国之间、与非成员国之间、与其他国际组织以及东道国之间的各种法律关系。对内部分是调整国际组织内部，诸如程序、规则、制度等法律关系的准则。这一点是国际组织法区别于一般国际法的主要特征。因为，一般国际法是调整国与国之间关系的法律，而国家内部的关系由国内法调整。但国际组织的内部关系同样也由国际法调整。

二　国际组织法的渊源

国际组织法的渊源是指作为对国际组织法有效的法律规范的出处及所依据的形式。

由于目前国际组织法尚未进行专门的编纂，其渊源也无国际公约、国际文献的专门规定。但是从国际实践来看，大多数学者认为，国际组织法的渊源应当包括：（1）条约；（2）国际惯例；（3）国际司法判例；（4）国际法院的咨询意见；（5）有关国际组织的国内法；（6）国际组织的决议。

以上六项，都与国际组织法有关，作为国际组织法的渊源，应当是比较合适的。

三　国际组织的组织机构

虽然国际组织的名称各异，组织机构也有多有少，但作为一个现代国际组织，一般来说都必须具备三个主要机构。

1. 议事和决策机构

这个机构是根据国际组织的基本文件设立的最高权力机关，由全体成员组成，负责该组织的全面工作。其名称大多称为“大会”，但也有些称为“首脑会议”、“部长会议”或“理事会”。这种机构不是常设的，一般定期召开会议，如世界气象组织每四年召开一次，国际电信联盟每5年召开一次。同时，这种机构可以下设各种委员会，以处理闭会期间的各种日常事务。

议事和决策机构一般都被赋予较重要的权力，其职能主要有制定本组织的基本政策、方针，审核预算，选举执行机关的成员，接纳新成员，制定及修改有关规章制度，实施内部监督等。

2. 执行机构

执行机构由议事和决策机构选举产生，负责具体处理本组织承担的专门性问题。其组成人员大多是根据公平分配的原则，划分不同地区的数额来确定的。该机构的名称一般称为“执行局”、“理事会”、“执行委员会”、“执行董事会”等。其职能主要是：执行议事和决策机构的决议，监督秘书处的工作，在议事和决策机构休会期间对紧急问题作出决定，有些执行机关甚至能够独立于议事和决策机构之外并代表整个组织行事。例如联合国安全理事会。由于这类机构的活动较议事和决策机构更灵活，对问题的讨论易于深入，加之该机构的决定常常对成员国具有强制约束力，所以，更为各成员国所重视。

3. 行政管理机构

行政管理机构是国际组织处理日常工作的常设机构，其名称大多数为“秘书处”。该机构负责该组织的管理事务和后勤服务。行政管理机构由从事各种专门工作的人员组成，它们不代表任何国家，属于国际职员。秘书处的首长大多称为“秘书长”或者“总干事”。他们是该国际组织的最高行政首脑和对外代表，由议事和决策机关选举产生。

以上三大机构被称为国际组织的三大支柱，在国际组织中的作用重大。除此之外，有些国际组织还设有专门的司法机构，专门负责审议和处理法律问题和通过司法诉讼手段解决国际争端。例如，联合国设立的国际法院。

四 国际组织的表决制度

表决是国际组织决策程序中的核心部分，也是整个议事规则中最重要部分。国际组织为了运作的需要，都必须在该组织的基本文件中对表决程序明确作出规定。

目前，国际组织中存在的表决制度主要有两类：一类为正式表决，包括全体一致通过、绝对多数通过和简单多数通过；另一类为非正式表决，例如协商一致通过。

1. 全体一致通过（rule of unanimity），又称一致同意制，是指参加表决的成员全体一致同意后，才能通过决议或决定。在19世纪和20世纪初一直作为国际会议的表决原则，例如国联的表决制度。其主要为讨论政治性问题的国际会议所采用。这种表决程序的优点在于：一致同意作出的决定成员国一般都能执行。其缺陷在于：这种表决会使讨论或谈判的时间拖延，甚至导致个别成员否决大多数成员的意见，而最后作不出任何决定。现今，大多数普遍性国际组织都已不使用这一表决方式。

2. 绝对多数通过（absolute majority），绝对多数是一个相对于简单多数的概念，国际上对绝对多数没有严格的界定，最普遍的是达到参加投票者的2/3多数（如联大对重要问题的决议），有的要求达到3/4（如国际海底管理局对实质问题的决议），有的要求达到更多的多数（例如国际货币基金组织对重大问题要求80%至85%的多数才能通过决议）。这种表决方式大多适用于对重要问题的决策。它既尊重了国家主权平等又体现了多数成员的意志，而且与全体一致相比较更容易获得通过，具有明显的可行性和生命力。

3. 简单多数通过（simple majority），是指以超过投票数的1/2赞成票作出决定。简单多数表决主要适用于表决有关程序问题或者其他一些一般性的问题。这种表决比较容易获得通过，但有时只能代表微弱多数国家的意志，无意中会将多数派的意愿强加于少数派，因而这种表决容易产生矛盾。

4. 加权表决制（weighted voting system），是指在某些国际组织中按照一定标准和规则分别给予成员国以不同票数或不等值的投票权的表决方式。加权的标准包括出资额、实力大小、人口多少、对该组织的贡献和责任有多大，以及其他能够显示在该领域重要性的指标，来分配投票权。加权表决制主要适用于国际经济、金融组织。这种表决制考虑了不同成员国的实力、贡献和利益差别，存在着一定的合理性，但毕竟导致了成员国之间的不平等，于是，许多国家呼吁增加发展中国家的基本投票权。

5. 协商一致通过（consensus），协商一致是一种非正式决策方式，是指国际组织采用的经过协商，无须投票，没有正式反对意见而达成基本一致从而通过决定的一种方法。协商一致要求对协商的问题在基本点上达成一致，在非基本点上的不同意见，允许以解释或保留的方式提出，并给予记录。协商一致无须投票表决，从而避免了硬性投票给反对者带来不满和抵触。

缺点是，协商一致往往耗费时间，迟迟作不出决定。联合国第三次海洋法会议上的许多问题都是采用协商一致的方法通过的。这种方法可能是今后的发展方向，但现阶段还存在着许多需要加以改进和完善有关概念和程序方面的问题。

第三节 联合国

一 联合国的建立

联合国是一个在集体安全基础上维持国际和平与安全，具有广泛职能的国际组织。它的建立最早可以追溯到1941年8月14日英、美两国首脑宣布的《大西洋宪章》，在该宪章中，罗斯福和丘吉尔出于对国联的失望，提出了重新在世界范围内建立一种“广泛而永久的普遍安全制度”的倡议。

1942年1月1日，26个对德意日轴心国宣战的国家，在华盛顿签署了《联合国家宣言》，声明赞同《大西洋宪章》的倡议，约定尽全力对轴心国作战，绝不单独停战、媾和，然后在战后一齐建立新的和平与安全体制。宣言中第一次使用了“United Nations”，不过当时不是指今天的联合国，而是指对轴心国作战的所有国家的总称。

1943年10月，中、美、英、苏四国外长在莫斯科发表《莫斯科宣言》，声明将建立一个普遍性的国际组织，以维护国际和平与安全。该宣言是筹建联合国的一个主要步骤，为联合国奠定了原则和基础。

1944年8—10月的华盛顿敦巴顿橡树园会议是创建联合国的第一个具体步骤。美、英、苏和中、英、美分别举行会议，并草拟了“橡树园建议案”，建议新成立的国际组织采用“联合国”的名称，并规定了联合国的宗旨和原则以及各机构的框架。但是安理会的表决程序仍未得到解决。直到1945年2月，苏、美、英三国首脑在苏联的克里米亚的雅尔塔会议中，才对安理会的表决程序问题达成一致。

1945年4—6月，50个国家在旧金山参加了联合国的制宪会议，并于

1945 年 6 月 25 日一致通过了《联合国宪章》。10 月 24 日宪章因过半数交存批准书而生效，联合国正式成立。10 月 24 日这一天被定为“联合国日”（UN Day）

二　联合国的宗旨和原则

《联合国宪章》第一条规定的联合国的宗旨有四项。

1. 维持国际和平与安全。

2. 发展各国间的友好关系。

3. 促进国际合作。

4. 构成协调各国行动的中心。

迄今为止，可以说，联合国基本实现了上述宗旨。

《联合国宪章》规定的原则有 7 项，它们是：

1. 会员国主权平等；

2. 善意履行宪章义务；

3. 和平解决国际争端；

4. 不使用武力威胁或武力；

5. 各会员国对联合国采取的行动，应尽力予以协助；

6. 保证非会员国遵守上述原则；

7. 不干涉内政。

其中 1、2、3、4、7 项原则已经构成了国际法的基本原则，具有强行法的性质。

三　联合国的主要机关

联合国共有 6 个主要机关。

1. 大会（General Assembly）

大会由全体会员国组成，每年举行一届年会，一般为期 3 个月，即在每年 9 月的第 3 个星期二开幕，12 月 25 日以前闭幕。每个会员国的代表不超过 5 名。另外，必要时，还可以召开特别会议或紧急会议。

大会是联合国的主要审议和提出建议的机关，具有广泛的职权，它可以讨论宪章范围内或者有关联合国任何机关职权的任何问题，除安理会正在处理的问题之外，可向会员国或安理会提出关于这些问题的建议。具体地说，大会的职权主要包括：

（1）就维护国际和平与安全进行合作的原则，以及有关裁军和军备管制的原则进行审议和提出建议。

（2）就宪章范围内的任何问题进行讨论并提出建议。

（3）促进国际法的发展并编纂国际法。

（4）促进人权和基本自由；促进经济、社会、文化、教育、卫生领域内的国际合作；促进和平解决国际争端。

（5）审议和批准联合国的预算，分摊会员国的会费。审议安理会和其他机构的报告。

（6）选举安理会非常任理事国、经社理事会和托管理会的理事国；与安理会共同选举国际法院的法官；根据安理会推荐任命秘书长。

每一会员国在大会中享有一个投票权。重要问题的决议，以参加投票的会员国的2/3多数决定，一般问题以过半数的简单多数决定。

大会设主席1人，副主席21人，由会员国代表每年轮换担任。大会还设有6个委员会，以协助大会进行工作，它们是：第一委员会（政治与安全），第二委员会（经济和财政），第三委员会（社会、人道和文化），第四委员会（托管），第五委员会（行政和预算），第六委员会（法律）。

2. 安全理事会（Security Council）

由5个常任理事国和10个非常任理事国组成，常任理事国是中、美、英、法、俄5国。按照惯例非常任理事国的席位是：亚非5个、东欧1个、拉美2个、西欧及其他国家2个，由大会选举，任期2年，每年改选5个，不得连任。主席由国名的英文字母顺序轮流担任，任期一个月。会议除每年两次的定期会议外，可随时召开临时会议。

安理会是联合国负责国际和平与安全事务并有权采取行动的机关，依照宪章的规定，安理会的职能和权力主要包括：

（1）解决国际争端。即提出建议或促请当事国用和平手段解决争端。

（2）维持国际和平。即采用和平手段维护国际和平，如果有必要，可以采用武力方式，以维持和恢复国际和平。

（3）其他职能：包括拟定军备管制方案，在属于战略性的地区行使托管措施，与大会平行选举国际法院法官，向大会推荐新会员国和秘书长等。

安理会采用“五大国一致原则”的表决程序。即有关程序事项方面的决议，以9国赞成票通过，有关非程序之外的实质事项，以9国赞成票包括5个常任理事国的同意票通过。于是，这样就使5大国具有了“否决权”（Veto Power），因为任何一个常任理事国的反对票都可以否决该项决议。按照联合国的实践，5大国弃权或不参加投票不构成否决。有时候，对于某一事项是否属于程序性质这一先决问题，常任理事国也可行使否决权，从而形成了“双重否决”（double veto）。不可否认，否决权是一种特权，违反了国家平等原则，但否决权符合当时的需要，体现了大国在维持和平与安全方面应承担主要责任的构想，是历史遗留的产物，如果现在要对否决权进行修改，那又涉及宪章的修改，因此，这是一个需要十分慎重行事的事项，不可轻举妄动。

大会与安理会是联合国的中心机构，但两者在职权上有着明确的划分。大会主要是一个审议和提出建议的机关，而安理会则是一个维持和平与安全的行动机关。但在行使各自职权时，有许多问题又需要相互协调和共同行动。

3. 经济及社会理事会（Ecomomic and Social Council）

是联合国大会权力下负责协调联合国系统内经济、社会、文化和人权活动的机关。由54个理事国组成，任期3年，可连选连任。其职权主要包括，可对上述领域内的事项进行研究，并向各方提出有关的建议，还可就有关事项起草公约草案，提交大会审议通过。表决程序为：1国1票，简单多数通过。我国自1971年起，一直当选为理事国。

4. 托管理事会（Trusteeship Social）

成立托管理事会的目的是：增进托管领土上的居民在政治、经济、社会文化和教育方面的发展，增进托管领土上的居民向自治或独立方面发展。

适用托管制度的领土有：前国联委任统治下的领土，第二次世界大战之后从战败国割离的领土，以及自愿置于托管下的领土。具体托管的领土共有11块，绝大多数属于第一种性质。随着1994年10月1日，最后一块太平洋岛屿上的托管地贝劳共和国宣布独立，11块托管地已全部独立。托管理事会已经失去工作对象。但是否保留该机构，又将面临联合国宪章的修改。

5. 国际法院（international Court of Justice）

国际法院是联合国的司法机关，于1946年4月3日成立。其作用和职能将在第十一章中讲述。

6. 秘书处（Secretariat）

秘书处是处理联合国日常行政管理事务的机关，由秘书长和其他工作人员组成，秘书长任期5年，可连任一次，按惯例，常任理事国的国民不得担任秘书长的职务。

秘书处的职能主要有：为联合国的各种机关服务，并执行各机关制定的计划和政策，管理维和行动，研究、调查各种国际问题等。

秘书处的所有工作人员是“国际公务员”，为联合国整体服务，每个工作人员都必须宣誓不得寻求或接受除联合国之外的任何政府和其他当局的指示。

四　联合国的专门机构

按照宪章第63条的规定，经社理事会可以与政府间专门机构订立协定，使之成为联合国体系下的专门机构。联合国的专门机构是指根据协定同联合国建立关系，或者根据联合国的决定而创设的负责某一特定领域事项的政府间专门性国际组织。它一般具有以下特征。

1. 属于政府间的组织。联合国的专门机构必须具有政府间国际组织的性质，民间组织不能成为联合国的专门机构。

2. 属于专门性的组织。其专业领域限定的范围是经济、社会、文化、教育、卫生及其他有关部门。这一规定意味着政治、军事方面的组织不得作为联合国的专门机构。

3. 属于与联合国有关的组织。这些机构主要根据与经社理事会签订协议而同联合国建立关系，或者根据联合国的决定而成立。而且这些组织愿意听从联合国的建议，从而使这些组织正式纳入联合国体系。

4. 具有独立的法律地位。这些组织虽然与联合国有关系，但不是联合国的附属机构。它们具有独立的法律地位，具备独立的国际法主体资格。它们的各项决议和活动不需要联合国批准，联合国只是与它们协商，并向它们提出建议来调整彼此间的活动。协商一致，是联合国与各专门机构相互关系的一项重要原则。

目前，同联合国建立关系的专门机构共有18个。它们是：国际劳工组织、联合国粮农组织、联合国教科文组织、世界卫生组织、国际复兴开发银行、国际金融公司、国际开发协会、国际货币基金组织、国际民用航空组织、万国邮政联盟、国际电信联盟、世界气象组织、国际海事组织、世界知识产权组织、国际农业发展基金、联合国工业发展组织、国际原子能机构和世贸组织，前16个是通过协定同联合国建立关系的，后两个是联合国决定成立的。

【案例研究】

联合国大会接纳会员国的权限案

【案情简介】

国际法院发表关于接纳一国加入联合国的条件问题的咨询意见以后，联合国大会通过第197（Ⅲ）号决议，建议安理会和大会的每一成员国在就接纳新会员国的问题进行表决时，应按照法院的意见行事。1949年9月，当安理会就是否推荐接纳8个国家为联合国会员国的问题进行表决时，苏联又均投了反对票。根据阿根廷的建议，联合国大会于同年11月22日请求国际法院就下述问题发表咨询意见：

（1）根据《宪章》第4条第2款的规定，当安理会因申请国未获得必要的多数票或因

（2）某一常任理事国投反对票而没能作出推荐时，大会能否通过决议将该国接纳为联合国会员国？

【咨询意见】

1950年3月3日，国际法院就上述问题发表了咨询意见。法院指出：如果安理会对于加入的申请国没有作出有利的决定，这在实际上就是建议不接纳该有关国家。在这种情况下，摆在大会面前的是一项建议。对于这项建议，大会可以接受，也可以拒绝接受；而如果拒绝接受，大会就是接纳了申请国。法院认为，《联合国宪章》为接纳新会员国规定了两个程序：安理会的“推荐”和大会的“决议”。如果大会有权不经安理会的推荐而作出决定，安理会就被剥夺了《联合国宪章》授予它的一项重要职权。作为“否决权”的结果而没有安理会的推荐，不能解释为“不赞成”的推荐，因为安理会本身曾把它自己的决定解释为没有作出推荐的意思。法院还指出，《联合国宪章》并未使安理会在对大会的关系上处于从属的地位。

【评析】

本案明确了大会和安理会在接纳新会员国问题上的权限，这实际上就是《联合国宪章》所规定的两个程序：安理会的“推荐”与大会的“决议”。大会可以作出决议，拒绝安理会所推荐的申请国为新会员国，但它无权作出决议接纳安理会没有推荐的申请国为新会员国。

【拓展与反思】

联合国安理会改革问题

一　安理会席位问题

2004年之后，适逢联合国安理会理事国扩大的改革高潮，联合国、非洲联盟、“四国集团”和反“四国集团”都就安理会理事国席位的问题提出了自己的改革方案。归纳起来大致有以下几种主张。

1. 增加常任理事国和非常任理事国，同时增加发达国家和发展中国家的席位。

2. 同时增加常任理事国和非常任理事国，但常任理事国只吸收德、日两国，非常任理事国则从发展中国家选定。

3. 不增加常任理事国，只增加非常任理事国。不结盟运动的许多国家持这种主张。

4. 建立一种有别于常任理事国和非常任理事国的席位类型。这种类型称作“准安理会成员”或“常务安理会成员”，这种类型的成员国可以参加安理会的一切活动，但无否决权，其任期也可长于非常任理事国并实行轮值等。全球治理委员会提议创立该类安理会理事国席位。

关于安理会理事国席位的问题，最可行的改革方案是增加5—10个非常任理事国的席位。作为一种折中方案，增设数个“半常任理事国”席位的方法也是可以考虑的，但其过渡性较强，容易导致安理会席位布局的不稳定，所以最好不要采用。至于增加常任理事国席位的主张，则完全不可行。

二　安理会否决权问题

对否决权制度进行改革的呼声，在国际社会上一直存在。国际社会对此主要有以下三种方案。

1. 取消否决权。新西兰、新加坡等中小国家都曾提出过此种主张，而伊朗和古巴一直以来都坚持要求立即取消否决权，理由是该制度不符合“主权平等原则”。

2. 限制否决权。限制否决权的方案主要有三种，这些方案的结局各有不同：第一种方案主张把否决权所涉及的“实质性问题”再分为两类，对前一类问题五大国可行使否决权，对后一类问题五大国不可以行使否决权。

3. 调整否决权拥有国的数量。2004 年之后，各方提出的改革方案都涉及否决权的拥有国数量问题。联合国和“反四国集团”主张维持现有的否决权拥有国数量不变，而非洲联盟和“四国集团”则要求或至少倾向于要求增加否决权拥有国数量。

否决权制度是符合国际正义且必须坚持的制度；对否决权应当进行合理的限制，但是改变一票否决制的主张并不合理。当前最重要的是应当建立更加有效的监督否决权行使的法律机制。

复习和练习

重点问题

1. 政府间国际组织是国家进行多边合作的一种稳定的法律形式。它是国际政治经济关系发展到一定阶段的产物。19 世纪盛行于欧洲的“欧洲协调”国际会议制度是国际组织发展史上的第一个时期。紧接着，国际行政联盟的出现是国际组织发展史上的第二个时期。进入 20 世纪后，以“国联”和“联合国”为代表的国际组织时期的出现，标志着国际组织发展史进入了第三个时期。国际组织已经成为国际法的一个重要部门。

2. 政府间国际组织具有国际法律人格，这是因为国际组织具有实现其目的和达成其宗旨所必要的权利能力和行为能力。但是国际组织的法律人格不是其本身所固有的，而是来自主权国家在创立该组织的基本文件中的授予。因此，国际组织的法律人格是派生的、有限的，不能作为国家之上的超国家机构。

3. 为实现其宗旨和目的，国际组织通常设有三级机构：议事和决策机构、执行机构和行政管理机构。国际组织的表决程序有：全体一致通过、绝对多数通过、简单多数通过、加权表决制和协商一致通过。至于决议的效力，则依通过决议的机构的职权和该决议本身所含的实质性内容而定。

4. 联合国体系包括联合国本身和18个专门机构。联合国是全球最大最重要的普遍性国际组织。它以维持国际和平与安全为首要任务，设有6个主要机关：大会、安理会、经社理事会、托管理事会、国际法院和秘书处。其中，大会和安理会是中心机关。大会是一个审议和建议的机关，安理会负有维持国际和平与安全的主要责任并是唯一有权采取行动的机关。“五大国一致”原则是安理会表决制度的核心。

5. 政府的专门性国际组织经过与经社理事会签订建立关系的协定或联合国决定设立而被纳入联合国体系，成为联合国的专门机构。但它们不是联合国的附属机构，而是具有独立法律地位的国际组织。

关键术语

国际组织　国际联盟　联合国　安理会　国际法院　加权表决制　协商一致　联合国的专门机构　否决权　国际组织的组织结构

思考题

1. 叙述国际组织的表决制度，并评述各自的优劣。
2. 试述联合国大会与安理会的各自职权，并予以比较。
3. 简述联合国的宗旨和原则。
4. 试述国际组织的法律地位。

第十一章　和平解决国际争端

第一节　国际争端概述

一　国际争端的概念与特征

国际争端（international dispute）是指两个或两个以上国家之间，以及国家与其他国际法主体之间，有关法律权利和政治利益方面的矛盾、对立和冲突。

与国内争端相比较，国际争端有以下特征。

1. 争端的当事方不同。国际争端的当事方是国家和其他国际法主体，而国内争端的主体是自然人、法人或者特定条件下的国家。

2. 争端的基本起因不同。国内争端多与个人的利益和法律权利相关联，而国际争端虽然可以概括为有关法律权利和国家利益的争端两大类，但这些争端可以来源于意识形态、民族问题、宗教问题等各个方面。比起国内争端，国际争端的诱发因素更加复杂，也更难处理。

3. 争端的后果不同。个人之间的争端主要关系到当事人个人的利益，即使处理不当，其消极影响有限，而国际争端则关系到当事国的利益，甚至关系到某一地区乃至世界各国的利益，处理不当有可能引起武装冲突甚至战争。

4. 争端的解决方法不同。国内争端有凌驾于个人之上的国家作为裁判者，执行有国家的强制力给予保障，而国际争端的主体之上没有更高的权威，争端的解决必须取得当事方的自愿接受，也没有超国家的强制执行机关来保障各方的利益。

二　国际争端的种类

国际争端因其产生的原因和涉及的内容不同可以分为政治争端、法律争端和事实争端。正确区分不同性质的争端，可以有针对性地适用不同的解决方法，以达到有效地解决国际争端的目的。

1. 政治争端（political dispute），是指因国家或民族的政治利益冲突而引发的争端。这类争端一般对国家的独立和主权等问题有重大影响，很难用国际法并通过法律程序来解决，只能通过外交途径或使用政治方法来加以解决，所以，传统国际法将其称为“不可裁判的争端”（non - justifiabe dispute）。

2. 法律争端（legal dispute），是指争端各方以国际法为理由，就法律上的权利义务关系发生分歧而产生的争端。传统国际法将此类争端称为“可裁判的争端”（justifiable dispute），提倡将此类争端交付仲裁或者司法解决。

3. 事实争端（fact dispute），是指争端当事方基于事实不清而争执不下的争端。对于此类争端的解决，关键在于查清事实，适合于采用调查、和解等方法来解决。

三　传统国际法解决争端的方法

在传统国际法中，除了仲裁和调查这类法律和政治的方法外，主要还有战争、反报、报复、平时封锁和干涉等。按照早期西方国际法学者的理解，战争是最高级别的强制解决争端的方法，是非和平的；而反报、报复、平时封锁和干涉则是次于战争的强制方法，是和平的。其实以上这些方法都具有本质性的联系，它们都直接或间接地涉及“使用武力威胁或者武力”，属于强制性的非和平方法。

1. 战争（war）在国际法上主要是指两个以上国家因使用武力推行国家政策而引起的武装冲突。自从《联合国宪章》规定国家不得使用武力来推行国家政策之后，战争已成为非法手段，但是国际法并没有完全禁止使用武力，国家在遭到外来侵略时可以使用武力来进行单独或集体式的自卫。

2. 反报（retortion）和报复（reprisal）都是指一国针对另一国的损害行为而采取的反击。不同之处在于，反报是以同样或类似性质的合法行为反击另一国的不礼貌、不友好或不公平的行为，例如贸易战中，相互禁止或限制某类商品的进口。而报复是以同样的不法行为反击另一国的不法行为，例如相互驱逐外交官。反报和报复虽然并不总是诉诸使用武力或武力威胁，但不时涉及这一类行为，因此，现代国际法虽不完全禁止反报和报复，但有严格限制。

3. 平时封锁（pacific blackade）是报复的一种特殊形式，干涉（intervention）是一国对另一国事务专断干预以强迫该国采取符合自己意愿或政策的行为。两者在相当大的程度上是依靠使用武力或武力威胁来实现其目的的。这样做，就有悖于《联合国宪章》的规定。

第二节　和平解决国际争端是现代国际法的一项重要原则

19 世纪之前，人类社会基本上处于崇尚武力的时期，战争被认为是推行国家政策，解决国际争端最有效的工具。因此，世界范围内战乱频仍，亚历山大、拿破仑之类的英雄辈出，并得到世人的推崇，科学技术的发展，使战争的残酷性进一步加剧，使人类认识到战争给人类带来的苦难后果。反对战争的呼声也就一步步高涨起来。

1907 年第二次海牙和会修订的《和平解决国际争端公约》被认为是最早提出和平解决国际争端原则的国际文献，该文件虽然没有明确规定这是一项基本法律原则，但它在一定范围内和一定程度上限制了战争权的使用，并鼓励各国以和平方式解决争端。1928 年签订于巴黎的《关于禁止战争作为推行国家政策工具的条约》（简称《巴黎非战公约》）则明确地将该项原则提升到国际法基本原则的高度。该条约第 2 条规定，不论争端的性质如何，缔约国只能用和平方法处理和解决。

1945 年的《联合国宪章》将和平解决国际争端列为 7 项基本原则之一，标志着和平解决国际争端原则作为国际法基本原则的地位得以确立。之后，众多的国际文件重申了这一原则。迄今，这一原则作为国际法基本原则没有争议了。可以说，由于这一原则顺应了全世界绝大多数爱好和平人民的愿望，所以它才能在较短时期内成为国际法的一项基本原则。

但同时也要注意到，和平解决国际争端原则并不排斥合法的自卫权，《联合国宪章》第 51 条确认了国家有单独或集体进行自卫的权利，这在实质上是对武力解决国际争端的一种遏制，因为自卫的武力使用可以有效地对抗进攻型武力的使用。所以，自卫可以在客观上有效地促进国际和平以及和平解决国际争端的各种方法的运用。

第三节　和平解决国际争端的政治方法

政治方法，又可称为外交方法，包括谈判与协商、斡旋与调停、调查与和解。政治方法的特点是：（1）可适用于不同类型的争端。无论是政治争端还是法律争端，只要当事方同意，都可以通过政治方法解决；（2）争端当事方始终具有自由裁量权、主权和尊严得到充分尊重；（3）不影响争端当事方同时或者其后采用其他方式和平解决争端。

一　谈判与协商

谈判和协商（negotiation consulitation）是指两个以上的争端当事方为了有关矛盾和冲突得以解决而进行的直接交涉过程。包括澄清事实、阐明观点、消除隔阂和误会，以寻求各方都能接受的解决方案。

谈判和协商的共同特点是：

1. 争端当事方之间直接交换意见，没有无关的第三方介入，当事各方的自主意愿得到充分尊重，而且能够以他们认为最合适的方式，自始至终地掌握全部过程。

2. 适合于各种类型的国际争端。

3. 对争端的解决很有效。谈判和协商是各国最广泛使用的解决争端的方法，尽管有时不能取得成功，但却解决了绝大多数国际争端，因而被认为是最有效的解决方法。

4. 协商实际上是谈判的另一种形式，但两者不完全相同。第一，谈判的历史早于协商。协商是20世纪50—60年代出现的新方法。第二，协商时的气氛比谈判更为轻松、和谐、友好。当事方之间的让步妥协是互谅、自愿的结果。第三，协商原则上也是当事方的直接行为，但不排除有一定间接关系的第三方介入。

二　斡旋与调停

斡旋（good office）是指争端当事方之间不能直接解决争端时，第三方通过自己的周旋劝解使当事方重新回到谈判桌上，以实现争端解决的行为。

调停（mediation）是指争端当事各方不能直接解决争端时，由第三方介入以调和争端各方的要求，并提出第三方的建议，旨在达成可以互相接受的折中解决办法。

斡旋与调停都是第三方协助争端当事方解决争端，但斡旋的特点在于斡旋者只进行有助于促成争端当事方直接谈判的行为，本身并不参加谈判也不提出建议。而调停的特点在于，调停者不只辅助谈判，还直接参加谈判，提出合理的建议，并为解决争端找到现实基础，甚至还力求使达成的协议得到遵守。

斡旋与调停有以下共同特点：

1. 斡旋与调停的任务都是由相对中立的第三方来承担的，它可以是一个国家或者国际组织，也可以是个人。

2. 斡旋与调停不论是第三方主动提出，或是由争端一方或多方请求，都必须取决于争端各方是否一致接受。

3. 斡旋与调停都不妨碍争端当事方选择其他解决方法的自由。第三方提出的建议对争端各方不具有法律约束力。

4. 一旦斡旋与调停的任务结束，不管成功或是失败，斡旋者或调停者的任务即告结束，不承担任何法律责任。

三　调查与和解

调查（investigation）是指对事实问题发生分歧时，争端当事方同意以一定方式调查有争议的事实，查明是否有违反条约或其他国际义务之处，并提出适当的补救方案。

调查具有以下特征：

1. 调查是针对由于事实不清而产生的争端，这类争端一般不属于法律争端。

2. 调查方法一般都有一定的组织或机构，这些组织或机构是根据各自的章程或规约来履行其职责。1988 年联大通过一项决议，呼吁各国充分利用联合国的调查能力，以便尽可能地把有关的调查事项交由联合国处理。

3. 调查的结果是，在查明事实的基础上，发表一项“限于说明事实而不具有仲裁裁决性质”的报告。争端各方有权自由决定对该项报告赋予何种效力，或者没有效力。调查一般只作辅助解决争端的方法，即起到搜集证据的作用。

和解（conciliation）又称调解，是指争端当事方一致同意将其争端提交一个若干人组成的委员会，由委员会调查和评价争端事实，并提出解决争端的建议的一种争端的解决方法。

和解也是一种第三方介入解决争端的方法，其特点是：

1. 争端当事方根据条约或协议将争端交给一个数人组成的委员会，一般由 5 人组成，当事双方各提 1 人（可以是本国人），其余三人由双方协议委派不同国籍的第三国国民担任，并在这三人中选举一人为主席。委员会根据事先拟定的原则，程序和方法进行工作。

2. 和解委员会的基本职能是：调查和澄清有关争端的事实；提出解决争端的方法。

3. 和解委员会的建议不具有法律约束力，只具有道义上的约束力。

调查与和解既有相似之处，又有区别，相同之处在于：都有一定的组织机构，都要对事实进行调查，都要提出报告书。而两者的主要区别在于：调查的目的是查明事实真相，在此基础上希望双方能自行解决它们之间的争端，而和解的目的在于查清事实之后，针对解决争端提出积极的建议。

第四节　和平解决国际争端的法律方法

法律方法是指仲裁和司法解决程序，与政治方法相比较，法律方法的特点是：（1）适合于法律争端和混合型争端的解决；（2）具有固定的组织和程序规则，并且适用法律规范来作出裁决和判决；（3）裁决和判决具有法律约束力，而且具有终审性，不得上诉。

一　仲裁

（一）仲裁的概念及特征

仲裁（arbitration）是指争端当事方同意把它们之间的争端交给它们自行选任的仲裁员裁判，并承诺服从其裁决的一种解决争端的方法。仲裁与其他解决争端的方法相比，具有以下特征：

1. 仲裁由各方选择的仲裁员组成仲裁庭进行，仲裁员可以是职业法官，也可以是政治家、学者，或者其他职业者。仲裁庭所适用的原则、程序以及法律规范，均由当事各方协议确定。

2. 仲裁庭在尊重国际法的基础上进行裁决，应当尽可能使其裁决与国际法一致，但在必要时，可以适用“公平与善良”原则。而国际法院审理案件时，如果未征得当事方的特别同意，不得适用该原则。

3. 仲裁裁决具有法律约束力，但裁决的执行没有强制措施保障，主要依靠当事方自身的道义心和责任感。

（二）仲裁的依据及组成

国际仲裁是一种自愿管辖，进行仲裁的先决条件是争端当事各方同意把争端提交仲裁。这种同意一般通过三种形式表现出来，即仲裁协定、仲裁条款和仲裁条约。

实践中，仲裁庭的组成有三种典型形式。

1. 独任型。即由单一个人或者机构作为唯一的仲裁者。该人通常是政府首脑、权威法学家、著名政治家或某一特定机构。

2. 混合委员会。即由争端当事各方所任命的同等数量的本国人士以及第三国中立人士共同组成。后者为首席仲裁员。委员会的人数为单数，或3、或5、或7名。

3. 国际常设仲裁法院体系下的仲裁法庭。建于1900年的国际常设仲裁法院常年备有一份仲裁员名单，列入名单的都是世界公认的“精通国际法问题，享有最高道德声誉”者。我国有四位法学家入选：王铁崖、李浩培、端木正、邵天任。如果争端当事国希望在常设仲裁法院体系内解决，可以从上述名单中挑选仲裁员组成仲裁庭。

（三）仲裁所适用的法律

提交仲裁的各方应对仲裁庭适用什么法律取得一致意见，如果各方对此没有达成协议，那么仲裁庭应当适用公认的国际法规则，当然，这不排除仲裁庭适用公平、正义和公正等原则来解决争端。

（四）仲裁的结果

仲裁的结果是形成对争端当事各方具有法律约束力的仲裁裁决。

仲裁的裁决是书面的，由仲裁员的多数票作出，并由仲裁庭庭长签字并注明日期，同时允许仲裁员附上单独意见或不同意见。

仲裁裁决是终审性的，不得上诉。但裁决书中如果有明显的错误，诸如笔误、印刷或者算术方面的错误可以进行修改。

（五）对国际常设仲裁法院的评述

该院根据1899年海牙《和平解决国际争端公约》的规定，于1900年在海牙成立，其目的在于为当事国和平解决国际争端增加另外一种方式。

然而，在常设仲裁法院迄今100多年的历史中，共受理案件27件，其中绝大多数是在第二次世界大战之前受理的，表明仲裁法院的黄金时期是在第二次世界大战之前。联合国成立后，仲裁法院的重要性以及受理的案件逐年下降。现在已经有二三十年没有受理案件了。究其原因不仅在于出现了国际法院和其他法庭，更在于各国不愿意将争端诉诸仲裁解决的情绪。为此，常设仲裁法院从 1993 年开始，多次召开全体仲裁员大会，讨论仲裁法院的未来以及如何使仲裁重新得到国际社会的重视，并且于 1994 年以国际组织的身份，加入联合国，成为联大的观察员，试图以积极的姿态介入国际事务。但他们的努力是否有成效，还得拭目以待。

二　司法解决

（一）司法解决的概念及主要特征

司法解决（judicial settlement）是指争端当事方将争端提交国际法院或法庭，由法官根据国际法审理争端并作出对当事各方具有法律约束力的判决。

与仲裁相比，司法解决的特征是：

1. 国际法院是常设的司法机构，其法庭的设立、适用的法律、管辖的权限等都是预先固定下来的，当事各方没有选择权。而仲裁法院是专设的，其仲裁庭的组成、适用的程序和规则可由当事方选择。

2. 国际法院严格按照国际法审理案件，适用公认的国际法原则和规则。而仲裁法院适用的法律需要当事各方的一致同意，有较大的任意性，而且可以适用“公平及善良”原则解决争端。

3. 两者的判决和裁决通常不得上诉，但仲裁的争端当事方可以事先达成协议，规定任何一方若不服仲裁裁决，可以向国际法院上诉。而且仲裁的裁决的执行主要依靠当事方的自愿遵守（不同于国内仲裁可申请法院强制执行）。

目前，世界范围内的国际司法机构主要有两个：国际法院和国际海洋法院（庭）。前者于 1946 年成立，由 15 名大法官组成，院长由 15 名法官推举一名首席大法官担任，每名法官可设立各自的工作组协助该法官工作。迄今，已受理案件 86 件，其中诉讼案件 63 起，咨询案件 23 起。我国共有四人先后担任法官：徐谟、顾维均、倪征噢、史久镛。后者于 1996 年 8 月 1 日成立，住址在汉堡，由 21 名法官组成，我国北大教授赵理海当选为第一届法官。该院根据《海洋法公约》成立，对海洋法方面的争端具有一般管辖权，现在还设有受理案件，但随着人类社会对海洋的依赖性增大，该法院的地位会逐渐显露出来。

（二）国际法院的诉讼主体

按照《国际法院规约》第 34 条的规定，只有国家才能成为法院的诉讼主体，任何国际组织或者自然人、法人都没有诉讼主体资格。但新成立的国际海洋法法院的诉讼主体除国家之外，还包括国际海底管理局、国有企业、自然人和法人，明显扩大了诉讼主体的参与范围。

（三）国际法院的诉讼管辖权和咨询管辖权

国际法院的管辖权建立在诉讼当事国同意的基础上。当事国可以根据《国际法院规约》第 36 条的规定选择三种表示同意的方式。

1. 自愿管辖，即各当事国临时商定同意将案件提交法院管辖。

2. 协议管辖，即争端当事国在事前缔结有关条约时已约定将有关条约的争端提交国际法院管辖，也就是说，条约中包含有指定国际法院管辖的条款。

3. 任意强制管辖，即当事国可以随时声明具有下列性质之一的一切法律争端，对于接受同样义务的任何国家，承认法院之管辖为当然而且具有强制性，不需另订特别协定，这些争端是：条约之解释、国际法之任何问题、任何事实之存在、因违反国际义务而应予赔偿之性质及范围。

截至 20 世纪末，有 58 个国家声明接受国际法院的任意强制管辖，其中大多数国家还附有程度不同的保留。

当事国如果对国际法院的管辖权有异议（称为初步反对意见），由法院裁决之。

对于咨询管辖权是指，国际法院除了按司法程序解决争端之外，还具有对任何法律问题提供咨询意见的权限。根据《联合国宪章》第 96 条的规定，有权请求法院发表咨询意见的有：大会、安理会，除此之外，联合国的其他机关和专门机构，可以随时经过大会的授权，请求法院发表咨询意见。也就是说，只有联合国系统内的各机关以及与联合国有联系的各专门机构才可以请求法院发表咨询意见，其他任何国家、个人（包括联合国秘书长）都无权请求法院发表咨询意见。

国际法院发表的咨询意见属于参考性质，一般没有法律约束力，但国际法院的咨询意见仍具有重要的法律意义，一方面，它可以从法律上为国际争端的解决提出法律意见和依据，帮助国际组织，尤其是给安理会和大会为采取正确的举措来解决争端提供了指导。另一方面，咨询意见中对法律问题的阐述有助于现代国际法朝着规范化和明细化方向发展，可以理解为国际法的司法解释。

（四）国际法院适用的法律

根据《国际法院规约》第 38 条的规定，国际法院应当依照国际法裁判案件，其中包括：1. 国际条约；2. 国际习惯；3. 被世界各国所普遍承认的一般法律原则；4. 司法判例和各国权威性的公法学家学说（这作为确定法律原则的辅助资料）。此外，如果征得当事国的同意，还可以按照“公平与善良”原则裁判案件。

（五）国际法院的诉讼程序

国际法院审理案件以法官 9 人出庭构成法定人数，也可以由全体法官出席开庭。国际法院 60 多年的历史中，绝大多数案件都是由全体法官出庭审理的。另外，还可以由法官 3 人以上组成特种分庭，处理劳工、过境和交通案件，迄今，还没有这类案件的开庭。此外，还可以由 5 名法官组成简易庭，以便迅速处理案件。简易庭也从未开过。20 世纪 80 年代以后，经当事国请求，法院为处理特定案件而成立了特别分庭，特别分庭审理过几个案件，例如，缅因湾案、西西里公司案、萨尔瓦多与洪都拉斯边界案等。

法院审理案件的基本程序包括起诉、审理、判决等几个阶段，内容基本与国内诉讼程序相同。

（六）国际法院的诉讼结果

诉讼结果就是指法院作出对当事国具有法律约束力的最后判决。该判决是终审判决，不得上诉。如果当事国不履行判决，其他当事国可以向安理会提出申诉，安理会认为必要时，可以提出建议或者决定应当采取的办法，以执行国际法院的判决。迄今为止，还没有因一方不履行判决他而方向安理会申诉的案例。

【案例研究】

李顿调查团案

【案情简介】

1931 年 9 月 18 日，日本侵略者制造了“九一八事变”，派兵侵占中国东北。21 日，中国政府致函国际联盟行政院，请求“立即采取办法，使危害国际和平之局势不致扩大”；30 日又声明请求国联“派遣中立国委员会至满洲”进行调查。12 月 10 日，国联行政院通过决议，选派英、法、美、意、德 5 国各一名代表组成国际调查团，以英国人李顿为团长，故亦称“李顿调查团”。调查团的任务是：（1）审查中日之间的争议；（2）考虑中日争议之可能解决办法。1932 年 2 月 3 日，李顿调查团启程，3 月抵达中国，9 月在中国北平完成调查团报告书，10 月 2 日同时在日内瓦、南京和东京公开发表。

【调查报告】

报告书认定，日本以武力夺占中国领土是违反国际联盟盟约、非战公约及华盛顿九国公约的义务的行为；“九一八事变”为日本精密预备之计划，日本当晚的军事行动不是合法的自卫办法；“满洲国”之构成实为日军及日本文武官吏之活动的结果，是日本人的工具，故“新国家”绝不能成立；等等。在审查意见及对于国联行政院的建议和结论中，报告书建议，中国承认日本在“满洲”的特权及利益；主张“满洲自治”，规定“自治政府”聘请外国顾问，并在顾问中保持日本人占有一定比例的名额；组织特别宪兵，中国及各国军队全部撤出；警察和税收由国联派人监督，等等。

【评析】

李顿调查团是在日本侵略者大举侵略中国的情况下，当时中国政府不组织抵抗而寄希望于国际联盟，要求国联派到中国来的。调查报告书所认定的事实以及所作的部分结论是客观的、公正的。但是报告书中的建议及其他部分结论却偏离了它所辨明的事实，提出以国际共管取代日本独占中国东北，这是对日本侵略行为的偏袒。尽管如此，日本侵略者仍不满意，在报告书发表以及国联通过不承认伪“满洲国”的决议后，于 1933 年 3 月 27 日宣布退出国联，公然地蔑视和对抗国际联盟。从这一历史背景中可以看出日本对待国际组织、对待解决国际争端的和平方法的态度。这也表明，如果一国根本不想尊重它们的话，再好的解决国际争端的制度和方法都是没有用处的。

【拓展与反思】

伊拉克战争对国际法权威的挑战

伊拉克战争开始前不久，联合国秘书长安南表示，没有经过安理会授权而使用武力"违反联合国宪章"。许多国内外法律专家也认为美国对伊拉克的袭击是侵略行为，违反了国际法。中国的饶戈平教授认为，伊拉克战争是"一些国家对一个主权国家非法使用武力、推翻一国政府的严重的军事行为，是公然违背国际法、破坏联合国集体安全体制的严重行为"，"这一行为是赤裸裸的以武力干涉一国内政的违法行为，是对以联合国宪章为基础的、行之有效50多年的联合国集体安全体制的肆意破坏，是对现代国际法的严重冲击和挑战"。

总的来看，伊拉克战争对国际法造成的冲击和挑战主要表现在以下几个方面。

首先，美国发动的对伊军事行动公然践踏了国家主权平等、不干涉内政原则等国际法基本原则，产生了极其重大的恶劣影响。一日本学者指出："从近处讲，它是对自第二次世界大战以来建立的以联合国为主导的国际秩序的一个极大破坏；从远处讲，美国发动所谓反恐战争以至于公然侵犯一个国家的主权和领土的完整，并且决定这个国家的政权走向，粗暴干涉这个国家的内政，这是对自威斯特伐里亚和约以来建立的国际法体系的一个野蛮践踏。其核心是通过打击恐怖主义和武力输出美式民主实现以美国价值观为核心的美国霸权统治下的世界帝国秩序。"其次，伊拉克战争的爆发剧烈冲击了联合国的集体安全体制，联合国的权威和作用再度受到世人的质疑。作为负有维持国际和平与安全主要责任的联合国安理会没能成功启动以断定美国对伊战争是否构成侵略，更不用说对侵略者采取强制措施，这是对集体安全体制的极大嘲讽。再次，美国精心炮制的反恐新举措、新思维（如"预防性自卫"、"先发制人"等）引起国际法的极大混乱。最后，伊拉克战争还暴露出现行战争法（含战时人道主义法）和外交领事关系法等的缺陷与不足。

复习和练习

重点问题

1. 国际争端是国际法主体之间的争端。即国际法主体之间的，有关法律权利和政治利益方面的矛盾、对立和冲突。以和平方式解决国际争端是现代国际法的一项重要原则，也是维护国际和平与安全的前提和基础。因此，和平解决国际争端在国际法体系中起着极其重要的地位。

2. 国际争端分为：政治争端、法律争端和事实争端三种。区分不同的国际争端的种类，可以有针对性地适用不同的解决方法，以达到有效地解决国际争端的目的。

3. 和平解决国际争端的方法分为两类：政治方法和法律方法。政治方法包括谈判与协商、斡旋与调停以及调查与和解。法律方式包括仲裁和司法解决。各种方法有其相同的适用对象，其程序和效果也都各有特征。

4. 国际法院的诉讼主体只有国家，其诉讼管辖权是自愿管辖、协议管辖和任意强制管辖。国际法院的咨询意见虽然没有法律约束力，但它仍可以从法律上为国际争端的解决提出法律意见和依据，同时，它也是国际法的司法解释的一种重要渠道。

关键术语

国际争端　谈判　斡旋　调停　调查　协商　政治争端　法律争端　事实争端　国际常设仲裁法院　国际法院规约　自愿管辖　协议管辖　任意强制管辖　国际法院的咨询意见

思考题

1. 和平解决国际争端原则及其在国际关系中的作用和应用。
2. 国际争端政治解决的方法有哪些？相互之间有何区别？
3. 仲裁和司法解决有何异同？
4. 试述联合国在和平解决国际争端中的重要地位和作用。

第十二章　战争法与武装冲突法

国与国之间的关系不仅存在和平状态，而且在特定情况下存在着敌对的战争状态。因此，国际法既要调整和平时期国家之间的关系，也要调整战争时期国家之间的关系。传统国际法认为，作为完整体系的国际法，应当包括平时国际法（law of peace）和战时国际法（law of war）两大部分。格劳秀斯的名著《战争与和平法》就以战争法为重点，系统地论述了国际法的主要内容。今天，世界处于第二次世界大战后一个相对稳定的和平时期，和平与发展成为当今世界的主题。但是，战争的威胁依然存在，武装冲突时有发生。传统战争法中的原则、规则和制度随着科学技术的发展而发展，也随着现代国际关系的变化而变化。因此，在现代国际法中，研究战争法的有关问题仍具有重要的现实意义。

第一节　概述

一　战争与武装冲突的概念

战争与武装冲突是两个难以截然分开，但又有着本质区别的名词。

列宁的名言“战争是政治的继续”，表明了战争的政治目的。但国际法上的战争（war）是指两个或两个以上的国家，以武力推行国家政策而造成的武装冲突的事实以及由此而产生的法律状态。这一概念表明：

1. 战争是国家之间的行为。

2. 战争是国家之间的武装敌对行为，即存在着武装冲突发生的事实。

3. 战争是武装冲突的事实而产生的一种法律状态。

武装冲突（armed conflict）是指未构成战争状态的武装对立，其往往表现为局部的，有时是偶然发生的、短暂时间的、未经宣布战争状态的武装斗争形式。

一般而言，战争由武装冲突发展而来，但武装冲突不一定都发展成为战争。武装冲突只有发展到了一定的规模和持续了相当长时间后，由“交战国的意向”表示战争状态的开始。

王铁崖教授认为，应当用“武装冲突法”来代替“战争法”。因为第二次世界大战之后存在着许多不经宣战的武装冲突。出于国际人道主义的考虑，适用“武装冲突法”可以大大降低战争中的残酷性，而不仅仅是按照传统的规则，只有经过宣战之后，处于战争状态，才适用“战争法”（参见王铁崖主编《国际法》，法律出版社 1995 年版）。

而端木正教授则认为，战争包含武装冲突，但武装冲突不一定就是战争，两者是不同的概念。第二次世界大战以后的 50 多年的国际关系中，许多武装冲突发展到了相当大的规模，也持续了相当长的时间，但冲突各方的和平关系在法律上还没有完全破裂，也就是说，战争的法律状态还没有完全形成。尽管可以统称为战争，但两者是不同的，其主要区别在于：

1. 战争的主体是国家，而武装冲突则不限于国家，还包括民族、交战团体和叛乱团体。

2. 战争是由武装冲突造成的法律状态，武装冲突只是由于使用武力而形成的事实状态。

3. 战争状态中交战双方与第三国存在着明显的中立关系，可以适用中立法，但武装冲突中交战双方与第三国的关系是不明确的，中立法不一定能够适用（参见端木正主编《国际法》，北大出版社 1997 年版）。

我们认为，两者是两个紧密联系而又有严格区别的概念，战争一定要包含武装冲突的事实，但有了武装冲突的事实不一定就是战争，也不一定会成为战争，区分的标准应当是交战双方的“交战意向”。现代国际法已经把“战争”宣布为国际罪行。因而，一些国家往往在以武力推行国家政策时极力避开“战争”这个字眼。但现代国际法同样也禁止使用武力和武力威胁，不管战争还是武装冲突，都有使用武力的事实，除非有法律依据，否则使用武力者也不能推卸国际法上的责任。所以，战争法和武装冲突法是分别在两个领域、两个范围中适用，但现实的国际关系中，两者又是密切联系的，因而，我们认为可以把两者结合成为“战争与武装冲突法”。也可以简称“战争法”来涵盖“武装冲突法”的内容。

二 战争法的渊源和内容

战争法是指各国承认的，以国际条约和国际惯例为其表现形式的，调整交战国之间、交战国与中立国之间关系以及交战行为的原则、规则和规章、制度的总和。

战争法是国际法中最为古老的一个部门，随着国际关系的变化，战争科学和技术的发展，战争法规上也在不断地变化发展中。但不管如何变化，其内容无外乎5个方面的内容：第一，有关宣战、停战、投降、媾和等，可称为战争程序的规则；第二，关于战时中立，又可以独立作为中立法；第三，关于禁止和限制作战手段和方法；第四，关于保护平民和非战斗人员（包括伤病员、战俘、遇难者、医疗人员、战地记者等）；第五，惩治战争罪犯。可以说，后三个部分是战争法的核心。

战争法在19世纪以前主要是习惯规则，19世纪中叶以来国际社会编纂和缔结了大量关于战争法规的国际条约。这些条约被学者们归纳为两个体系，即海牙公约体系和日内瓦公约体系，前者主要是针对禁止和限制作战手段和方法；后者主要是保护平民和非战斗人员的有关规则。日内瓦公约体系大多是在国际红十字会的倡导和主持下编纂和缔结的，其宗旨是强调人道主义的，所以，有些学者干脆把战争法称为"国际人道主义法"（参见朱文奇《国际人道法》，法律出版社1997年版）。这两个条约体系构成了现代战争法的主要渊源，除此之外，有关惩治战争罪犯的公约和宣言，也是战争法的渊源。

海牙公约体系是指国际社会为了将过去长期存在的习惯法规则成文化，于1899年以及1907年两次在海牙召开会议，并在会议中相继制定了一批有关战争法规则的公约和宣言。日内瓦公约体系是指国际社会为了补充海牙公约体系的不足，以及适应科学技术在战争中的运用而带来的变化，于1929年、1949年和1977年分三次在日内瓦召开会议，并在会上制定了一批战争法规则的公约和宣言。这两个会议的成果，基本上奠定了战争法的框架和体系。总的来说，战争法规是在寻求军事强国所鼓吹的"军事必要"以及民众推崇的"人道主义"这两个重要因素的平衡中产生的。尽管格劳秀斯早就指出，战争是迫使敌人放下武器而达到自己所追求的目的，但绝不是肆意杀戮。然而，在崇尚"英雄"的19世纪之前，武力是解决问题的最佳方案。反映在两个公约体系中，海牙公约体系就比较侧重于交战国的军事需要，第二次世界大战之后，残酷的战争现实，使得“人道主义”的因素高涨，形成了以 1949 年为主的保护平民和战争受难者的一批公约和规则。可以说，“人道主义”因素现在已经占据了战争法的绝对重要位置。

历次国际会议所缔结的战争法条约主要有：

1. 1856 年的《巴黎海战宣言》。

2. 1864 年的《改善伤病员待遇的日内瓦公约》。

3. 1868 年的《禁止使用爆炸性子弹的彼得堡宣言》。

4. 1899 年的海牙公约。包括《陆战公约》、《海战公约》和三个宣言，以及《改善战地伤员状况的公约》等。

5. 1907 年的海牙公约。包括《战争开始公约》、《海军炮击公约》以及若干有关中立国权利和义务的公约。

6. 1925 年的《禁止使用毒气和细菌战议定书》。

7. 1929 年的日内瓦公约。包括《战俘待遇公约》、《伤病员待遇公约》等。

8. 1945 年的《关于惩处轴心国战犯的协定》、《纽伦堡军事法庭宪章》、《东京军事法庭宪章》两份文件。

9. 1949 年的日内瓦公约，包括保护平民、保护妇女、儿童、禁止使用核武器、生化武器、禁止使地雷和某些具有滥杀作用的常规武器等一批公约。

10. 1993 年的《禁止化学武器公约》。

11. 1996 年的《全面禁止核试验条约》。

三　战争法的特征

战争法是国际法的一个部门法，当然具有国际法的一切特点，但战争法是国际法中唯一的一个战时国际法，它规范着战时各主体的一切战争行为。与国际法中其他平时法部门相比较，它具有较鲜明的特征。

1. 战争法是强行法。战争法是国际法中最古老的部门法，它不仅存在于为数众多的条约之中，而且还以各国公认的习惯法形式被适用。现存的大部分条约也不过是编纂早已存在的习惯法，使之成文化。因此，战争法对所有交战主体有效，而不论是否成为战争法公约的缔约当事方。任何人不得以未承认和未加入战争法规体系作为借口，逃避自己应当承担的责任。另外，由于战争法的主要渊源是习惯法，因此，有些战争法规的条约虽然没有被批准而生效，但并不意味着条约中所包含的习惯法失去了效力。只要该条约中所包含的规则是公认的国际习惯法，尽管该条约未被批准，也是有效的。

2. 战争法以人道主义为基本原则。战争行为是多种多样的，加上科学技术仍在不断发展中，现行的战争法规不可能完全规范战争中的所有行为。因此，1977 年的日内瓦公约第一附加议定书加上了一个所谓的“马顿斯条款”，即如果现存的国际条约和习惯法未作出明确规定，“平民和战斗人员仍然受到来源于人类良知和人道原则所要求的国际法原则的保护和支配”。

3. 战争法可以追究个人的责任。战争法的权利和义务主体是国家和交战团体或叛乱团体。但是，对于严重违反战争法，尤其是严重违反人道主义规定的直接行为人，必须追究个人的责任。在这里个人只能成为责任主体。

战争是残酷和可怕的，如何尽最大可能减轻战争对人类的杀伤以及对人类生存环境的破坏，这就是战争法的意义和作用所在。战争法虽然不可能消灭和制止战争，但却可以减轻战争给人类带来的痛苦。如果有一天世界上没有了战争，战争法真的失去了效力，那么，这是值得我们去憧憬的。

第二节　战争的开始与结束

一　战争的开始

战争是一种法律状态，战争开始就是交战国之间的关系从和平状态进入敌对的战争状态。战争可以以宣战的形式开始，也可以以双方已实际产生了战争状态而开始。

宣战在传统国际法中是战争开始的必要方式和程序，古代国家往往要举行庄严的宣战仪式才开始战争。格劳秀斯就认为：“开战前必须宣战。”宣战程序的作用是宣告国家进入战争状态并使对方和中立国获悉战争状态的存在。一般是通过发表声明的方式来完成的。例如，日本袭击珍珠港后，第二天罗斯福总统在美国国会发表声明，宣布与日本进入战争状态。

由于现代国际法禁止战争和非法使用武力，一些国家为了绕开这项规定，往往以非战争的武装冲突来代替正式的战争，而且不经过宣战程序。这种武装冲突以双方实际使用武力而开始，不存在完全的战争状态，只适用部分战争法。

除此之外，战争还可以因战争的法律状态已经实际出现而开始。国家之间可以存在战争状态而始终没有进行武装冲突行为。但不管有没有武装冲突行为，战争状态一旦出现，国家之间的关系就发生了实质性变化则由战争法予以调整。

二　战争开始后的法律效果

战争状态必然会产生一系列法律后果，既影响交战国之间的关系，又影响其国民之间的关系，其效果主要有：

1. 外交与领事关系断绝。交战双方在战争开始后撤回全部外交人员，其馆舍、财产和档案可以委托第三国加以照料。

2. 条约关系的变化。战争开始后，交战国之间的条约发生重大变化，政治性条约立即废除，经济性条约失效或停止实施，有关战争和中立的条约却因战争开始而自动发生效力。

3. 经贸关系断绝，无论是交战国之间的国家经贸往来还是其国民之间的经贸交往都因战争而被禁止。

4. 对双方国民及其财产的影响，战争开始后，交战国彼此认定对方的国民和财产均带有敌对性，对其境内的敌国国民可采取敌侨登记、集中居住或者拘禁等措施。对于敌国国家财产，可以没收（具有外交豁免权的除外）。对于敌国国民的私人财产，原则上不得侵犯，但可以加以种种限制措施，例如禁止转移、冻结、征用等。

三　战争的结束及其后果

战争的结束就是消除战争发生后所引起法律后果，终止战争状态的存在并恢复和平状态。战争结束一般经过以下两个步骤。

1. 敌对行动的停止。通常有两种方式来停止敌对行动：第一，停战。停战是根据双方的协议而停止军事行动。停战可以是全面的，也可以是局部的；同时，停战既可以是有期限的，也可以是无期限的，无期限的可以随时恢复战斗。第二，无条件投降。投降是战败国向战胜国表示降服。无条件投降是战败国按照战胜国规定的条件而自己不得附加任何条件的投降。有时，也有有条件投降的实例。

停止敌对行动可以使双方的武装冲突宣告结束，但并不能最终结束战争。

2. 战争状态的结束。战争状态的结束是指交战双方之间有关战争的一切问题的全面和最终解决。结束的方式通常有三种：第一，缔结和平条约；第二，单方面宣布结束战争；第三，交战双方发表联合声明结束战争状态。如1972年9月29日，中日发表联合声明宣布结束战争状态。

战争状态一经宣布结束，双方恢复正常的和平关系是战争结束的主要法律后果。其中包括：恢复正常的外交关系、恢复因战争而停止实施的条约效力、恢复一切经济和贸易交往等。

第三节 限制作战手段和作战方法

一 作战法规的基本原则

关于战争中的作战手段和方法，经过长期的国际实践形成了具有普遍意义和广泛法律效力并构成战争法基础的一些原则，主要包括：

1. "军事需要"不解除交战国义务的原则。交战国在战斗过程中必须严格遵守战争法规加给它的义务，不得借口战时情况不允许或者出于军事上的需要来解除交战国所承担的义务。因为"军事需要"不能成为交战国为所欲为的借口。

2. 条约无规定的情况下，不解除当事国义务的原则。法律本来就有滞后的特性，再加上科学技术的迅速发展，使得战争法难免有规定不全的情况。即使在这种情况下，也不构成滥杀无辜的借口，交战国应受到"马顿斯条款"的约束。

3. 人道主义原则。人道主义就是要尽量降低战争的残酷性，交战国不仅要保护平民、战争受难者、非战斗人员，也要给予敌国战斗人员以人道待遇，不得实施与作战目的不成比例的过分伤害。

4. 区别原则。在战争过程中，对于平民与武装部队、战斗员与非战斗员、战斗员与战争受难者应给予区别对待。任何战斗行为只能伤害战斗中的战斗员，而不应伤害平民、非战斗人员、战争受难者和战俘。

二　作战手段和作战方法

由于战争法规以人道主义为基础，所以必须禁止和限制一些过分残忍的作战手段和方法。综合各项条约的规定，被禁止或限制使用的作战手段和方法主要有：

（一）极度残酷的武器

极度残酷的武器是指超越使战斗员丧失战斗力的程度，造成极度痛苦后使之死亡的武器。使用这类武器显然超过了使敌方战斗人员丧失战斗力的基本作战目的，增加了战争中的恐怖气氛和痛苦程度，因此战争法规严格禁止使用此类武器。这类武器主要有：在射入人体后立即膨胀或变形的子弹（例如达姆弹），射出后无法检测的碎片、地雷、高速小口径武器和大面积燃烧性武器等。我国于 1981 年签署了联合国于 1980 年制定的《禁止或限制使用某些可被认为具有过分伤害力或滥杀作用的常规武器公约》，其中就包括了限制使用无法检测的碎片武器、地雷、燃烧性武器和小口径武器四项内容。

（二）禁止使用化学和生物武器

化学武器是指通过化学反应来伤害人、动物和植物为目的以及用该物质制造的一切器械、材料的总称。民间的俗称为“毒气弹”。

生物武器是指以细菌、病毒、毒素等使人、动物、植物致病或死亡的物质材料制成的武器。民间的俗称为“细菌弹”。

我国政府于 1984 年加入了联合国 1972 年的《禁止细菌武器公约》，随后，又加入了 1992 年的《禁止化学武器公约》。

（三）禁止改变环境的作战方法和手段

改变环境的战争手段，是指在战争中，通过人为操纵自然环境的进程，改变地球或外层空间的自然状况而构成的作战手段和方法。这是战争法中的一个新内容，主要是指通过“改变环境的技术”，人为地破坏或改变自然力，将自然力用于军事目的，如引起地震、海啸、破坏生态环境、破坏臭氧层等。这方面的法规主要有 1997 年联合国制定的《禁止为了军事目的使用改变环境的技术的公约》。

（四）禁止不分皂白的战争手段

不分皂白的战争手段（Indiscriminat Means of Combat）是指在战争或武装冲突中，对于平民、民用物体与战斗员，军事目标不加区别的作战手段和作战方法。1907 年《海牙第四公约》附件规定“禁止以任何手段攻击或炮轰不设防的城镇、村庄、住所和建筑物”，应采取一切必要措施，尽可能保全专用于宗教、艺术、科学和慈善事业的建筑物、历史纪念物、医院和伤病员收容所等。此外，一般认为，对平民或民用物体集中的城镇、乡村作为军事目标进行攻击，附带使平民生命受到损害的攻击，作为报复对平民进行攻击，均属不分皂白的攻击。

（五）禁止背信弃义的作战手段

背信弃义（perfidy）是指以背弃敌人的信任为目的而诱使敌人的信任，使敌人相信有权享有或有义务给予适用于武装冲突的国际法规则所规定的保护的行为。1977 年的《日内瓦公约第一附加议定书》列举了下列情形：假装在休战旗下谈判或投降的意图；假装因伤因病而无能力；假装具有平民、非战斗人员的身份；使用联合国或中立国家的记号、标志和制服而假装享有被保护的地位。

一般来说，战争并不禁止计谋和奇袭，例如伪装、假目标、假情报、偷袭等，但禁止使用背信弃义的作战方法。

（六）禁止使用核武器

核武器（nuclear weapen）是使用各种热核原子制造的武器。迄今为止，只有美国在 1945 年 8 月 6 日和 9 日在日本的广岛和长崎使用过核武器。但是这种武器同时具有大规模杀伤性、使人极度痛苦和有毒性、不分皂白性以及可能导致改变环境的性质。可以说是严重违反战争法规的一种武器，为此，联合国大会于 1961 年通过了《关于禁止使用核武器和热核武器宣言》，1978 年联合国大会决议也再一次重申：“使用核武器是违反联合国宪章和对人类犯下的罪行。”这些文件为国际社会禁止使用核武器提供了有效的法律依据。

三 平民和战争受难者的保护

（一）平民的保护

平民（civilian）是指位于交战国领土内而不属于交战双方作战人员的和平居民。

对平民的保护一直是战争法的重点，其理由很简单，战斗人员一般都经过专门的训练，加上战争中战斗人员的防护装备日益精良，而平民既不具备专业的军事知识，也无有效的防护装备，因此，战争中平民的伤亡人数会大大超过军人。第二次世界大战的实践已经证明了这一点。所以，联合国于 1949 年专门制定了一项《关于战时保护平民的日内瓦公约》。其中具体规定了保护平民的措施，如交战各方应当设立医院，安全地带和中立化地带，使平民，特别是伤者和妇孺老弱免受战争灾难。同时，军事占领只是战争进程中的暂时现象，并不决定被占领土的主权归属。占领当局在占领区行使管辖权时，应给予平民人道主义待遇，不得剥夺其生存权，尊重其人格和宗教信仰，不得将其扣为人质或集体惩罚和谋杀，也不得以武力将其驱逐，并应当为平民提供最基本的生存条件等。

这些规定实际上是对第二次世界大战中出现的大规模侵犯人权的现象的一种反思和限制。

（二）对战俘的保护

战俘（prisoner of war）是指在战争或武装冲突中落入敌方权力之下的战斗人员。

对于战俘，除了个别在战争中有破坏战争法规的罪行者外，不能惩罚、不能虐待，应当给予他们合乎人道的待遇和保护，他们应当得到基本的生活条件的保障，他们的自用物品，归他们所有，战俘只能拘禁，不能监禁，如果他们有违法行为，可以采取司法或纪律措施，但应本着从宽的原则，战争停止后，战俘应立即遣返，不得扣留。之上这些规定就是综合了海牙公约和日内瓦公约有关战俘待遇的规定。

（三）对交战者的保护

交战者（beligerent）是指交战双方的正规军、非正规武装部队、侦察兵，但不包括雇佣兵和间谍。交战者在战争或武装冲突中具有合法的地位，受到战争法律的保护。

1. 正规军，是指由政府负责的军事司令部领导下的有组织的武装部队、团体和单位。他们适用战争法规并享有权利和义务，被敌人俘虏时，享受战俘待遇。

2. 非正规武装部队，是指在战争或武装冲突的状态下由一国居民自发组成并直接参加战斗的武装力量，一般包括民兵、义勇军、游击队等。

对于民兵和义勇军，一般要求具备以下条件：（1）有对部下承担责任的指挥官和领导机构；（2）使用由远方可以辨认的标志和徽章；（3）公开携带武器；（4）遵守战争法规。只要遵守以上条件，民兵和义勇军可以享受交战者的待遇。

对于游击队，由于大多从事分散和秘密活动，没有统一的制服，也没有明显的身份标志，所以只要求他们遵守基本的战争法规，并在每次攻击前，在对方能看得见的范围内公开携带武器。但游击队员在落入敌方手中时，常常难以得到战俘待遇。有关游击队的保护问题，国际社会仍在讨论中。

3. 侦察兵是指负有侦察军事情况的使命，身穿军装前往敌方控制区域进行军事活动的作战人员。侦察兵属于合法交战者，如果被俘，可以享受战俘待遇。间谍是指战时经过化装潜入敌方控制区域秘密收集情报或秘密从事地下活动的人员，无论军人、非军事人员、交战国人、中立国人，都可以成为间谍。间谍不是合法的战斗人员，如果被俘，不享受战俘待遇，但应经过审判才能处罚。

四 海战与空战

上述战争法规都是适用于陆战的，在一般情况下，适用于陆战的法规也同样适用于海战和空战，这是战争法的一项原则。但由于海战和空战在作战手段和方法上有其自身的特点，因而各有一些特殊的规则。

（一）海战的特殊规则

海战主要有以下几个方面的特殊规则。

1. 海战的战场和战斗员。海战既可以在交战国的领海内进行，也可以在公海上进行。以公海为战场时，交战各方均不得侵犯中立国的合法权利，也不得妨碍正常的国际航行。

海军部队中包括战斗人员和非战斗人员，不论是编入各类舰艇的还是编入海岸要塞的战斗员均为海战战斗人员，享有合法战斗人员的权利，受战争法规的保护并承担同样的义务。

2. 海战工具。海战中主要的作战工具是军舰。军舰必须隶属于一国海军，具备能辨别所属国国籍的外部标志，由所属国正式军官指挥，配备有服从海军纪律的水兵。在战时，军舰具有交战资格，是进攻的工具和被攻击的目标，受战争法规的约束和保护。

潜艇是军舰的一种，其法律地位与其他军舰相同。1930 年制定的伦敦《限制海军军备公约》规定，潜艇要击沉商船之前，必须预先警告并将商船上的旅客、船员和重要文件安置在安全的地方，否则不能将商船击沉和破坏。

第二次世界大战后，纽伦堡军事法庭曾根据上述规则，对德国的高级潜艇军官判定有罪，因为被告不事先警告以及没有安置旅客就进行攻击。被告曾在庭审中提出自己的辩护观点：潜艇是 20 世纪初产生的一种新武器，潜艇及其艇上官兵的安全是任何一位指挥官的首要考虑的因素，针对潜艇所做出的规则实际上是无法做到的。但是法庭在判决中指出：关于潜艇作战的战争法规明确规定，如果潜艇不能按照规定攻击商船，则应当允许商船不受阻碍地继续航行，新武器本身并不产生要求改变现行国际法的权利。

商船改装成军舰，即具有军舰的地位，但必须纳入海军管辖并具备明显的军舰标志，作战时必须遵守战争法规。武装商船是在船上配置部分防御性武器，并不改变其自身的商船地位，因为它只具有防御性质，但如果武装商船主动攻击敌船，则失去国际法的保护。

3. 海军炮击。根据 1907 年《战时海军轰击公约》的规定：禁止海军炮击未设防的城市、海港、村庄、居民区及建筑物，对军事设施炮击时，应尽力保护一切宗教、艺术、科学、慈善事业所用的建筑物，对历史古迹、医院等设施，不能炮击。

4. 水雷和鱼雷的使用。使用水雷和鱼雷严重威胁国际航运安全和中立国的合法权利，因此，1907 年的《海牙公约》规定：禁止以断绝贸易航行为目的在敌国沿岸和港口敷设水雷，禁止敷设没有系缆的自动触发水雷，禁止发射不中目标后仍有危险的鱼雷，发射鱼雷时应尽力避免威胁海上和平航行的安全。

（二）空战的特殊规则

陆战的一般规则也适用于空战。但空战的主要法律问题是如何限制和减少空中轰炸带来的大规模伤害。由于空战的历史较短，目前尚无有关空战法规的专门条约。综合相关公约来看，有关空战的规则主要有：交战飞机的外部标志和交战资格，禁止使用燃烧性炸弹、禁止轰炸非军事目标等。

第四节　战时中立法

一　战时中立的概念

战时中立（Neutrality in Time of War）是指战争时期非交战国选择的

不参与战争并对交战双方保持不偏不倚立场的法律地位。作为中立国，它不仅以不参加任何一方的战争为条件，还必须对交战各方采取同等对待的态度。

一般来说，一国对他国之间的战争决定采取什么立场，是政治选择的结果而非法律义务，但是一国如果选择了中立立场，就会引起中立国与交战国之间的权利和义务关系，就会受到战争法中的中立法的支配。

战争时期选择中立地位的方式有两种：一种是明示方式即发表中立宣言或声明；另一种是默示方式，即事实上保持中立。中立是指国家的立场，而不是指个人或团体的立场，中立法不直接以中立国的国民或公司为对象。

二 战时中立法

战时中立法就是调整中立国与交战国之间的权利与义务关系的法律规范。战时中立的概念逐渐形成于 17、18 世纪，在此之前，战时中立只是偶有发生，一直到 1907 年海牙会议制定了有关中立的两个公约后，战时中立的法律制度才形成成文化。根据《海牙公约》中的有关规定，交战国与中立国的义务主要表现在三个方面（其权利与对方的义务相对应）。

1. 不作为的义务

对于中立国来说，不作为就是自我约束，即不直接参加任何一方作战，也不支持或援助任何一方。

对于交战国来说，不作为就是不得在中立国领土或管辖区内从事任何的战争行为。

2. 防止的义务

对于中立国来说，防止义务就是防止交战国在其领土或管辖区内进行战争准备以及其他与战争相关的行为，如招募兵员，设立军事设施和据点，运输军需品等。

对于交战国来说，交战国有义务采取措施，防止侵害中立国人民及其外交代表的事件发生，防止其军队从事任何侵犯中立国权益的行为。

3. 容忍的义务

中立国和交战国都应当容忍对方出于正当理由而给自己造成一定损害的行为。例如，中立国必须容忍交战国在战争中依据战争法对中立国的船舶进行临检和搜查，如果有违反战争法规的行为，就可以处罚中立国的国民，并且可以对中立国的船舶进行征用（有偿的）等。

而交战国必须容忍中立国与敌国保持正常的外交和商务关系，容忍中立国对进入其境内的交战国军队实施解除武装、扣留、并给予避难等措施。

三　战时禁制品

战时禁制品（war contraband）是指交战双方禁止运送给敌国的可以增强其战争能力的物品。分为绝对禁制品和相对禁制品两类，前者纯粹属于军事用途的物品，后者是指既可以军用也可以民用的物品。禁制品的清单，可由交战国在战争开始时，以发表宣言的形式公布。无论前者还是后者，都只能以运往敌国目的地为构成战时禁制品的前提条件。如果中立国违反上述规定，绝对禁制品一律没收，相对禁制品视其最终用途而加以处置，凡提供给敌国军队和政府使用的，一律没收，而提供给敌国民用的物品，视情况放行或者有偿征用。

第五节　国际法对战争和武装冲突的限制

一　"诉诸战争权"的限制和战争的废弃

根据传统国际法的理论与实践，战争作为一种推行国家政策和解决国际争端的手段，是合法和被承认的。因此，国家有所谓"诉诸战争权"（jus ad bellum），即使用武力是国家不容置疑的绝对权利。

20世纪以来，战争在国际法中的地位发生了重大变化。1899年海牙和平会议缔结的《和平解决国际争端公约》第一次作出规定，各国应尽力于国际纷争之和平解决，而避免诉诸武力。

第一次世界大战后，各国人民反战的愿望日益高涨，在和平思潮影响下制定的《国际联盟盟约》规定，会员国应承担以和平方式解决国际争端的义务。

1928年，经由法国外长白里安和美国国务卿凯洛格提议，在巴黎举行的各国外长会议上，制定了巴黎《非战公约》（*Anti-war pact*），其全称为《关于废弃战争作为国家政策工具的一般条约》。这是人类历史上第一次以条约形式在法律上禁止了以战争作为推行国家政策的工具。所以该公约在废弃战争的历史进程中起着极其重要的作用。该公约规定：缔结国以各国人民的名义放弃战争作为推行国家政策的工具，并承诺缔约各国之间所发生的一切争端和冲突，不论性质或起因如何，只能用和平方式加以解决。

二　侵略战争是违犯国际法的严重罪行

《非战公约》缔结前后，国际社会普遍谴责侵略战争，大量的双边、多边条约及一些国际文件反映了这种趋势。

1927 年 9 月，国际联盟第 8 次大会一致通过《关于侵略战争的危害宣言》，这是第一次认定侵略战争是国际罪行的国际文件。该宣言指出，战争不能作为解决国际争端的手段，发动侵略战争是一项严重的国际罪行。

1945 年《联合国宪章》明确禁止了战争和非法诉诸武力。《宪章》第 2 条第 4 项规定："各会员国在国际关系上不得使用武力或威胁使用武力，或以与联合国宗旨不符之任何其他方法，侵害任何会员国或国家之领土完整或政治独立。"《宪章》所使用的措词是禁止使用武力或威胁使用武力，而不是"战争"。这就意味着，无论是否存在着战争状态，一切侵略性的武力行为都是非法的。

在实践方面，1946 年的纽伦堡审判和东京审判，确认了侵略战争是严重的国际罪行，并对战争罪犯加以严厉的制裁。

三　关于侵略的定义

由于发动侵略战争是一项严重的国际罪行，所以确定"侵略"的含义就成为一项迫切的任务。然而，从 1950 年联合国大会开始审议该问题，直至 1974 年 12 月 14 日第 29 届联大才通过了一项关于侵略定义的决议，大会建议安理会在判断是否发生了侵略行为时，以该定义为指导。该定义为"侵略是指一个国家使用武力侵犯另一个国家的主权、领土完整或政治独立，或以本定义所宣示的与联合国宪章不符的任何其他方式使用武力"。该定义还列举了应视为侵略的 7 项行为。

1. 一个国家的武装部队侵入或攻击另一国家的领土；或因这种侵入而造成任何军事占领，而不论时间如何短暂；或使用武力吞并另一国家的领土或其一部分。

2. 一个国家的武装部队轰炸另一国家的领土，或对另一国家的领土使用任何武器。

3. 一个国家的武装部队封锁另一国家的港口或海岸。

4. 一个国家的武装部队攻击另一国的陆、海、空军、商船和民用飞机航班。

5. 一个国家违反与另一国家的条约的规定，单方面延长其武装部队在另一国境内的驻扎期间。

6. 一个国家把自己的领土提供给另一国家使用，让该国用来对第三国进行侵略行为。

7. 一个国家或以其名义派遣武装小队、非正规军或雇佣兵，对另一国家进行武力行为，其程度相当于上述所列各项行为，或该国实际卷入了这些行为。

应当说，一个关于侵略的定义是难于将侵略行为的特征包罗无遗的，况且这个定义还存在着严重的缺陷。正如我国代表在联大会议指出的，定义把侵略上限于武装侵略行为而没有包括其他形式的侵略，像领土兼并和扩张、政治干涉和颠覆以及经济控制和掠夺等。而这些也恰恰是当前某些大国推行侵略扩张政策的主要形式。另外，定义中某些条文的含义模糊不清，在适用时时会造成不同理解而产生分歧。

四　国际法不禁止从事合法战争

传统国际法中，将战争按其性质分为正义战争和非正义战争。正义战争（just war）是指为正义的目的而进行的战争；非正义战争（unjust war）是指违背人类进步和正义目的的战争。但这两者的区分并没有明确的统一规定。

现代国际法则按战争是否合法分为合法战争和非法战争。非法战争（unlawful war）是指一国违反普遍公认的国际法原则、国际公约和条约而从事的战争。侵略战争是最典型的非法战争，是国际法所禁止的。而合法战争（lawful war）是国际法所不禁止的战争。1928 年的《非战公约》中就有一项重要的谅解，即公约虽然承诺放弃武力解决国际争端的方式，但这并不意味着有损于各当事国的合法自卫权。1945 年的《联合国宪章》也规定了合法使用武力或进行战争的情况，主要有以下三种。

1. 自卫战争。《宪章》第 51 条规定："联合国任何会员国受武力攻击时，在安理会采取必要的措施……以前，本宪章不得认为禁止行使单独或集体自卫之自然权利。"

2. 民族独立和民族解放战争。自 20 世纪 60 年代以来，联大多次通过决议肯定民族独立和民族解放战争的合法性。1990 年第 45 届联大通过的第 130 号决议指出："重申各国人民为谋求独立、领土完整、民族统一以及从殖民统治、种族隔离和外国占领下获得解放而采取一切手段，包括武装斗争在内，都是合法的。"

3. 联合国安理会授权或采取的行动。《宪章》第 42 条规定：安理会可以采取必要的陆海空军事行为，以维护或恢复国际和平与安全。此外，安理会还可以通过授权给某些国家和区域性组织，以军事行动方式来维护国际和平与安全。

但是，随着国际法的发展，战争已经不再是传统国际法中的国家的固有权利之一，而是一种普遍受到限制的国家行为，特别是发动侵略战争已被确定为破坏国际和平与安全的国际罪行，然而，从长远目标来看，废弃战争成为各国的共同责任，也是一种潮流和趋势。

第六节　战争犯罪及其责任

一　战争犯罪的概念

按照 1945 年的《欧洲国际军事法庭宪章》和 1946 年的《远东国际军事法庭宪章》的规定，战争罪（war criminal）包括以下三种罪行。

1. 危害和平罪，又称反和平罪（crime against peace），即计划、准备、发动、实施侵略战争或参与为实现上述行为的共同计划或同谋。

2. 战争罪（war crime），指违反战争法规与惯例的罪行。包括对平民、战俘的谋杀、虐待，或者杀害人质、掠夺公私财物，任意破坏城市、乡村，或从事非军事必需的破坏。

3. 危害人类罪，又称反人道罪（cime against humanity），指在战争发生前或战争中，对任何平民的谋杀、灭绝、奴化、放逐及其他非人道的行为，或因政治、种族或信仰关系所作的迫害行为，不问其是否违反犯罪地国家的法律。

两个宪章还首次规定，犯有战争罪行的人，无论国家元首或政府部门的负责人，都应承担个人的刑事责任；执行或服从政府或上级的命令，也不能作为免除其责任的理由。

纽伦堡军事法庭的审判工作历时 11 个月，最后判处戈林等 12 人绞刑，赫斯等 7 人有期徒刑，宣布纳粹党、秘密警察和党卫军为犯罪组织。

东京国际军事法庭历时两年半，最后判处东条英机等 7 人绞刑，荒木贞夫等 18 人监禁，其中 16 人判无期徒刑，两人判有期徒刑。

二　惩治战争罪犯的国际法原则

纽伦堡审判（Nuremberg Trial）和东京审判（Tokyo Trial）的实践为现代国际法创建惩治战争罪的制度作出重大贡献，这主要表现在两个方面。

1. 扩大了传统战争犯罪的概念范围。第二次世界大以前，战争罪是一般仅指违反战争法规和惯例的行为，两个宪章增加了另外两种犯罪：危害和平罪和反人道罪，并且在时间范围上扩大到战前而不仅仅限于战争期间。这些规定都使战争犯罪的概念趋于明确、合理和规范。

2. 确立了战争罪犯的个人刑事责任原则。第二次世界大战以前，对战争中的不法行为只追究国家的责任，并且通常是以经济赔偿的方式来承担责任，而个人往往凭借其特殊地位逍遥法外。两个法庭的判决特别指出，违反国际法的罪行是个人作出的，而不是抽象的实体作出的，只有处罚这些个人，国际法的规定才能得到执行。

为了肯定两个法庭的审判，联合国大会于 1946 年 12 月通过第 95 号决议，确认这两次审判所包含的国际法原则。1950 年联合国国际法委员会根据这项决议，把这两个《宪章》和两次审判的判决书所表述的原则加以编纂，编纂后的原则共 7 项，通常称之为“纽伦堡原则”。1967 年和 1968 年，联大又分别通过了《领土庇护宣言》和《战争罪行和危害人类罪不适用法定时效的原则公约》两个文件，又补充了 2 项原则。这些原则共同构成了惩治战争罪犯所适用的国际法原则。这 9 项原则是：

1. 从事战争犯罪行为的人要承担个人责任，并因此应受到刑事处罚；
2. 不违反所在国的国内法不能作为免除国际法责任的理由；
3. 被告的地位不能作为免除国际法责任的理由；
4. 政府或上级的命令不能作为免除国际法责任的理由；
5. 被告有权得到公开和公平的审判；
6. 违反国际法的罪行是反和平罪、战争罪、反人道罪；
7. 共谋上述罪行是违反国际法的罪行；
8. 战争罪犯无权要求庇护；
9. 战争罪犯不适用法定时效原则。

三 前南国际法庭和卢旺达国际法庭

这两个法庭是联合国安理会通过决议分别于1993年6月和1994年11月设立的两个特别法庭。设立这两个法庭的目的是为了起诉和惩治在前南斯拉夫境内和卢旺达境内的武装冲突中犯有严重违反国际人道主义法行为的人，两法庭的性质相同，卢旺达法庭是参照前南法庭而设立的。

1991年前南斯拉夫境内发生内战和武装冲突以来，引起国际社会的普遍关注，联合国安理会不断收到有关前南境内，特别是波黑境内所发生的违反国际人道主义法的报告，安理会设立专家委员会对此进行调查。调查的结果是骇人听闻的，前南境内确实发生了严重违反国际人道主义法的行为：蓄意杀人、种族清洗、大规模屠杀平民、拷打、强奸，破坏平民财产、文化和宗教财产，任意逮捕等。1993年6月，安理会通过了附有《前南国际法庭规约》的第827号决议，成立了前南国际法庭。该法庭成立的法律依据是《联合国宪章》第7章第29条，该条规定："安理会得设立其认为行使职务所必需的辅助机关"。现法庭设于海牙。该法庭由下列机构组成：(1) 分庭，其中包括两个初审分庭和一个上诉分庭；(2) 检察机关；(3) 书记处，该处为分庭的法官和检察机关的检察官服务。案件由初审分庭作为一审，上诉分庭作为二审。法官任期四年，由联大依安理会提出的候选人名单中选出。我国的李浩培教授于1993年9月当选为法官，病逝后，由王铁崖教授继任。

1994年4月，卢旺达发生了大规模的种族灭绝、有计划屠杀平民及其他严重违反国际人道法的行为。联合国安理会在调查后断定，卢旺达境内发生的事件，已经构成对"国际和平与安全的威胁"，于是安理会通过了附有法庭规约的第955号决议，成立了卢旺达国际法庭。其组织结构与前南国际法庭一致。

这两个国际法庭的设立，引起了国际法学界的高度关注。尽管现在来讨论它们对国际法的发展会带来什么样的影响，尚为时过早，但是，在以下几个方面，两个法庭的审判实践已经突破了现有国际法的范围和概念。

1. 两个国际法庭的规约都规定，如果国内法院和国际法庭对案件都有管辖权的情况下，"国际法庭优于国内法院"。

2. 现行的战争法规主要适用于国际武装冲突中的战争罪犯。这两个法庭的设立，开创了由国际法庭审理国内武装冲突中的战争罪犯的先例。

3. 第二次世界大战后确立的“纽伦堡9项原则”原本只适用于国际性的武装冲突中，但这两个国际法庭已经审理的案件清楚地表明了“纽伦堡9项原则”同样适用于非国际性的武装冲突。

这些迹象值得我们关注。

【案例研究】

远东国际军事法庭审判案

【案情简介】

依据1943年的《开罗宣言》、1945年的《波茨坦公告》和日本投降书以及同年的莫斯科会议的宗旨，为审判日本战犯，远东盟军最高统帅部于1946年1月19日公布了《远东国际军事法庭宪章》（以下简称《宪章》）。按照该《宪章》，由中、美、英、苏、澳、法、荷、印、加、新、菲11国各指派一名法官，组成远东国际军事法庭，上述11个国家系本法庭的原告。代表原告起诉的机构是国际检察处。按照《宪章》第8条之规定，由盟军最高统帅部指派检察长对属本法庭管辖内之战争罪犯的控告负调查及起诉之责。任何曾与日本处于战争状态之联合国家得指派陪席检察官一人，以协助检察长。法庭公布《宪章》的同时，季楠被正式任命为检察长。国际检察处列出的被告有：荒木贞夫、土肥原贤二、桥木欣五郎、烟俊天、平治骐一郎、广田弘毅、星野直树、坂恒征四郎、贺屋兴宣、本户本一、木村兵太郎、永野国昭、松井石根、松冈洋右、南次郎、武藤章、永野修男、冈敬纯、大川周明、大岛浩、佐藤贤了、重光葵、岛田繁太郎、白鸟敏夫、铃木贞一、东乡茂德、东条英机、梅津美治郎。

【判决】

法庭于1946年4月29日正式受理国际检察处的起诉，并驳回了被告的异议，依《宪章》规定确定了它的管辖权。经过两年半的审理，法庭在调查了大量证据（有419人出庭作证，书面证据达4 336件）的基础上，逐一驳回了为被告辩护的律师所提出的辩护理由。1948年11月4日，法庭作出了最后判决。被告中除松冈洋右和永野修男在审讯中死亡、大川周明因患精神病而中止受审外，其余25人全部被判为有罪。其中，判处东条英机、广田弘毅、坂垣征四郎、土肥原贤二、松井石根、木村兵太郎、武藤章7人绞刑；判处东乡茂德20年徒刑；判处重光葵7年徒刑；判处其余16名罪犯无期徒刑。

【评析】

远东国际军事法庭的审判和判决，与纽伦堡审判一样，在国际法上，尤其是战争法上是一种历史性的创举，它确立了追究首要战犯的国际刑事责任，这对国际责任法的发展具有十分深远的意义。但是，在应该受到惩罚的战犯中，由于种种原因，许多人逃脱了审判。从日本投降至今，在日本总有一小撮军国主义分子从暗地里到公开、从小打小闹到大规模、有计划有组织地为其侵略战争辩护，试图篡改历史。东京审判铁案如山。它已经证明并且还将证明，发动侵略战争是国际法上最严重的罪行，战争罪犯必须承担国际刑事责任并应受到惩罚。

【拓展与反思】

国际刑事法院管辖权问题

1. 国际刑事法院管辖权的效力依据

国家的某些主权权利和权力在有关国际组织的情况下可以受到限制，或者可以授予或转移于国际组织。作为政府间国际组织，国际刑事法院的国际法律人格是派生的，它包括管辖权在内的一切权力都是由缔约国通过签订《罗马规约》所赋予的。各缔约国制定并签署、批准或加入规约的过程，也是对国际刑事法院权力的授予过程，法院的管辖权实质上来自于国家对其部分主权权利的自愿让渡。所以，国际刑事法院管辖权的效力依据，从形式上看来自《罗马规约》的规定，从实质上看则来源于缔约国主权权利的部分让渡。

2. 国际刑事法院管辖权的管辖职能

根据规约第15条和16条的规定，犯罪案件的调查权和起诉权由检察官独立行使，但要受国际刑事法院预审庭法官和联合国安理会的制约。规约第39条则规定法院的审判职能由预审、审判和上诉三个分庭行使。因此，国际刑事法院对案件的受理包括调查、起诉和审判三个阶段，是一种复合性质的管辖职能。

3. 国际刑事法院行使管辖权的先决条件

根据《罗马规约》第12条第2款的规定，国际刑事法院行使管辖权的先决条件是，只要犯罪发生地国和罪犯国籍国中的任何一国是规约的缔约国，或者以特别声明方式临时接受了法院的管辖权，法院都可以行使管辖权。

4. 国际刑事法院管辖权的行使原则

处理国际刑事法院和缔约国国内法院之间关系的一个重要原则是“一事不再审”。“一事不再审”原则最早起源于罗马共和国时期的民事诉讼，后来也运用于刑事审判，到现在为止已被世界上绝大多数国家所采纳。在国际刑法领域，“一事不再审”也作为一项重要的原则得以确立。对国际刑事法院而言，该原则要求它不得就其已经据以判定某人有罪或无罪的行为再审判该人；已经由另一法院审判的人，除非有特殊情况，不得因同一行为再受到国际刑事法院的审判。对于国内法院而言，已经被国际刑事法院判定有罪或无罪的人，不得因同一犯罪再对其进行审判。

5. 惩治恐怖主义与人权保护

恐怖主义活动作为一种犯罪，极大地侵犯了人权和基本自由，应该给予严厉的惩治。但是，如同在法治原则下惩治所有其他犯罪一样，反对恐怖主义的斗争也必须在法律的框架内进行，不能因为惩治恐怖犯罪而违背法治原则，即使在惩治恐怖犯罪过程中，也应当注意人权的保障。经过战后几十年的发展，国际社会对全世界充分保障人权的努力已深入人心，即使在面对严峻的恐怖主义威胁也不能否认保障人权的重要性。只有依照法律规定惩罚恐怖犯罪，将打击恐怖主义活动纳入法治的轨道，依法惩治恐怖犯罪活动，才能真正实现世界各国和平与发展的目标，也是真正实现人权保护的唯一道路。国际社会为打击恐怖主义采取的措施往往超出了一个国家的范畴，并受到政治、外交因素的直接影响，因而很难严格地贯彻国内法中的一些刑事司法原则，如无罪推定原则、公平审判原则等。但这不能成为否定普遍法律原则的理由，只要把恐怖活动看成是一种犯罪行为，那么，对这种犯罪行为的法律追究也必然地受到法律原则的限制和约束，即使是以战争的方式来处理恐怖主义的问题，也同样要受到国际人道法及国际习惯法的约束。

复习和练习

重点问题

1. 战争和武装冲突的概念。
2. 海牙条约体系禁止或限制的作战手段和方法。
3. 日内瓦条约体系对平民、战俘和伤病员的保护。
4. 战争犯罪的审判和惩处原则。

关键术语

单独或集体自卫　人道主义法　禁止核武器扩散　平民　战斗员　战犯　战争罪　反和平罪　反人道罪

思考题

1. 何谓侵略？关于侵略定义的内容。
2. 简述战争法的特点和作用。
3. 试述“纽伦堡原则”及其意义。
4. 简述人道主义法与战争法的关系。
5. 谈谈你对战争法发展趋势的看法。

附录

联合国宪章

（1945年6月26日签订于旧金山市）

我联合国人民同兹决心欲免后世再遭今代人类两度身历惨不堪言之战祸，重申基本人权，人格尊严与价值，以及男女与大小各国平等权利之信念，创造适当环境，俾克维持正义，尊重由条约与国际法其他渊源而起之义务，久而弗懈，促成大自由中之社会进步及较善之民生，并为达此目的力行容恕，彼此以善邻之道，和睦相处，集中力量，以维持国际和平及安全，接受原则，确立方法，以保证非为公共利益，不得使用武力，运用国际机构，以促成全球人民经济及社会之进展，用是发愤立志，务当同心协力，以竟厥功。

爰由我各本国政府，经齐集金山市之代表各将所奉全权证书，互相校阅，均属妥善，议定本联合国宪章，并设立国际组织，定名联合国。

第一章　宗旨及原则

第一条　联合国之宗旨为：

一、维持国际和平及安全；并为此目的：采取有效集体办法，以防止且消除对于和平之威胁，制止侵略行为或其他和平之破坏；并以和平方法且依正义及国际法之原则，调整或解决足以破坏和平之国际争端或情势。

二、发展国际间以尊重人民平等权利及自决原则为根据之友好关系，并采取其他适当办法，以增强普遍和平。

三、促成国际合作，以解决国际间属于经济、社会、文化及人类福利性质之国际问题，且不分种族、性别、语言或宗教，增进并激励对于全体人类之人权及基本自由之尊重。

四、构成一协调各国行动之中心，以达成上述共同目的。

第二条　为求实现第一条所述各宗旨起见，本组织及其会员国应遵行下列原则：

一、本组织系基于各会员国主权平等之原则。

二、各会员国应一秉善意，履行其依本宪章所担负之义务，以保证全体会员国由加入本组织而发生之权益。

三、各会员国应以和平方法解决其国际争端，俾免危及国际和平、安全及正义。

四、各会员国在其国际关系上不得使用威胁或武力，或以与联合国宗旨不符之任何其他方法，侵害任何会员国或国家之领土完整或政治独立。

五、各会员国对于联合国依本宪章规定而采取之行动，应尽力予以协助，联合国对于任何国家正在采取防止或执行行动时，各会员国对该国不得给予协助。

六、本组织在维持国际和平及安全之必要范围内，应保证非联合国会员国遵行上述原则。

七、本宪章不得认为授权联合国干涉在本质上属于任何国家国内管辖之事件，且并不要求会员国将该项事件依本宪章提请解决；但此项原则不妨碍第七章内执行办法之适用。

第二章　会员

第三条　凡曾经参加金山联合国国际组织会议或前此曾签字于一九四二年一月一日联合国宣言之国家，签订本宪章，且依宪章第一百一十条规定而予以批准者，均为联合国之创始会员国。

第四条

一、凡其他爱好和平之国家，接受本宪章所载之义务，经本组织认为确能并愿意履行该项义务者，得为联合国会员国。

二、准许上述国家为联合国会员国，将由大会经安全理事会之推荐以决议行之。

第五条　联合国会员国，业经安全理事会对其采取防止或执行行动者，大会经安全理事会之建议，得停止其会员权利及特权之行使。此项权利及特权之行使，得由安全理事会恢复之。

第六条　联合国之会员国中，有屡次违犯本宪章所载之原则者，大会经安全理事会之建议，得将其由本组织除名。

第三章　机关

第七条

一、兹设联合国之主要机关如下：大会；安全理事会；经济及社会理事会；托管理事会；国际法院及秘书处。

二、联合国得依本宪章设立认为必需之辅助机关。

第八条　联合国对于男女均得在其主要及辅助机关在平等条件之下，充任任何职务，不得加以限制。

第四章　大会

组织

第九条

一、大会由联合国所有会员国组织之。

二、每一会员国在大会之代表，不得超过五人。

职权

第十条

大会得讨论本宪章范围内之任何问题或事项，或关于本宪章所规定任何机关之职权；并除第十二条所规定外，得向联合国会员国或安全理事会或兼向两者，提出对各该问题或事项之建议。

第十一条

一、大会得考虑关于维持国际和平及安全之合作之普通原则，包括军缩及军备管制之原则；并得向会员国或安全理事会或兼向两者提出对于该项原则之建议。

二、大会得讨论联合国任何会员国或安全理事会或非联合国会员国依第三十五条第二项之规定向大会所提关于维持国际和平及安全之任何问题；除第十二条所规定外，并得向会员国或安全理事会或兼向两者提出对于各该项问题之建议。凡对于需要行动之各该项问题，应由大会于讨论前或讨论后提交安全理事会。

三、大会对于足以危及国际和平与安全之情势，得提请安全理事会注意。

四、本条所载之大会权力并不限制第十条之概括范围。

第十二条

一、当安全理事会对于任何争端或情势，正在执行本宪章所授予该会之职务时，大会非经安全理事会请求，对于该项争端或情势，不得提出任何建议。

二、秘书长经安全理事会之同意，应于大会每次会议时，将安全理事会正在处理中关于维持国际和平及安全之任何事件，通知大会；于安全理事会停止处理该项事件时，亦应立即通知大会，或在大会闭会期内通知联合国会员国。

第十三条

一、大会应发动研究，并作成建议：

（子）以促进政治上之国际合作，并提倡国际法之逐渐发展与编纂。

（丑）以促进经济、社会、文化、教育及卫生各部门之国际合作，且不分种族、性别、语言或宗教，助成全体人类之人权及基本自由之实现。

二、大会关于本条第一项（丑）款所列事项之其他责任及职权，于第九章及第十章中规定之。

第十四条

大会对于其所认为足以妨害国际间公共福利或友好关系之任何情势，不论其起源如何，包括由违反本宪章所载联合国之宗旨及原则而起之情势，得建议和平调整办法，但以不违背第十二条之规定为限。

第十五条

一、大会应收受并审查安全理事会所送之常年及特别报告；该项报告应载有安全理事会对于维持国际和平及安全所已决定或施行之办法之陈述。

二、大会应收受并审查联合国其他机关所送之报告。

第十六条

大会应执行第十二章及第十三章所授予关于国际托管制度之职务，包括关于非战略防区托管协定之核准。

第十七条

一、大会应审核本组织之预算。

二、本组织之经费应由各会员国依照大会分配限额担负之。

三、大会应审核经与第五十七条所指各种专门机关订定之任何财政及预算办法，并应审查该项专门机关之行政预算，以便向关系机关提出建议。

投票

第十八条

一、大会之每一会员国，应有一个投票权。

二、大会对于重要问题之决议应以到会及投票之会员国三分之二多数决定之。此项问题应包括：关于维持国际和平及安全之建议，安全理事会非常任理事国之选举，经济及社会理事会理事国之选举，依第八十六条第一项（寅）款所规定托管理事会理事国之选举，对于新会员国加入联合国之准许，会员国权利及特权之停止，会员国之除名，关于施行托管制度之问题，以及预算问题。

三、关于其他问题之决议，包括另有何种事项应以三分之二多数决定之问题，应以到会及投票之会员国过半数决定之。

第十九条

凡拖欠本组织财政款项之会员国，其拖欠数目如等于或超过前两年所应缴纳之数目时，即丧失其在大会投票权。大会如认拖欠原因，确由于该会员国无法控制之情形者，得准许该会员国投票。

程序

第二十条

大会每年应举行常会，并于必要时，举行特别会议。特别会议应由秘书长经安全理事会或联合国会员国过半数之请求召集之。

第二十一条

大会应自行制定其议事规则。大会应选举每次会议之主席。

第二十二条

大会得设立其认为于行使职务所必需之辅助机关。

第五章　安全理事会

组织

第二十三条

一、安全理事会以联合国十五会员国组织之。中华民国、法兰西、苏维埃社会主义共和国联盟、大不列颠及北爱尔兰联合王国及美利坚合众国应为安全理事会常任理事国。大会应选举联合国其他十会员国为安全理事会非常任理事国，选举时首宜充分斟酌联合国各会员国于维持国际和平与安全及本组织其余各宗旨上之贡献，并宜充分斟酌地域上之公匀分配。

二、安全理事会非常任理事国任期定为两年。安全理事会理事国自十一国增至十五国后第一次选举非任理事国时，所增四国中两国之任期应为一年。任满之理事国不得即行连选。

三、安全理事会每一理事国应有代表一人。

职权

第二十四条

一、为保证联合国行动迅速有效起见，各会员国将维持国际和平及安全之主要责任，授予安全理事会，并同意安全理事会于履行此项责任下之职务时，即系代表各会员国。

二、安全理事会于履行此项职务时，应遵照联合国之宗旨及原则。为履行此项职务而授予安全理事会之特定权力，于本宪章第六章、第七章、第八章及第十二章内规定之。

三、安全理事会应将常年报告、并于必要时将特别报告，提送大会审查。

第二十五条

联合国会员国同意依宪章之规定接受并履行安全理事会之决议。

第二十六条

为促进国际和平及安全之建立及维持，以尽量减少世界人力及经济资源之消耗于军备起见，安全理事会借第四十七条所指之军事参谋团之协助，应负责拟具方案，提交联合国会员国，以建立军备管制制度。

投票

第二十七条

一、安全理事会每一理事国应有一个投票权。

二、安全理事会关于程序事项之决议，应以九理事国之可决票表决之。

三、安全理事会对于其他一切事项之决议，应以九理事国之可决票包括全体常任理事国之同意票表决之；但对于第六章及第五十二条第三项内各事项之决议，争端当事国不得投票。

程序

第二十八条

一、安全理事会之组织，应以使其能继续不断行使职务为要件。为此目的，安全理事会之各理事国应有常驻本组织会所之代表。

二、安全理事会应举行定期会议，每一理事国认为合宜时得派政府大员或其他特别指定之代表出席。

三、在本组织会所以外，安全理事会得在认为最能便利其工作之其他地点举行会议。

第二十九条

安全理事会得设立其认为于行使职务所必需之辅助机关。

第三十条

安全理事会应自行制定其议事规则，包括其推选主席之方法。

第三十一条

在安全理事会提出之任何问题，经其认为对于非安全理事会理事国之联合国任何会员国之利益有特别关系时，该会员国得参加讨论，但无投票权。

第三十二条

联合国会员国而非为安全理事会之理事国，或非联合国会员国之国家，如于安全理事会考虑中之争端为当事国者，应被邀参加关于该项争端之讨论，但无投票权。安全理事会应规定其所认为公平之条件，以便非联合国会员国之国家参加。

第六章 争端之和平解决

第三十三条

一、任何争端之当事国，于争端之继续存在足以危及国际和平与安全之维持时，应尽先以谈判、调查、调停、和解、公断、司法解决、区域机关或区域办法之利用，或各该国自行选择之其他和平方法，求得解决。

二、安全理事会认为必要时，应促请各当事国以此项方法，解决其争端。

第三十四条

安全理事会得调查任何争端或可能引起国际摩擦或惹起争端之任何情势，以断定该项争端或情势之继续存在是否足以危及国际和平与安全之维持。

第三十五条

一、联合国任何会员国得将属于第三十四条所指之性质之任何争端或情势，提请安全理事会或大会注意。

二、非联合国会员国之国家如为任何争端之当事国时，经预先声明就该争端而言接受本宪章所规定和平解决之义务后，得将该项争端，提请大会或安全理事会注意。

三、大会关于按照本条所提请注意事项之进行步骤，应遵守第十一条及第十二条之规定。

第三十六条

一、属于第三十三条所指之性质之争端或相似之情势，安全理事会在任何阶段，得建议适当程序或调整方法。

二、安全理事会对于当事国为解决争端业经采取之任何程序，理应予以考虑。

三、安全理事会按照本条作成建议时，同时理应注意凡具有法律性质之争端，在原则上，理应由当事国依国际法院规约之规定提交国际法院。

第三十七条

一、属于第三十三条所指之性质之争端，当事国如未能依该条所示方法解决时，应将该项争端提交安全理事会。

二、安全理事会如认为该项争端之继续存在，在事实上足以危及国际和平与安全之维持时，应决定是否当依第三十六条采取行动或建议其所认为适当之解决条件。

第三十八条

安全理事会如经所有争端当事国之请求，得向各当事国作成建议，以求争端之和平解决，但以不妨碍第三十三条至第三十七条之规定为限。

第七章　对于和平之威胁、和平之破坏及侵略行为之应付办法

第三十九条

安全理事会应断定任何和平之威胁、和平之破坏或侵略行为之是否存在，并应作成建议或抉择依第四十一条及第四十二条规定之办法，以维持或恢复国际和平及安全。

第四十条

为防止情势之恶化，安全理事会在依第三十九条规定作成建议或决定办法以前，得促请关系当事国遵行安全理事会所认为必要或合宜之临时办法。此项临时办法并不妨碍关系当事国之权利、要求或立场。安全理事会对于不遵行此项临时办法之情形，应予适当注意。

第四十一条

安全理事会得决定所应采武力以外之办法，以实施其决议，并得促请联合国会员国执行此项办法。此项办法得包括经济关系、铁路、海运、航空、邮电、无线电及其他交通工具之局部或全部停止，以及外交关系之断绝。

第四十二条

安全理事会如认第四十一条所规定之办法为不足或已经证明为不足时，得采取必要之空海陆军行动，以维持或恢复国际和平及安全。此项行动得包括联合国会员国之空海陆军示威、封锁及其他军事举动。

第四十三条

一、联合国各会员国为求对于维持国际和平及安全有所贡献起见，担任于安全理事会发令时，并依特别协定，供给为维持国际和平及安全所必需之军队、协助及便利，包括过境权。

二、此项特别协定应规定军队之数目及种类，其准备程度及一般驻扎地点，以及所供便利及协助之性质。

三、此项特别协定应以安全理事会之主动，尽速议定。此项协定应由安全理事会与会员国或由安全理事会与若干会员国之集团缔结之，并由签字国各依其宪法程序批准之。

第四十四条

安全理事会决定使用武力时，于要求非安全理事会会员国依第四十三条供给军队以履行其义务之前，如经该会员国请求，应请其遣派代表，参加安全理事会关于使用其军事部队之决议。

第四十五条

为使联合国能采取紧急军事办法起见，会员国应将其本国空军部队为国际共同执行行动随时供给调遣。此项部队之实力与准备之程度，及其共同行动之计划，应由安全理事会以军事参谋团之协助，在第四十三条所指之特别协定范围内决定之。

第四十六条

武力使用之计划应由安全理事会以军事参谋团之协助决定之。

第四十七条

一、兹设立军事参谋团，以便对于安全理事会维持国际和平及安全之军事需要问题，对于受该会所支配军队之使用及统率问题，对于军备之管制及可能之军缩问题，向该会贡献意见并予以协助。

二、军事参谋团应由安全理事会各常任理事国之参谋总长或其代表组织之。联合国任何会员国在该团未有常任代表者，如于该团责任之履行在效率上必须该国参加其工作时，应由该团邀请参加。

三、军事参谋团在安全理事会权力之下，对于受该会所支配之任何军队，负战略上之指挥责任；关于该项军队之统率问题，应待以后处理。

四、军事参谋团，经安全理事会之授权，并与区域内有关机关商议后、得设立区域分团。

第四十八条

一、执行安全理事会为维持国际和平及安全之决议所必要之行动，应由联合国全体会员国或由若干会员国担任之，一依安全理事会之决定。

二、此项决议应由联合国会员国以其直接行动及经其加入为会员之有关国际机关之行动履行之。

第四十九条

联合国会员国应通力合作，彼此协助，以执行安全理事会所决定之办法。

第五十条

安全理事会对于任何国家采取防止或执行办法时，其他国家，不论其是否为联合国会员国，遇有因此项办法之执行而引起之特殊经济问题者，应有权与安全理事会协商解决此项问题。

第五十一条

联合国任何会员国受武力攻击时，在安全理事会采取必要办法，以维持国际和平及安全以前，本宪章不得认为禁止行使单独或集体自卫之自然权利。会员国因行使此项自卫权而采取之办法，应立向安全理事会报告，此项办法于任何方面不得影响该会按照本宪章随时采取其所认为必要行动之权责，以维持或恢复国际和平及安全。

第八章 区域办法

第五十二条

一、本宪章不得认为排除区域办法或区域机关、用以应付关于维持国际和平及安全而宜于区域行动之事件者；但以此项办法或机关及其工作与联合国之宗旨及原则符合者为限。

二、缔结此项办法或设立此项机关之联合国会员国，将地方争端提交安全理事会以前，应依该项区域办法，或由该项区域机关，力求和平解决。

三、安全理事会对于依区域办法或由区域机关而求地方争端之和平解决，无论其系由关系国主动，或由安全理事会提交者，都应鼓励其发展。

四、本条绝不妨碍第三十四条及第三十五条之适用。

第五十三条

一、安全理事会对于职权内之执行行动，在适当情形下，应利用此项区域办法或区域机关。如无安全理事会之授权，不得依区域办法或由区域机关采取任何执行行动；但关于依第一百零七条之规定对付本条第二项所指之任何敌国之步骤，或在区域办法内所取防备此等国家再施其侵略政策之步骤，截至本组织经各关系政府之请求，对于此等国家之再次侵略，能担负防止责任时为止，不在此限。

二、本条第一项所称敌国系指第二次世界大战中为本宪章任何签字国之敌国而言。

第五十四条

关于为维持国际和平及安全起见，依区域办法或由区域机关所已采取或正在考虑之行动，不论何时应向安全理事会充分报告之。

第九章 国际经济及社会合作

第五十五条

为造成国际间以尊重人民平等权利及自决原则为根据之和平友好关系所必要之安定及福利。

条件起见，联合国应促进：

（子）较高之生活程度，全民就业及经济与社会进展。

（丑）国际间经济、社会、卫生及有关问题之解决；国际间文化及教育合作。

（寅）全体人类之人权及基本自由之普遍尊重与遵守，不分种族、性别、语言或宗教。

第五十六条

各会员国担允采取共同及个别行动与本组织合作，以达成第五十五条所载之宗旨。

第五十七条

一、由各国政府间协定所成立之各种专门机关，依其组织约章之规定，于经济、社会、文化、教育、卫生及其他有关部门负有广大国际责任者，应依第六十三条之规定使与联合国发生关系。

二、上述与联合国发生关系之各专门机关，以下简称专门机关。

第五十八条

本组织应作成建议，以调整各专门机关之政策及工作。

第五十九条

本组织应于适当情形下，发动各关系国间之谈判，以创设为达成第五十五条规定宗旨所必要之新专门机关。

第六十条

履行本章所载本组织职务之责任，属于大会及大会权力下之经济及社会理事会。为此目的，该理事会应有第十章所载之权力。

第十章　经济及社会理事会

组织

第六十一条

一、经济及社会理事会由大会选举联合国五十四会员国组织之。

二、除第三项所规定外，经济及社会理事会每年选举理事九国，任期三年。任满之理事国得即行连选。

三、经济及社会理事会理事国自十八国增至二十七国后第一次选举时，除选举理事六国接替任期在该年年终届满之理事国外，应另增选理事九国。增选之理事九国中，三国任期一年，另三国任期两年，一依大会所定办法。

四、经济及社会理事会之每一理事国应有代表一人。

职权

第六十二条

一、经济及社会理事会得作成或发动关于国际经济、社会、文化、教育、卫生及其他有关事项之研究及报告；并得向大会、联合国会员国及关系专门机关提出关于此种事项之建议案。

二、本理事会为增进全体人类之人权及基本自由之尊重及维护起见，得作成建议案。

三、本理事会得拟具关于其职权范围内事项之协约草案，提交大会。

四、本理事会得依联合国所定之规则召集本理事会职务范围以内事项之国际会议。

第六十三条

一、经济及社会理事会得与第五十七条所指之任何专门机关订立协定，订明关系专门机关与联合国发生关系之条件。该项协定须经大会之核准。

二、本理事会，为调整各种专门机关之工作，得与此种机关会商并得向其提出建议，并得向大会及联合国会员国建议。

第六十四条

一、经济及社会理事会得取适当步骤，以取得专门机关之经常报告。本理事会得与联合国会员国及专门机关商定办法，俾就实施本理事会之建议及大会对于本理事会职权范围内事项之建议所采之步骤，取得报告。

二、本理事会得将对于此项报告之意见提送大会。

第六十五条

经济及社会理事会得向安全理事会供给情报，并因安全理事会之邀请，予以协助。

第六十六条

一、经济及社会理事会应履行其职权范围内关于执行大会建议之职务。

二、经大会之许可，本理事会得应联合国会员国或专门机关之请求，供其服务。

三、本理事会应履行本宪章他章所特定之其他职务，以及大会所授予之职务。

投票

第六十七条

一、经济及社会理事会每一理事国应有一个投票权。

二、本理事会之决议，应以到会及投票之理事国过半数表决之。

程序

第六十八条

经济及社会理事会应设立经济与社会部门及以提倡人权为目的之各种委员会，并得设立于行使职务所必需之其他委员会。

第六十九条

经济及社会理事会应请联合国会员国参加讨论本理事会对于该国有特别关系之任何事件，但无投票权。

第七十条

经济及社会理事会得商定办法使专门机关之代表无投票权而参加本理事会及本理事会所设各委员会之讨论，或使本理事会之代表参加此项专门机关之讨论。

第七十一条

经济及社会理事会得采取适当办法，俾与各种非政府组织会商有关于本理事会职权范围内之事件。此项办法得与国际组织商定之，关于适当情形下，经与关系联合国会员国会商后，得与该国国内组织商定之。

第七十二条

一、经济及社会理事会应自行制定其议事规则，包括其推选主席之方法。

二、经济及社会理事会应依其规则举行必要之会议。此项规则应包括因理事国过半数之请求而召集会议之条款。

第十一章　关于非自治领土之宣言

第七十三条

联合国各会员国，于其所负有或担承管理责任之领土，其人民尚未臻自治之充分程度者，承认以领土居民之福利为至上之原则，并接受在本宪章所建立之国际和平及安全制度下，以充量增进领土居民福利之义务为神圣之信托，且为此目的：

（子）于充分尊重关系人民之文化下，保证其政治、经济、社会及教育之进展，予以公平待遇，且保障其不受虐待。

（丑）按各领土及其人民特殊之环境及其进化之阶段，发展自治；对各该国人民之政治愿望，予以适当之注意；并助其自由政治制度之逐渐发展。

（寅）促进国际和平及安全。

（卯）提倡建设计划，以求进步；奖励研究；各国彼此合作，并于适当之时间及场合与专门国际团体合作，以求本条所载社会、经济及科学目的之实现。

（辰）在不违背安全及宪法之限制下，按时将关于各会员国分别负责管理领土内之经济、社会及教育情形之统计及具有专门性质之情报，递送秘书长，以供参考。本宪章第十二章及第十三章所规定之领土，不在此限。

第七十四条

联合国各会员国共同承诺对于本章规定之领土，一如对于本国区域，其政策必须以善邻之道奉为圭臬；并于社会、经济及商业上，对世界各国之利益及幸福，予以充分之注意。

第十二章　国际托管制度

第七十五条

联合国在其权力下，应设立国际托管制度，以管理并监督凭此后个别协定而置于该制度下之领土。此项领土以下简称托管领土。

第七十六条

根据本宪章第一条所载联合国之宗旨，托管制度之基本目的应为：

（子）促进国际和平及安全。

（丑）增进托管领土居民之政治、经济、社会及教育之进展；并以适合各领土及其人民之特殊情形及关系人民自由表示之愿望为原则，且按照各托管协定之条款，增进其趋向自治或独立之逐渐发展。

（寅）不分种族、性别、语言或宗教，提倡全体人类之人权及基本自由之尊重，并激发世界人民互相维系之意识。

（卯）于社会、经济及商业事件上，保证联合国全体会员国及其国民之平等待遇，及各该国民于司法裁判上之平等待遇，但以不妨碍上述目的之达成，且不违背第八十条之规定为限。

第七十七条

一、托管制度适用于依托管协定所置于该制度下之下列各种类之领土：

（子）现在委任统治下之领土。

（丑）因第二次世界大战结果或将自敌国割离之领土。

（寅）负管理责任之国家自愿置于该制度下之领土。

二、关于上列种类中之何种领土将置于托管制度之下，及其条件，为此后协定所当规定之事项。

第七十八条

凡领土已成为联合国之会员国者，不适用托管制度；联合国会员国间之关系，应基于尊重主权平等之原则。

第七十九条

置于托管制度下之每一领土之托管条款，及其更改或修正，应由直接关系各国、包括联合国之会员国而为委任统治地之受托国者，予以议定，其核准应依第八十三条及第八十五条之规定。

第八十条

一、除依第七十七条、第七十九条及第八十一条所订置各领土于托管制度下之个别托管协定另有议定外，并在该项协定未经缔结以前，本章任何规定绝对不得解释为以任何方式变更任何国家或人民之权利、或联合国会员国个别签订之现有国际约章之条款。

二、本条第一项不得解释为对于依第七十七条之规定而订置委任统治地或其他领土于托管制度下之协定，授以延展商订之理由。

第八十一条

凡托管协定均应载有管理领土之条款，并指定管理托管领土之当局。该项当局，以下简称管理当局，得为一个或数个国家，或为联合国本身。

第八十二条

于任何托管协定内，得指定一个或数个战略防区，包括该项协定下之托管领土之一部或全部，但该项协定并不妨碍依第四十三条而订立之任何特别协定。

第八十三条

一、联合国关于战略防区之各项职务，包括此项托管协定条款之核准及其更改或修正，应由安全理事会行使之。

二、第七十六条所规定之基本目的，适用于每一战略防区之人民。

三、安全理事会以不违背托管协定之规定且不妨碍安全之考虑为限，应利用托管理事会之协助，以履行联合国托管制度下关于战略防区内之政治、经济、社会及教育事件之职务。

第八十四条

管理当局有保证托管领土对于维持国际和平及安全尽其本分之义务。该当局为此目的得利用托管领土之志愿军、便利及协助，以履行该当局对于安全理事会所负关于此点之义务，并以实行地方自卫，且在托管领土内维持法律与秩序。

第八十五条

一、联合国关于一切非战略防区托管协定之职务，包括此项托管协定条款之核准及其更改或修正，应由大会行使之。

二、托管理事会于大会权力下，应协助大会履行上述之职务。

第十三章 托管理事会

组织

第八十六条

一、托管理事会应由下列联合国会员国组织之：

（子）管理托管领土之会员国。

（丑）第二十三条所列名之国家而现非管理托管领土者。

（寅）大会选举必要数额之其他会员国，任期三年，俾使托管理事会理事国之总数，于联合国会员国中之管理托管领土者及不管理者之间，得以平均分配。

二、托管理事会之每一理事国应指定一特别合格之人员，以代表之。

职权

第八十七条

大会及在其权力下之托管理事会于履行职务时得：

（子）审查管理当局所送之报告。

（丑）会同管理当局接受并审查请愿书。

（寅）与管理当局商定时间，按期视察各托管领土。

（卯）依托管协定之条款，采取上述其他行动。

第八十八条

托管理事会应拟定关于各托管领土居民之政治、经济、社会及教育进展之问题单；就大会职权范围内，各托管领土之管理当局应根据该项问题单向大会提出常年报告。

投票

第八十九条

一、托管理事会之每一理事国应有一个投票权。

二、托管理事会之决议应以到会及投票之理事国过半数表决之。

程序

第九十条

一、托管理事会应自行制定其议事规则，包括其推选主席之方法。

二、托管理事会应依其所定规则，举行必要之会议。此项规则应包括关于经该会理事国过半数之请求而召集会议之规定。

第九十一条

托管理事会于适当时，应利用经济及社会理事会之协助，并对于各关系事项，利用专门机关之协助。

第十四章　国际法院

第九十二条

国际法院为联合国之主要司法机关，应依所附规约执行其职务。该项规约系以国际常设法院之规约为根据并为本宪章之构成部分。

第九十三条

一、联合国各会员国为国际法院规约之当然当事国。

二、非联合国会员国之国家得为国际法院规约当事国之条件，应由大会经安全理事会之建议就个别情形决定之。

第九十四条

一、联合国每一会员国为任何案件之当事国者，承诺遵行国际法院之判决。

二、遇有一处不履行依法院判决应负之义务时，他处得向安全理事会申诉。安全理事会如认为必要时，得作成建议或决定应采办法，以执行判决。

第九十五条

本宪章不得认为禁止联合国会员国依据现有或以后缔结之协定，将其争端托付其他法院解决。

第九十六条

一、大会或安全理事会对于任何法律问题得请国际法院发表咨询意见。

二、联合国其他机关及各种专门机关，对于其工作范围内之任何法律问题，得随时以大会之授权，请求国际法院发表咨询意见。

第十五章　秘书处

第九十七条

秘书处置秘书长一人及本组织所需之办事人员若干人。秘书长应由大会经安全理事会之推荐委派之。秘书长为本组织之行政首长。

第九十八条

秘书长在大会、安全理事会、经济及社会理事会及托管理事会之一切会议，应以秘书长资格行使职务，并应执行各该机关所托付之其他职务。秘书长应向大会提送关于本组织工作之常年报告。

第九十九条

秘书长得将其所认为可能威胁国际和平及安全之任何事件，提请安全理事会注意。

第一百条

一、秘书长及办事人员于执行职务时，不得请求或接受本组织以外任何政府或其他当局之训示，并应避免足以妨碍其国际官员地位之行动。秘书长及办事人员专对本组织负责。

二、联合国各会员国承诺尊重秘书长及办事人员责任之专属国际性，决不设法影响其责任之履行。

第一百零一条

一、办事人员由秘书长依大会所定章程委派之。

二、适当之办事人员应长期分配于经济及社会理事会、托管理事会，并于必要时，分配于联合国其他之机关。此项办事人员构成秘书处之一部。

三、办事人员之雇用及其服务条件之决定，应以求达效率、才干及忠诚之最高标准为首要考虑。征聘办事人员时，于可能范围内，应充分注意地域上之普及。

第十六章 杂项条款

第一百零二条

一、本宪章发生效力后，联合国任何会员国所缔结之一切条约及国际协定应尽速在秘书处登记，并由秘书处公布之。

二、当事国对于未经依本条第一项规定登记之条约或国际协定，不得向联合国任何机关援引之。

第一百零三条

联合国会员国在本宪章下之义务与其依任何其他国际协定所负之义务有冲突时，其在本宪章下之义务应居优先。

第一百零四条

本组织于每一会员国之领土内，应享受于执行其职务及达成其宗旨所必需之法律行为能力。

第一百零五条

一、本组织于每一会员国之领土内，应享受于达成其宗旨所必需之特权及豁免。

二、联合国会员国之代表及本组织之职员，亦应同样享受于其独立行使关于本组织之职务所必需之特权及豁免。

三、为明定本条第一项及第二项之施行细则起见，大会得作成建议，或为此目的向联合国会员国提议协约。

第十七章 过渡安全办法

第一百零六条

在第四十三条所称之特别协定尚未生效，因而安全理事会认为尚不得开始履行第四十二条所规定之责任前，一九四三年十月三十日在莫斯科签订四国宣言之当事国及法兰西应依该宣言第五项之规定，互相洽商，并于必要时，与联合国其他会员国洽商，以代表本组织采取为维持国际和平及安全宗旨所必要之联合行动。

第一百零七条

本宪章并不取消或禁止负行动责任之政府对于在第二次世界大战中本宪

章任何签字国之敌国因该次战争而采取或受权执行之行动。

第十八章 修正

第一百零八条

本宪章之修正案经大会会员国三分之二表决并由联合国会员国三分之二、包括安全理事会全体常任理事国，各依其宪法程序批准后，对于联合国所有会员国发生效力。

第一百零九条

一、联合国会员国，为检讨本宪章，得以大会会员国三分之二表决，经安全理事会任何九个理事国之表决，确定日期及地点举行全体会议。联合国每一会员国在全体会议中应有一个投票权。

二、全体会议以三分之二表决所建议对于宪章之任何更改，应经联合国会员国三分之二、包括安全理事会全体常任理事国，各依其宪法程序批准后，发生效力。

三、如于本宪章生效后大会第十届年会前，此项全体会议尚未举行时，应将召集全体会议之提议列入大会该届年会之议事日程；如得大会会员国过半数及安全理事会任何七理事国之表决，此项会议应即举行。

第十九章 批准及签字

第一百一十条

一、本宪章应由签字国各依其宪法程序批准之。

二、批准书应交存美利坚合众国政府。该国政府应于每一批准书交存时通知各签字国，如本组织秘书长业经委派时，并应通知秘书长。

三、一俟美利坚合众国政府通知已有“中华民国”、法兰西、苏维埃社会主义共和国联盟、大不列颠及北爱尔兰联合王国与美利坚合众国以及其他签字国之过半数将批准书交存时，本宪章即发生效力。美利坚合众国政府应拟就此项交存批准之议定书并将副本分送所有签字国。

四、本宪章签字国于宪章发生效力后批准者，应自其各将批准书交存之日起为联合国之创始会员国。

第一百一十一条

本宪章应留存美利坚合众国政府之档库，其中、法、俄、英及西文各本同一作准。该国政府应将正式副本分送其他签字国政府。

为此联合国各会员国政府之代表谨签字于本宪章，以昭信守。

经济、社会和文化权利国际公约

（联合国大会1966年12月16日通过，
1976年1月3日生效）

本公约缔约各国，考虑到，按照联合国宪章所宣布的原则，对人类家庭所有成员的固有尊严及其平等的和不移的权利的承认，乃是世界自由、正义与和平的基础，确认这些权利是源于人身的固有尊严，确认，按照世界人权宣言，只有在创造了使人可以享有其经济、社会及文化权利，正如享有其公民和政治权利一样的条件的情况下，才能实现自由人类享有免于恐惧和匮乏的自由的理想，考虑到各国根据联合国宪章负有义务促进对人的权利和自由的普遍尊重和遵行，认识到个人对其他个人和对他所属的社会负有义务，应为促进和遵行本公约所承认的权利而努力，兹同意下述各条：

第一部分

第一条

一、所有人民都有自决权。他们凭这种权利自由决定他们的政治地位，并自由谋求他们的经济、社会和文化的发展。

二、所有人民得为他们自己的目的自由处置他们的天然财富和资源，而不损害根据基于互利原则的国际经济合作和国际法而产生的任何义务。在任何情况下不得剥夺一个人民自己的生存手段。

三、本公约缔约各国，包括那些负责管理非自治领土和托管领土的国家，应在符合联合国宪章规定的条件下，促进自决权的实现，并尊重这种权利。

第二部分

第二条

一、每一缔约国家承担尽最大能力个别采取步骤或经由国际援助和合作，特别是经济和技术方面的援助和合作，采取步骤，以便用一切适当方法，尤其包括用立法方法，逐渐达到本公约中所承认的权利的充分实现。

二、本公约缔约各国承担保证，本公约所宣布的权利应予普遍行使，而不得有例如种族、肤色、性别、语言、宗教、政治或其他见解、国籍或社会出身、财产、出生或其他身份等任何区分。

三、发展中国家，在适当顾及到人权及它们的民族经济的情况下，得决定它们对非本国国民的享受本公约中所承认的经济权利，给予什么程度的保证。

第三条

本公约缔约各国承担保证男子和妇女在本公约所载一切经济、社会及文化权利方面有平等的权利。

第四条

本公约缔约各国承认，在对各国依据本公约而规定的这些权利的享有方面，国家对此等权利只能加以限制同这些权利的性质不相违背而且只是为了促进民主社会中的总的福利的目的的法律所确定的限制。

第五条

一、本公约中任何部分不得解释为隐示任何国家、团体或个人有权利从事于任何旨在破坏本公约所承认的任何权利或自由或对它们加以较本公约所规定的范围更广的限制的活动或行为。

二、对于任何国家中依据法律、惯例、条例或习惯而被承认或存在的任何基本人权，不得借口本公约未予承认或只在较小范围上予以承认而予以限制或克减。

第三部分

第六条

一、本公约缔约各国承认工作权，包括人人应有机会凭其自由选择和接受的工作来谋生的权利，并将采取适当步骤来保障这一权利。

二、本公约缔约各国为充分实现这一权利而采取的步骤应包括技术的和职业的指导和训练，以及在保障个人基本政治和经济自由的条件下达到稳定的经济、社会和文化的发展和充分的生产就业的计划、政策和技术。

第七条

本公约缔约各国承认人人有权享受公正和良好的工作条件，特别要保证：

（甲）最低限度给予所有工人以下列报酬：

（1）公平的工资和同值工作同酬而没有任何歧视，特别是保证妇女享受不差于男子所享受的工作条件，并享受同工同酬；

（2）保证他们自己和他们的家庭得有符合本公约规定的过得去的生活。

（乙）安全和卫生的工作条件；

（丙）人人在其行业中有适当的提级的同等机会，除资历和能力的考虑外，不受其他考虑的限制；

（丁）休息、闲暇和工作时间的合理限制，定期给薪休假以及公共假日报酬。

第八条

一、本公约缔约各国承担保证：

（甲）人人有权组织工会和参加他所选择的工会，以促进和保护他的经济和社会利益；这一权利只受有关工会的规章的限制。对这一权利的行使，不得加以除法律所规定及在民主社会中为了国家安全或公共秩序的利益或为保护他人的权利和自由所需要的限制以外的任何限制；

（乙）工会有权建立全国性的协会或联合会，有权组织或参加国际工会组织；

（丙）工会有权自由地进行工作，不受除法律所规定及在民主社会中为了国家安全或公共秩序的利益或为保护他人的利益和自由所需要的限制以外的任何限制；

（丁）有权罢工，但应按照各个国家的法律行使此项权利。

二、本条不应禁止对军队或警察或国家行政机关成员的行使这些权利，加以合法的限制。

三、本条并不授权参加一九四八年关于结社自由及保护组织权国际劳工公约的缔约国采取足以损害该公约中所规定的保证的立法措施，或在应用法律时损害这种保证。

第九条

本公约缔约各国承认人人有权享受社会保障，包括社会保险。

第十条

本公约缔约各国承认：

一、对作为社会的自然和基本的单元的家庭，特别是对于它的建立和当它负责照顾和教育未独立的儿童时，应给予尽可能广泛的保护和协助。结婚必须经男女双方自由同意。

二、对母亲，在产前和产后的合理期间，应给予特别保护。在此期间，对有工作的母亲应给予给薪休假或有适当社会保障福利金的休假。

三、应为一切儿童和少年采取特殊的保护和协助措施，不得因出身或其他条件而有任何歧视。儿童和少年应予保护免受经济和社会的剥削。雇用他们做对他们的道德或健康有害或对生命有危险的工作或做足以妨害他们正常发育的工作，依法应受惩罚。各国亦应规定限定的年龄，凡雇用这个年龄以下的童工，应予禁止和依法应受惩罚。

第十一条

一、本公约缔约各国承认人人有权为他自己和家庭获得相当的生活水准，包括足够的食物、衣着和住房，并能不断改进生活条件。各缔约国将采取适当的步骤保证实现这一权利，并承认为此而实行基于自愿同意的国际合作的重要性。

二、本公约缔约各国既确认人人享有免于饥饿的基本权利，应为下列目的，个别采取必要的措施或经由国际合作采取必要的措施，包括具体的计划在内：

（甲）用充分利用科技知识、传播营养原则的知识和发展或改革土地制度以使天然资源得到最有效的开发和利用等方法，改进粮食的生产、保存及分配方法；

（乙）在顾及到粮食进口国家和粮食出口国家的问题的情况下，保证世界粮食供应，会按照需要，公平分配。

第十二条

一、本公约缔约各国承认人人有权享有能达到的最高的体质和心理健康的标准。

二、本公约缔约各国为充分实现这一权利而采取的步骤应包括为达到下列目标所需的步骤：

（甲）减低死胎率和婴儿死亡率，和使儿童得到健康的发育；

（乙）改善环境卫生和工业卫生的各个方面；

（丙）预防、治疗和控制传染病、风湿病、职业病以及其他的疾病；

（丁）创造保证人人在患病时能得到医疗照顾的条件。

第十三条

一、本公约缔约各国承认，人人有受教育的权利。它们同意，教育应鼓励人的个性和尊严的充分发展，加强对人权和基本自由的尊重，并应使所有的人能有效地参加自由社会，促进各民族之间和各种族、人种或宗教团体之间的了解、容忍和友谊，和促进联合国维护和平的各项活动。

二、本公约缔约各国认为，为了充分实现这一权利起见：

（甲）初等教育应属义务性质并一律免费；

（乙）各种形式的中等教育，包括中等技术和职业教育，应以一切适当方法，普遍设立，并对一切人开放，特别要逐渐做到免费；

（丙）高等教育应根据成绩，以一切适当方法，对一切人平等开放，特别要逐渐做到免费；

（丁）对那些未受到或未完成初等教育的人的基础教育，应尽可能加以鼓励或推进；

（戊）各级学校的制度，应积极加以发展；适当的奖学金制度，应予设置；教员的物质条件，应不断加以改善。

三、本公约缔约各国承担，尊重父母和（如适用时）法定监护人的下列自由：为他们的孩子选择非公立的但系符合于国家所可能规定或批准的最低教育标准的学校，并保证他们的孩子能按照他们自己的信仰接受宗教和道德教育。

四、本条的任何部分不得解释为干涉个人或团体设立及管理教育机构的自由，但以遵守本条第一款所述各项原则及此等机构实施的教育必须符合于国家所可能规定的最低标准为限。

第十四条

本公约任何缔约国在参加本公约时尚未能在其宗主领土或其他在其管辖下的领土实施免费的、义务性的初等教育者，承担在两年之内制定和采取一个逐步实行的详细的行动计划，其中规定在合理的年限内实现一切人均得受免费的义务性教育的原则。

第十五条

一、本公约缔约各国承认人人有权：

（甲）参加文化生活；

（乙）享受科学进步及其应用所产生的利益；

（丙）对其本人的任何科学、文学或艺术作品所产生的精神上和物质上的利益，享受被保护之利。

二、本公约缔约各国为充分实现这一权利而采取的步骤应包括为保存、发展和传播科学和文化所必需的步骤。

三、本公约缔约各国承担尊重进行科学研究和创造性活动所不可缺少的自由。

四、本公约缔约各国认识到鼓励和发展科学与文化方面的国际接触和合作的好处。

第四部分

第十六条

一、本公约缔约各国承担依照本公约这一部分提出关于在遵行本公约所承认的权利方面所采取的措施和所取得的进展的报告。

二、（甲）所有的报告应提交给联合国秘书长；联合国秘书长应将报告副本转交经济及社会理事会按照本公约的规定审议；

（乙）本公约任何缔约国，同时是一个专门机构的成员国者，其所提交的报告或其中某部分，倘若与按照该专门机构的组织法规定属于该机构职司范围的事项有关，联合国秘书长应同时将报告副本或其中的有关部分转交该专门机构。

第十七条

一、本公约缔约各国应按照经济及社会理事会在同本公约缔约各国和有关的专门机构进行咨商后，于本公约生效后一年内，所制订的计划，分期提供报告。

二、报告得指出影响履行本公约义务的程度的因素和困难。

三、凡有关的材料应经本公约任一缔约国提供给联合国或某一专门机构时，即不需要复制该项材料，而只需确切指明所提供材料的所在地即可。

第十八条

经济及社会理事会按照其根据联合国宪章在人权方面的责任，得和专门机构就专门机构向理事会报告在使本公约中属于各专门机构活动范围的规定获得遵行方面的进展作出安排。这些报告得包括它们的主管机构所采取的关于此等履行措施的决定和建议的细节。

第十九条

经济及社会理事会得将各国按照第十六条和第十七条规定提出的关于人权的报告和各专门机构按照第十八条规定提出的关于人权的报告转交人权委员会以供研究和提出一般建议或在适当时候参考。

第二十条

本公约缔约各国以及有关的专门机构得就第十九条中规定的任何一般建议或就人权委员会的任何报告中的此种一般建议或其中所提及的任何文件，向经济及社会理事会提出意见。

第二十一条

经济及社会理事会得随时和其本身的报告一起向大会提出一般性的建议以及从本公约各缔约国和各专门机构收到的关于在普遍遵行本公约所承认的权利方面所采取的措施和所取得的进展的材料的摘要。

第二十二条

经济及社会理事会得提请从事技术援助的其他联合国机构和它们的辅助机构以及有关的专门机构对本公约这一部分所提到的各种报告所引起的任何事项予以注意，这些事项可能帮助这些机构在它们各自的权限内决定是否需要采取有助于促进本公约的逐步切实履行的国际措施。

第二十三条

本公约缔约各国同意为实现本公约所承认的权利而采取的国际行动应包括签订公约、提出建议、进行技术援助以及为磋商和研究的目的同有关政府共同召开区域会议和技术会议等方法。

第二十四条

本公约的任何部分不得解释为有损联合国宪章和各专门机构组织法中确定联合国各机构和各专门机构在本公约所涉及事项方面的责任的规定。

第二十五条

本公约中任何部分不得解释为有损所有人民充分地和自由地享受和利用他们的天然财富与资源的固有权利。

第五部分

第二十六条

一、本公约开放给联合国任何会员国或其专门机构的任何会员国、国际法院规约的任何当事国和经联合国大会邀请为本公约缔约国的任何其他国家签字。

二、本公约须经批准。批准书应交存联合国秘书长。

三、本公约应开放给本条第一款所述的任何国家加入。

四、加入应向联合国秘书长交存加入书。

五、联合国秘书长应将每一批准书或加入书的交存通知已经签字或加入本公约的所有国家。

第二十七条

一、本公约应自第三十五件批准书或加入书交存联合国秘书长之日起三个月后生效。

二、对于在第三十五件批准书或加入书交存后批准或加入本公约的国家，本公约应自该国交存其批准书或加入书之日起三个月后生效。

第二十八条

本公约的规定应扩及联邦国家的所有部分，没有任何限制和例外。

第二十九条

一、本公约的任何缔约国均得提出对本公约的修正案，并将其提交联合国秘书长。秘书长应立即将提出的修正案转知本公约各缔约国，同时请它们通知秘书长是否赞成召开缔约国家会议以审议这个提案并对它进行表决。在至少有三分之一缔约国赞成召开这一会议的情况下，秘书长应在联合国主持下召开此会议。为会议上出席并投票的多数缔约国所通过的任何修正案，应提交联合国大会批准。

二、此等修正案由联合国大会批准并为本公约缔约国的三分之二多数按照它们各自的宪法程序加以接受后，即行生效。

三、此等修正案生效时，对已加接受的各缔约国有拘束力，其他缔约国仍受本公约的条款和它们已接受的任何以前的修正案的拘束。

第三十条

除按照第二十六条第五款作出的通知外，联合国秘书长应将下列事项通知同条第一款所述的所有国家：

（甲）按照第二十六条规定所作的签字、批准和加入；

（乙）本公约按照第二十七条规定生效的日期，以及对本公约的任何修正案按照第二十九条规定生效的日期。

第三十一条

一、本公约应交存联合国档库，其中文、英文、法文、俄文、西班牙文各本同一作准。

二、联合国秘书长应将本公约的正式副本分送第二十六条所指的所有国家。

公民权利和政治权利国际公约

（联合国大会1966年12月16日通过，
1976年3月23日生效）

本公约缔约各国，考虑到按照联合国宪章所宣布的原则，对人类家庭所有成员的固有尊严及其平等的和不移的权利的承认，乃是世界自由、正义与和平的基础，确认这些权利是源于人身的固有尊严，确认，按照世界人权宣言，只有在创造了使人人可以享有其公民和政治权利，正如享有其经济、社会、文化权利一样的条件的情况下，才能实现自由人类享有公民及政治自由和免于恐惧和匮乏的自由的理想，考虑到各国根据联合国宪章负有义务促进对人的权利和自由的普遍尊重和遵行，认识到个人对其他个人和对他所属的社会负有义务，应为促进和遵行本公约所承认的权利而努力，兹同意下述各条。

第一部分

第一条

一、所有人民都有自决权。他们凭这种权利自由决定他们的政治地位，并自由谋求他们的经济、社会和文化的发展。

二、所有人民得为他们自己的目的自由处置他们的天然财富和资源，而不损害根据基于互利原则的国际经济合作和国际法而产生的任何义务。在任何情况下不得剥夺一个人民自己的生存手段。

三、本公约缔约各国，包括那些负责管理非自治领土和托管领土的国家，应在符合联合国宪章规定的条件下，促进自决权的实现，并尊重这种权利。

第二部分

第二条

一、本公约每一缔约国承担尊重和保证在其领土内和受其管辖的一切个人享有本公约所承认的权利，不分种族、肤色、性别、语言、宗教、政治或其他见解、国籍或社会出身、财产、出生或其他身份等任何区别。

二、凡未经现行立法或其他措施予以规定者，本公约每一缔约国承担按照其宪法程序和本公约的规定采取必要的步骤，以采纳为实施本公约所承认的权利所需的立法或其他措施。

三、本公约每一缔约国承担：

（甲）保证任何一个被侵犯了本公约所承认的权利或自由的人，能得到有效的补救，尽管此种侵犯是以官方资格行事的人所为；

（乙）保证任何要求此种补救的人能由合格的司法、行政或立法当局或由国家法律制度规定的任何其他合格当局断定其在这方面的权利；并发展司法补救的可能性；

（丙）保证合格当局在准予此等补救时，确能付诸实施。

第三条

本公约缔约各国承担保证男子和妇女在享有本公约所载一切公民和政治权利方面有平等的权利。

第四条

一、在社会紧急状态威胁到国家的生命并经正式宣布时，本公约缔约国得采取措施克减其在本公约下所承担的义务，但克减的程度以紧急情势所严格需要者为限，此等措施并不得与它根据国际法所负有的其他义务相矛盾，且不得包含纯粹基于种族、肤色、性别、语言、宗教或社会出身的理由的歧视。

二、不得根据本规定而克减第六条、第七条、第八条（第一款和第二款）、第十一条、第十五条、第十六条和第十八条。

三、任何援用克减权的本公约缔约国应立即经由联合国秘书长将它已克减的各项规定、实行克减的理由和终止这种克减的日期通知本公约的其他缔约国家。

第五条

一、本公约中任何部分不得解释为隐示任何国家、团体或个人有权利从事于任何旨在破坏本公约所承认的任何权利和自由或对它们加以较本公约所规定的范围更广的限制的活动或行为。

二、对于本公约的任何缔约国中依据法律、惯例、条例或习惯而被承认或存在的任何基本人权，不得借口本公约未予承认或只在较小范围上予以承认而加以限制或克减。

第三部分

第六条

一、人人有固有的生命权。这个权利应受法律保护。不得任意剥夺任何人的生命。

二、在未废除死刑的国家，判处死刑只能是作为对最严重的罪行的惩罚，判处应按照犯罪时有效并且不违反本公约规定和防止及惩治灭绝种族罪公约的法律。这种刑罚，非经合格法庭最后判决，不得执行。

三、兹了解：在剥夺生命构成灭种罪时，本条中任何部分并不准许本公约的任何缔约国以任何方式克减它在防止及惩治灭绝种族罪公约的规定下所承担的任何义务。

四、任何被判处死刑的人应有权要求赦免或减刑。对一切判处死刑的案件均得给予大赦、特赦或减刑。

五、对十八岁以下的人所犯的罪，不得判处死刑；对孕妇不得执行死刑。

六、本公约的任何缔约国不得援引本条的任何部分来推迟或阻止死刑的废除。

第七条　任何人均不得加以酷刑或施以残忍的、不人道的或侮辱性的待遇或刑罚。特别是对任何人均不得未经其自由同意而施以医药或科学试验。

第八条

一、任何人不得使为奴隶；一切形式的奴隶制度和奴隶买卖均应予以禁止。

二、任何人不应被强迫役使。

三、(甲) 任何人不应被要求从事强迫或强制劳动；

（乙）在把苦役监禁作为一种对犯罪的惩罚的国家中，第三款（甲）项的规定不应认为排除按照由合格的法庭关于此项刑罚的判决而执行的苦役；

（丙）为了本款之用，“强迫或强制劳动”一词不应包括：

（1）通常对一个依照法庭的合法命令而被拘禁的人或在此种拘禁假释期间的人所要求的任何工作或服务，非属（乙）项所述者；

（2）任何军事性质的服务，以及在承认良心拒绝兵役的国家中，良心拒绝兵役者依法被要求的任何国家服务；

（3）在威胁社会生命或幸福的紧急状态或灾难的情况下受强制的任何服务；

（4）属于正常的公民义务的一部分的任何工作或服务。

第九条

一、人人有权享有人身自由和安全。任何人不得加以任意逮捕或拘禁。除非依照法律所确定的根据和程序，任何人不得被剥夺自由。

二、任何被逮捕的人，在被逮捕时应被告知逮捕他的理由，并应被迅速告知对他提出的任何指控。

三、任何因刑事指控被逮捕或拘禁的人，应被迅速带见审判官或其他经法律授权行使司法权力的官员，并有权在合理的时间内受审判或被释放。等候审判的人受监禁不应作为一般规则，但可规定释放时应保证在司法程序的任何其他阶段出席审判，并在必要时报到听候执行判决。

四、任何因逮捕或拘禁被剥夺自由的人，有资格向法庭提起诉讼，以便法庭能不拖延地决定拘禁他是否合法以及如果拘禁不合法时命令予以释放。

五、任何遭受非法逮捕或拘禁的受害者，有得到赔偿的权利。

第十条

一、所有被剥夺自由的人应给予人道及尊重其固有的人格尊严的待遇。

二、（甲）除特殊情况外，被控告的人应与被判罪的人隔离开，并应给予适合于未判罪者身份的分别待遇；

（乙）被控告的少年应与成年人分隔开，并应尽速予以判决。

三、监狱制度应包括以争取囚犯改造和社会复员为基本目的的待遇。少年罪犯应与成年人隔离开，并应给予适合其年龄及法律地位的待遇。

第十一条　任何人不得仅仅由于无力履行约定义务而被监禁。

第十二条

一、合法处在一国领土内的每一个人在该领土内有权享受迁徙自由和选择住所的自由。

二、人人有自由离开任何国家，包括其本国在内。

三、上述权利，除法律所规定并为保护国家安全、公共秩序、公共卫生或道德、或他人的权利和自由所必需且与本公约所承认的其他权利不抵触的限制外，应不受任何其他限制。

四、任何人进入其本国权利，不得任意加以剥夺。

第十三条　合法处在本公约缔约国领土内的外侨，只有按照依法作出的决定才可以被驱逐出境，并且，除非在国家安全的紧迫原因另有要求的情况下，应准予提出反对驱逐出境的理由和使他的案件得到合格当局或由合格当局特别指定的一人或数人的复审，并为此目的而请人作代表。

第十四条

一、所有的人在法庭和裁判所前一律平等。在判定对任何人提出的任何刑事指控或确定他在一件诉讼案中的权利和义务时，人人有资格由一个依法设立的合格的、独立的和无偏倚的法庭进行公正的和公开的审讯。由于民主社会中的道德的、公共秩序的或国家安全的理由，或当诉讼当事人的私生活的利益有此需要时，或在特殊情况下法庭认为公开审判会损害司法利益因而严格需要的限度下，可不使记者和公众出席全部或部分审判；但对刑事案件或法律诉讼的任何判刑决应公开宣布，除非少年的利益另有要求或者诉讼系有关儿童监护权的婚姻争端。

二、凡受刑事控告者，在未依法证实有罪之前，应有权被视为无罪。

三、在判定对他提出的任何刑事指控时，人人完全平等地有资格享受以下的最低限度的保证：

（甲）迅速以一种他懂得的语言详细地告知对他提出的指控的性质和原因；

（乙）有相当时间和便利准备他的辩护并与他自己选择的律师联络；

（丙）受审时间不被无故拖延；

（丁）出席受审并亲自替自己辩护或经由他自己所选择的法律援助进行辩护；如果他没有法律援助，要通知他享有这种权利；在司法利益有此需要的案件中，为他指定法律援助，而在他没有足够能力偿付法律援助的案件中，不要他自己付费；

（戊）讯问或业已讯问对他不利的证人，并使对他有利的证人在与对他不利的证人相同的条件下出庭和受讯问；

（己）如他不懂或不会说法庭上所用的语言，能免费获得译员的援助；

（庚）不被强迫作不利于他自己的证言或强迫承认犯罪。

四、对少年的案件，在程序上应考虑到他们的年龄和帮助他们重新做人的需要。

五、凡被判定有罪者，应有权由一个较高级法庭对其定罪及刑罚依法进行复审。

六、在一人按照最后决定已被判定犯刑事罪而其后根据新的或新发现的事实确实表明发生误审，他的定罪被推翻或被赦免的情况下，因这种定罪而受刑罚的人应依法得到赔偿，除非经证明当时不知道的事实的未被及时揭露完全是或部分是由于他自己的缘故。

七、任何人已依一国的法律及刑事程序被最后定罪或宣告无罪者，不得就同一罪名再予审判或惩罚。

第十五条

一、任何人的任何行为或不行为，在其发生时依照国家法或国际法均不构成刑事罪者，不得据以认为犯有刑事罪。所加的刑罚也不得重于犯罪时适用的规定。如果在犯罪之后依法规定了应处以较轻的刑罚，犯罪者应予减刑。

二、任何人的行为或不行为，在其发生时依照各国公认的一般法律原则为犯罪者，本条规定并不妨碍因该行为或不行为而对任何人进行的审判和对他施加的刑罚。

第十六条　人人在任何地方有权被承认在法律前的人格。

第十七条

一、任何人的私生活、家庭、住宅或通信不得加以任意或非法干涉，他的荣誉和名誉不得加以非法攻击。

二、人人有权享受法律保护，以免受这种干涉或攻击。

第十八条

一、人人有权享受思想、良心和宗教自由。此项权利包括维持或改变他的宗教或信仰的自由，以及单独或集体、公开或秘密地以礼拜、戒律、实践和教义来表明他的宗教或信仰的自由。

二、任何人不得遭受足以损害他维持或改变他的宗教或信仰自由的强迫。

三、表示自己的宗教或信仰的自由，仅只受法律所规定的以及为保障公共安全、秩序、卫生或道德或他人的基本权利和自由所必需的限制。

四、本公约缔约各国承担，尊重父母和（如适用时）法定监护人保证他们的孩子能按照他们自己的信仰接受宗教和道德教育的自由。

第十九条

一、人人有权持有主张，不受干涉。

二、人人有自由发表意见的权利；此项权利包括寻求、接受和传递各种消息和思想的自由，而不论国界，也不论口头的、书写的、印刷的、采取艺术形式的或通过他所选择的任何其他媒介。

三、本条第二款所规定的权利的行使带有特殊的义务和责任，因此得受某些限制，但这些限制只应由法律规定并为下列条件所必需：

（甲）尊重他人的权利或名誉；

（乙）保障国家安全或公共秩序，或公共卫生或道德。

第二十条

一、任何鼓吹战争的宣传，应以法律加以禁止。

二、任何鼓吹民族、种族或宗教仇恨的主张，构成煽动歧视、敌视或强暴者，应以法律加以禁止。

第二十一条　和平集会的权利应被承认。对此项权利的行使不得加以限制，除去按照法律以及在民主社会中为维护国家安全或公共安全、公共秩序，保护公共卫生或道德或他人的权利和自由的需要而加的限制。

第二十二条

一、人人有权享受与他人结社的自由，包括组织和参加工会以保护他的利益的权利。

二、对此项权利的行使不得加以限制。除去法律所规定的限制以及在民主社会中为维护国家安全或公共安全、公共秩序，保护公共卫生或道德，或他人的权利和自由所必需的限制。本条不应禁止对军队或警察成员的行使此项权利加以合法的限制。

三、本条并不授权参加一九四八年关于结社自由及保护组织权国际劳工组织公约的缔约国采取足以损害该公约中所规定的保证的立法措施，或在应用法律时损害这种保证。

第二十三条

一、家庭是天然的和基本的社会单元，并应受社会和国家的保护。

二、已达结婚年龄的男女结婚和成立家庭的权利应被承认。

三、只有经男女双方的自由的和完全的同意，才能结婚。

四、本公约缔约各国应采取适当步骤以保证结婚双方在结婚、结婚期间和解除婚约时的权利和责任平等。在解除婚约的情况下，应为儿童规定必要的保护办法。

第二十四条

一、每一儿童应有权享受家庭、社会和国家为其未成年地位所给予的必要保护措施，不因种族、肤色、性别、语言、宗教、国籍或社会出身、财产或出生而受任何歧视。

二、每一儿童出生后就立即加以登记，并应有一个名字。

三、每一儿童有权取得一个国籍。

第二十五条　每个公民应有下列权利和机会，不受第二条所述的区分和不受不合理的限制：

（甲）直接或通过自由选择的代表参与公共事务；

（乙）在真正的定期的选举中选举和被选举，这种选举应是普遍的和平等的并以无记名投票方式进行，以保证选举人意志的自由表达；

（丙）在一般的平等的条件下，参加本国公务。

第二十六条　所有的人在法律前平等，并有权受法律的平等保护，无所歧视。在这方面，法律应禁止任何歧视并保证所有的人得到平等的和有效的保护，以免受基于种族、肤色、性别、语言、宗教、政治或其他见解、国籍或社会出身、财产，出生或其他身份等任何理由的歧视。

第二十七条　在那些存在着人种的、宗教的或语言的少数人的国家中，不得否认这种少数人同他们的集团中的其他成员共同享有自己的文化、信奉和实行自己的宗教或使用自己的语言的权利。

第四部分

第二十八条

一、设立人权事务委员会（在本公约里以下简称“委员会”）。它应由十八名委员组成，执行下面所规定的任务。

二、委员应由本公约缔约国国民组成，他们应具有崇高道义地位和在人权方面有公认的专长，并且还应考虑使若干具有法律经验的人参加委员会是有用的。

第二十九条

一、委员会委员由具有第二十八条所规定的资格的人的名单中以无记名投票方式选出，这些人由本公约缔约国为此目的而提名。

二、本公约每一缔约国至多得提名两人，这些人应为提名国的国民。

三、任何人可以被再次提名。

第三十条

一、第一次选举至迟应于本公约生效之日起六个月内举行。

二、除按第三十四条进行补缺选举而外，联合国秘书长应在委员会每次选举前至少四个月书面通知本公约各缔约国，请它们在三个月内提出委员会委员的提名。

三、联合国秘书长应按姓名字母次序编造这样提出的被提名人名单，注明提名他们的缔约国，并应在每次选举前至少一个月将这个名单送交本公约各缔约国。

四、委员会委员的选举应在由联合国秘书长在联合国总部召开的本公约缔约国家会议举行。在这个会议里，本公约缔约国的三分之二应构成法定人数；凡获得最多票数以及出席并投票的缔约国代表的绝对多数票的那些被提名人当选为委员会委员。

第三十一条

一、委员会不得有一个以上的委员同为一个国家的国民。

二、委员会的选举应考虑到成员的公匀地域分配和各种类型文化及各主要法系的代表性。

第三十二条

一、委员会的委员任期四年。他们如被再次提名可以再次当选。然而，第一次选出的委员中有九名的任期在两年后即届满；这九人的姓名应由第三十条第四款所述会议的主席在第一次选举完毕后立即抽签决定。

二、任期届满后的选举应按公约本部分的上述各条进行。

第三十三条

一、如果委员会其他委员一致认为某一委员由于除暂时缺席以外的其他任何原因而已停止执行其任务时，委员会主席应通知联合国秘书长，秘书长应即宣布该委员的席位出缺。

二、倘遇委员会委员死亡或辞职时，主席应立即通知联合国秘书长，秘书长应宣布该席位自死亡日期或辞职生效日期起出缺。

第三十四条

一、按照第三十三条宣布席位出缺时，如果被接替的委员的任期从宣布席位出缺时起不在六个月内届满者，联合国秘书长应通知本公约各个缔约国，各缔约国可在两个月内按照第二十九条的规定，为填补空缺的目的提出提名。

二、联合国秘书长应按姓名字母次序编造这样提出来的被提名人名单，提交本公约各缔约国。然后按照公约本部分的有关规定进行被缺选举。

三、为填补按第三十三条宣布出缺的席位而当选的委员会委员的任期为按同条规定出缺的委员会委员的剩余任期。

第三十五条　委员会委员在获得联合国大会的同意时，可以按照大会鉴于委员会责任的重要性而决定的条件从联合国经费中领取薪俸。

第三十六条　联合国秘书长应为委员会提供必要的工作人员和便利，使能有效执行本公约所规定的职务。

第三十七条

一、联合国秘书长应在联合国总部召开委员会的首次会议。

二、首次会议以后，委员会应按其议事规则所规定的时间开会。

三、委员会会议通常应在联合国总部或联合国驻日内瓦办事处举行。

第三十八条　委员会每个委员就职以前，应在委员会的公开会议上郑重声明他将一秉良心公正无私地行使其职权。

第三十九条

一、委员会应选举自己的职员，任期两年。他们可以连选连任。

二、委员会应制定自己的议事规则，但在这些规则中应当规定：

（甲）十二名委员构成法定人数；

（乙）委员会的决定由出席委员的多数票作出。

第四十条

一、本公约各缔约国承担在（甲）本公约对有关缔约国生效后的一年内及（乙）此后每逢委员会要求这样做的时候，提出关于它们已经采取而使本公约所承认的各项权利得以实施的措施和关于在享受这些权利方面所作出的进展的报告。

二、所有的报告应送交联合国秘书长转交委员会审议。报告中应指出影响实现本公约的因素和困难，如果存在着这种因素和困难的话。

三、联合国秘书长在同委员会磋商之后，可以把报告中属于专门机构职司范围的部分的副本转交有关的专门机构。

四、委员会应研究本公约各缔约国提出的报告，并应把它自己的报告以及它可能认为适当的一般建议送交各缔约国。委员会也可以把这些意见同它从本公约各缔约国收到的报告的副本一起转交经济及社会理事会。

五、本公约各缔约国得就按照本条第四款所可能作出的意见，向委员会提出意见。

第四十一条

一、本公约缔约国得按照本条规定，随时声明它承认委员会有权接受和审议一缔约国指控另一缔约国不履行它在本公约下的义务的通知。按照本条规定所作的通知，必须是由曾经声明其本身承认委员会有权的缔约国提出的，才能加以接受和审议。任何通知如果是关于尚未作出这种声明的缔约国的，委员会不得加以接受。按照本条规定所接受的通知，应按下列程序处理：

（甲）如本公约某缔约国认为另一缔约国未执行公约的规定，它可以用书面通知提请该国注意此事项。收到通知的国家应在收到后三个月内对发出通知的国家提供一项有关澄清此事项的书面解释或任何其他的书面声明，其中应可能地和恰当地引证在此事上已经采取的、或即将采取的、或现有适用的国内办法和补救措施。

（乙）如果此事项在收受国接到第一次通知后六个月内尚未处理得使双方满意，两国中任何一国有权用通知委员会和对方的方式将此事项提交委员会。

（丙）委员会对于提交给它的事项，应只有在它认定在这一事项上已按照普遍公认的国际法原则求助于和用尽了所有现有适用的国内补救措施之后，才加以处理。在补救措施的采取被无理拖延的情况下，此项通知则不适用。

（丁）委员会审议按本条规定所作的通知时，应以秘密会议进行。

（戊）在服从分款（丙）的规定的情况下，委员会应对有关缔约国提供斡旋，以便在尊重本公约所承认的人权和基本自由的基础上求得此事项的友好解决。

（己）在提交委员会的任何事项上，委员会得要求分款（乙）内所述的有关缔约国提供任何有关情报。

（庚）在委员会审议此事项时，分款（乙）内所述的有关缔约国应有权派代表出席并提出口头和（或）书面说明。

（辛）委员会应在收到按分款（乙）提出的通知之日起十二个月内提出一项报告：

如果案件在分款（戊）所规定的条件下获得解决，委员在其报告中应限于对事实经过作一简短陈述；案件有关双方提出的书面说明和口头说明的记录，也应附在报告上。在每一事项上，应将报告送交各有关缔约国。

二、本条的规定应于有十个本公约缔约国已经作出本条第一款所述的声明时生效。各缔约国的这种声明应交存联合国秘书长；秘书长应将声明副本转交其他缔约国。缔约国得随时通知秘书长撤回声明。此种撤回不得影响对曾经按照本条规定作出通知而要求处理的任何事项的审议；在秘书长收到缔约国撤回声明的通知后，对该缔约国以后所作的通知，不得再予以接受，除非该国另外作出了新的声明。

第四十二条

一、（甲）如按第四十一条规定提交委员会处理的事项未能获得使各有关缔约国满意的解决，委员会得经各有关缔约国事先同意，指派一个专设和解委员会（以下简称“和委会”）。和委会应对有关缔约国提供斡旋，以便在尊重本公约的基础上求得此事项的友好解决；

（乙）和委会由各有关缔约国接受的委员五人组成。如各有关缔约国于三个月内对和委员会组成的全部或一部分未能达成协议，未得协议和委员会委员应由委员会用无记名投票方式以三分之二多数自其本身委员中选出。

二、和委会委员以其个人身份进行工作。委员不得为有关缔约国的国民，或为非本公约缔约国的国民，或未按第四十一条规定作出声明的缔约国的国民。

三、和委会应选举自己的主席及制定自己的议事规则。

四、和委会会议通常应在联合国总部或联合国驻日内瓦办事处举行，但亦得在和委会同联合国秘书长及各有关缔约国磋商后决定的其他方便地点举行。

五、按第三十六条设置的秘书处应亦为按本条指派的和委会服务。

六、委员会所收集整理的情报，应提供给和委会，和委会亦得请有关缔约国提供任何其他有关情报。

七、和委会于详尽审议此事项后，无论如何应于受理该事项后十二个月内，向委员会主席提出报告，转送各有关缔约国：

（甲）如果和委会未能在十二个月内完成对案件的审议，和委会在其报告中应限于对其审议案件的情况作一简短的陈述；

（乙）如果案件不能在尊重本公约所承认的人权的基础上求得友好解决，和委会在其报告中应限于对事实经过和所获解决作一简短陈述；

（丙）如果案件不能在分款（乙）规定的条件下获得解决，和委会在其报告中应说明对于各有关缔约国间争执事件的一切有关事实问题的结论，以及对于就该事件寻求友好解决的各种可能性的意见。此项报告中亦应载有各有关缔约国提出的书面说明和口头说明的记录；

（丁）和委会的报告如系按分款（丙）的规定提出，各有关缔约国应于收到报告后三个月内通知委员会主席是否接受和委员的报告的内容。

八、本条规定不影响委员会在第四十一条下所负的责任。

九、各有关缔约国应依照联合国秘书长所提概算，平均负担和委会委员的一切费用。

十、联合国秘书长应被授权于必要时在各有关缔约国依本条第九款偿还用款之前，支付和委员会委员的费用。

第四十三条　委员会委员，以及依第四十二条可能指派的专设和解委员会委员，应有权享受联合国特权及豁免公约内有关各款为因联合国公务出差的专家所规定的各种便利、特权与豁免。

第四十四条　有关实施本公约的规定，其适用不得妨碍联合国及各专门机构的组织法及公约在人权方面所订的程序，或根据此等组织法及公约所订的程序，亦不得阻止本公约各缔约国依照彼此间现行的一般或特别国际协定，采用其他程序解决争端。

第四十五条　委员会应经由经济及社会理事会向联合国大会提出关于它的工作的年度报告。

第五部分

第四十六条　本公约的任何部分不得解释为有损联合国宪章和各专门机构组织法中确定联合国各机构和各专门机构在本公约所涉及事项方面的责任的规定。

第四十七条　本公约的任何部分不得解释为有损所有人民充分地和自由地享受和利用它们的天然财富与资源的固有的权利。

第六部分

第四十八条

一、本公约开放给联合国任何会员国或其专门机构的任何会员国、国际法院规约的任何当事国和经联合国大会邀请为本公约缔约国的任何其他国家签字。

二、本公约须经批准。批准书应交存联合国秘书长。

三、本公约应开放给本条第一款所述的任何国家加入。

四、加入应向联合国秘书长交存加入书。

五、联合国秘书长应将每一批准书或加入书的交存通知已经签字或加入本公约的所有国家。

第四十九条

一、本公约应自第三十五件批准书或加入书交存联合国秘书长之日起三个月生效。

二、对于在第三十五件批准书或加入书交存后批准或加入本公约的国家，本公约应自该国交存批准书或加入书之日起三个月生效。

第五十条 本公约的规定应扩及联邦国家的所有部分，没有任何限制和例外。

第五十一条

一、本公约的任何缔约国均得提出对本公约的修正案，并将其提交联合国秘书长。秘书长应立即将提出的修正案转知本公约各缔约国，同时请它们通知秘书长是否赞成召开缔约国家会议以审议这个提案并对它进行表决。在至少有三分之一缔约国家赞成召开这一会议的情况下，秘书长应在联合国主持下召开此会议。为会议上出席投票的多数缔约国家所通过的任何修正案，应提交联合国大会批准。

二、此等修正案由联合国大会批准并为本公约缔约国的三分之二多数按照它们各自的宪法程序加以接受后，即行生效。

三、此等修正案生效时，对已加接受的各缔约国有拘束力，其他缔约国仍受本公约的条款和它们已接受的任何以前的修正案的拘束。

第五十二条　除按照第四十八条第五款作出的通知外，联合国秘书长应将下列事项通知同条第一款所述的所有国家：

（甲）按照第四十八条规定所作的签字、批准和加入；

（乙）本公约按照第四十九条规定生效的日期，以及对本公约的任何修正案按照第五十一条规定生效的日期。

第五十三条

一、本公约应交存联合国档库，其中文、英文、法文、俄文、西班牙文各本同一作准。

二、联合国秘书长应将本公约的正式副本分送第四十八条所指的所有国家。

联合国海洋法公约

（1982年12月10日通过，1994年11月16日生效）

第一部分　用语和范围

第一条　用语和范围

1. 为本公约的目的：

（1）“区域”是指国家管辖范围以外的海床和洋底及其底土。

（2）“管理局”是指国际海底管理局。

（3）“‘区域’内活动”是指勘探和开发“区域”的资源的一切活动。

（4）“海洋环境的污染”是指人类直接或间接把物质或能量引入海洋环境，其中包括河口湾，以致造成或可能造成损害生物资源和海洋生物、危害人类健康、妨碍包括捕鱼和海洋的其他正当用途在内的各种海洋活动、损坏海水使用质量和减损环境优美等有害影响。

（5）（a）“倾倒”是指：

①从船只、飞机、平台或其他人造海上结构故意处置废物或其他物质的行为；

②故意处置船只、飞机、平台或其他人造海上结构的行为。

（b）“倾倒”不包括：

①船只、飞机、平台或其他人造海上结构及其装备的正常操作所附带发生或产生的废物或其他物质的处置，但为了处置这种物质而操作的船只、飞机、平台或其他人造海上结构所运载或向其输送的废物或其他物质，或在这种船只、飞机、平台或结构上处理这种废物或其他物质所产生的废物或其他物质均除外；

②并非为了单纯处置物质而放置物质，但以这种放置不违反本公约的目

的为限。

2. (1)“缔约国”是指同意受本公约拘束而本公约对其生效的国家。

(2) 本公约比照适用于第三百零五条第1款(b)、(c)、(d)、(e)和(f)项所指的实体,这些实体按照与各自有关的条件成为本公约的缔约国,在这种情况下,“缔约国”也指这些实体。

第二部分 领海和毗连区

第一节 一般规定

第二条 领海及其上空、海床和底土的法律地位

1. 沿海国的主权及于其陆地领土及其内水以外邻接的一带海域,在群岛国的情形下则及于群岛水域以外邻接的一带海域,称为领海。

2. 此项主权及于领海的上空及其海床和底土。

3. 对于领海的主权的行使受本公约和其他国际法规则的限制。

第二节 领海的界限

第三条 领海的宽度

每一国家有权确定其领海的宽度,直至从按照本公约确定的基线量起不超过十二海里的界限为止。

第四条 领海的外部界限

领海的外部界限是一条其每一点同基线最近点的距离等于领海宽度的线。

第五条 正常基线

除本公约另有规定外,测算领海宽度的正常基线是沿海国官方承认的大比例尺海图所标明的沿岸低潮线。

第六条 礁石

在位于环礁上的岛屿或有岸礁环列的岛屿的情形下,测算领海宽度的基线是沿海国官方在认的海图上以适当标记显示的礁石的向海低潮线。

第七条 直线基线

1. 在海岸线极为曲折的地方,或者如果紧接海岸有一系列岛屿,测算领海宽度的基线的划定可采用连接各适当点的直线基线法。

2. 在因有三角洲和其他自然条件以至海岸线非常不稳定之处,可沿低潮线向海最远处选择各适当点,而且,尽管以后低潮线发生后退现象,该直线

基线在沿海国按照本公约加以改变以前仍然有效。

3. 直线基线的划定不应在任何明显的程度上偏离海岸的一般方向，而且基线内的海域必须充分接近陆地领土，使其受内水制度的支配。

4. 除在低潮高地上筑有永久高于海平面的灯塔或类似设施，或以这种高地作为划定基线的起讫点已获得国际一般承认者外，直线基线的划定不应以低潮高地为起讫点。

5. 在依据第 1 款可以采用直线基线法之处，确定特定基线时，对于有关地区所特有的并经长期惯例清楚地证明其为实在而重要的经济利益，可予以考虑。

6. 一国不得采用直线基线制度，致使另一国的领海同公海或专属经济区隔断。

第八条　内水

1. 除第四部分另有规定外，领海基线向陆一面的水域构成国家内水的一部分。

2. 如果按照第七条所规定的方法确定直线基线的效果使原来并未认为是内水的区域被包括在内成为内水，则在此种水域内应有本公约所规定的无害通过权。

第九条　河口

如果河流直接流入海洋，基线应是一条在两岸低潮线上两点之间横越河口的直线。

第十条　海湾

1. 本条仅涉及海岸属于一国的海湾。

2. 为本公约的目的，海湾是明显的水曲，其凹入程度和曲口宽度的比例，使其有被陆地环抱的水域，而不仅为海岸的弯曲。但水曲除其面积等于或大于横越曲口所划的直线作为直径的半圆形的面积外，不应视为海湾。

3. 为测算的目的，水曲的面积是位于水曲陆岸周围的低潮标和一条连接水曲天然入口两端低潮标的线之间的面积。如果因有岛屿而水曲有一个以上的曲口，该半圆形应划在与横越各曲口的各线总长度相等的一条线上。水曲内的岛屿应视为水曲水域的一部分而包括在内。

4. 如果海湾天然入口两端的低潮标之间的距离不超过二十四海里，则可在这两个低潮标之间划出一条封口线，该线所包围的水域应视为内水。

5. 如果海湾天然入口两端的低潮标之间的距离超过二十四海里，二十四海里的直线基线应划在海湾内，以划入该长度的线所可能划入的最大水域。

6. 上述规定不适用于所谓“历史性”海湾，也不适用于采用第七条所规定的直线基线法的任何情形。

第十一条　港口

为了划定领海的目的，构成海港体系组成部分的最外部永久海港工程视为海岸的一部分。近岸设施和人工岛屿不应视为永久海港工程。

第十二条　泊船处

通常用于船舶装卸和下锚的泊船处，即使全部或一部位于领海的外部界限以外，都包括在领海范围之内。

第十三条　低潮高地

1. 低潮高地是在低潮时四面环水并高于水面但在高潮时没入水中的自然形成的陆地。如果低潮高地全部或一部与大陆或岛屿的距离不超过领海的宽度，该高地的低潮线可作为测算领海宽度的基线。

2. 如果低潮高地全部与大陆或岛屿的距离超过领海的宽度，则该高地没有其自己的领海。

第十四条　确定基线的混合办法

沿海国为适应不同情况，可交替使用以上各条规定的任何方法以确定基线。

第十五条　海岸相向或相领国家间领海界限的划定 如果两国海岸彼此相向或相邻，两国中任何一国在彼此没有相反协议的情形下，均无权将其领海伸延至一条其每一点都同测算两国中每一国领海宽度的基线上最近各点距离相等的中间线以外。但如因历史性所有权或其他特殊情况而有必要按照与上述规定不同的方法划定两国领海的界限，则不适用上述规定。

第十六条　海图和地理坐标表

1. 按照第七、第九和第十条确定的测算领海宽度的基线，或根据基线划定的界限，和按照第十二和第十五条划定的分界线，应在足以确定这些线的位置的一种或几种比例尺的海图上标出。或者，可以用列出各点的地理坐标并注明大地基准点的表来代替。

2. 沿海国应将这种海图或地理坐标表妥为公布，并应将各该海图和坐标表的一份副本交存于联合国秘书长。

第三节　领海的无害通过

a 分节　适用于所有船舶的规则

第十七条　无害通过权

在本公约的限制下，所有国家，不论为沿海国或内陆国，其船舶均享有无害通过领海的权利。

第十八条　通过的意义

1. 通过是指为了下列目的，通过领海的航行：

（a）穿过领海但不进入内水或停靠内水以外的泊船处或港口设施；或

（b）驶往或驶出内水或停靠这种泊船处或港口设施。

2. 通过应继续不停和迅速进行。通过包括停船和下锚在内，但以通常航行所附带发生的或由于不可抗力或遇难所必要的或为救助遇险或遭难的人员、船舶或飞机的目的为限。

第十九条　无害通过的意义

1. 通过只要不损害沿海国的和平、良好秩序或安全，就是无害的。这种通过的进行应符合本公约和其他国际法规则。

2. 如果外国船舶在领海内进行下列任何一种活动，其通过即应视为损害沿海国的和平、良好秩序或安全：

（a）对沿海国的主权、领土完整或政治独立进行任何武力威胁或使用武力，或以任何其他违反《联合国宪章》所体现的国际法原则的方式进行武力威胁或使用武力；

（b）以任何种类的武器进行任何操练或演习；

（c）任何目的在于搜集情报使沿海国的防务或安全受损害的行为；

（d）任何目的在于影响沿海国防务或安全的宣传行为；

（e）在船上起落或接载任何飞机；

（f）在船上发射、降落或接载任何军事装置；

（g）违反沿海国海关、财政、移民或卫生的法律和规章，上下任何商品、货币或人员；

（h）违反本公约规定的任何故意和严重的污染行为；

（i）任何捕鱼活动；

（j）进行研究或测量活动；

（k）任何目的在于干扰沿海国任何通信系统或任何其他设施或设备的行为；

（l）与通过没有直接关系的任何其他活动。

第二十条　潜水艇和其他潜水器

在领海内，潜水艇和其他潜水器，须在海面上航行并展示其旗帜。

第二十一条 沿海国关于无害通过的法律和规章

1. 沿海国可依本公约规定和其他国际法规则，对下列各项或任何一项制定关于无害通过领海的法律和规章：

（a）航行安全及海上交通管理；

（b）保护助航设备和设施以及其他设施或设备；

（c）保护电缆和管道；

（d）养护海洋生物资源；

（e）防止违犯沿海国的渔业法律和规章；

（f）保全沿海国的环境，并防止、减少和控制该环境受污染；

（g）海洋科学研究和水文测量；

（h）防止违犯沿海国的海关、财政、移民或卫生的法律和规章。

2. 这种法律和规章除使一般接受的国际规则或标准有效外，不应适用于外国船舶的设计、构造、人员配备或装备。

3. 沿海国应将所有这种法律和规章妥为公布。

4. 行使无害通过领海权利的外国船舶应遵守所有这种法律和规章以及关于防止海上碰撞的一切一般接受的国际规章。

第二十二条 领海内的海道和分道通航制

1. 沿海国考虑到航行安全认为必要时，可要求行使无害通过其领海权利的外国船舶使用其为管制船舶通过而指定或规定的海道和分道通航制。

2. 特别是沿海国可要求油轮、核动力船舶和载运核物质或材料或其他本质上危险或有毒物质或材料的船舶只在上述海道通过。

3. 沿海国根据本条指定海道和规定分道通航制时，应考虑到：

（a）主管国际组织的建议；

（b）习惯上用于国际航行的水道；

（c）特定船舶和水道的特殊性质；

（d）船舶来往的频繁程度。

4. 沿海国应在海图上清楚地标出这种海道和分道通航制，并应将该海图妥为公布。

第二十三条 外国核动力船舶和载运核物质或其他本质上危险或有毒物质的船舶，外国核动力船舶和载运核物质或其他本质上危险或有毒物质的船舶，在行使无害通过领海的权利时，应持有国际协定为这种船舶所规定的证书并遵守国际协定所规定的特别预防措施。

第二十四条 沿海国的义务

1. 除按照本公约规定外，沿海国不应妨碍外国船舶无害通过领海。尤其在适用本公约或依本公约制定的任何法律或规章时，沿海国不应：

（a）对外国船舶强加要求，其实际后果等于否定或损害无害通过的权利；或

（b）对任何国家的船舶、或对载运货物来往任何国家的船舶或对替任何国家载运货物的船舶，有形式上或事实上的歧视。

2. 沿海国应将其所知的在其领海内对航行有危险的任何情况妥为公布。

第二十五条 沿海国的保护权

1. 沿海国可在其领海内采取必要的步骤以防止非无害的通过。

2. 在船舶驶往内水或停靠内水外的港口设备的情形下，沿海国也有权采取必要的步骤，以防止对准许这种船舶驶往内水或停靠港口的条件的任何破坏。

3. 如为保护国家安全包括武器演习在内而有必要，沿海国可在对外国船舶之间在形式上或事实上不加歧视的条件下，在其领海的特定区域内暂时停止外国船舶的无害通过。这种停止仅应在正式公布后发生效力。

第二十六条 可向外国船舶征收的费用

1. 对外国船舶不得仅以其通过领海为理由而征收任何费用。

2. 对通过领海的外国船舶，仅可作为对该船舶提供特定服务的报酬而征收费用。征收上述费用不应有任何歧视。

b 分节 适用于商船和用于商业目的的政府船舶的规则

第二十七条 外国的船舶上的刑事管辖权

1. 沿海国不应在通过领海的外国船舶上行使刑事管辖权，以逮捕与在该船舶通过期间船上所犯任何罪行有关的任何人或进行与该罪行有关的任何调查，但下列情形除外：

（a）罪行的后果及于沿海国；

（b）罪行属于扰乱当地安宁或领海的良好秩序的性质；

（c）经船长或船旗国外交代表或领事官员请求地方当局予以协助；或

（d）这些措施是取缔违法贩运麻醉药品或精神调理物质所必要的。

2. 上述规定不影响沿海国为在驶离内水后通过领海的外国船舶上进行逮捕或调查的目的而采取其法律所授权的任何步骤的权利。

3. 在第1和第2两款规定的情形下，如经船长请求，沿海国在采取任何步骤前应通过船旗国的外交代表或领事官员，并应便利外交代表或领事官员和船上乘务人员之间的接触。遇有紧急情况，发出此项通知可与采取措施同时进行。

4. 地方当局在考虑是否逮捕或如何逮捕时，应适当顾及航行的利益。

5. 除第十二部分有所规定外或有违犯按照第五部分制定的法律和规章的情形，如果来自外国港口的外国船舶仅通过领海而不驶入内水，沿海国不得在通过领海的该船舶上采取任何步骤，以逮捕与该船舶驶进领海前所犯任何罪行有关的任何人或进行与该罪行有关的调查。

第二十八条　对外国船舶的民事管辖权

1. 沿海国不应为对通过领海的外国船舶上某人行使民事管辖权的目的而停止其航行或改变其航向。

2. 沿海国不得为任何民事诉讼的目的而对船舶从事执行或加以逮捕，但涉及该船舶本身在通过沿海国水域的航行中或为该航行的目的而承担的义务或因而负担的责任，则不在此限。

3. 第2款不妨害沿海国按照其法律为任何民事诉讼的目的而对在领海内停泊或驶离内水后通过领海的外国船舶从事执行或加以逮捕的权利。

c分节　适用于军舰和其他用于非商业目的的政府船舶的规则

第二十九条　军舰的定义

为本公约的目的，“军舰”是指属于一国武装部队、具备辨别军舰国籍的外部标志、由该国政府正式委任并名列相应的现役名册或类似名册的军官指挥和配备有服从正规武装部队纪律的船员的船舶。

第三十条　军舰对沿海国法律和规章的不遵守

如果任何军舰不遵守沿海国关于通过领海的法律和规章，而且不顾沿海国向其提出遵守法律和规章的任何要求，沿海国可要求该军舰立即离开领海。

第三十一条　船旗国对军舰或其他用于非商业目的的政府船舶所造成的损害的责任

对于军舰或其他用于非商业目的的政府船舶不遵守沿海国有关通过领海的法律和规章或不遵守本公约的规定或其他国际法规则，而使沿海国遭受的任何损失或损害，船旗国应负国际责任。

第三十二条　军舰和其他用于非商业目的的政府船舶的豁免权

a 分节和第三十条及第三十一条所规定的情形除外，本公约规定不影响军舰和其他用于非商业目的的政府船舶的豁免权。

第四节　毗连区

第三十三条　毗连区

1. 沿海国可在毗连其领海称为毗连区的区域内，行使为下列事项所必要的管制：

（a）防止在其领土或领海内违犯其海关、财政、移民或卫生的法律和规章；

（b）惩治在其领土或领海内违犯上述法律和规章的行为。

2. 毗连区从测算领海宽度的基线量起，不得超过二十四海里。

第三部分　用于国际航行的海峡

第一节　一般规定

第三十四条　构成用于国际航行海峡的水域的法律地位

1. 本部分所规定的用于国际航行的海峡的通过制度，不应在其他方面影响构成这种海峡的水域的法律地位，或影响海峡沿岸国对这种水域及其上空、海床和底土行使其主权或管辖权。

2. 海峡沿岸国的主权或管辖权的行使受本部分和其他国际法规则的限制。

第三十五条　本部分的范围

本部分的任何规定不影响：

（a）海峡内任何内水区域，但按照第七条所规定的方法确定直线基线的效果使原来并未认为是内水的区域被包围在内成为内水的情况除外；

（b）海峡沿岸国领海以外的水域作为专属经济区或公海的法律地位；或

（c）某些海峡的法律制度，这种海峡的通过已全部或部分地规定在长期存在、现行有效的专门关于这种海峡的国际公约中。

第三十六条　穿过用于国际航行的海峡的公海航道或穿过专属经济区的航道

如果穿过某一用于国际航行的海峡有在航行和水文特征方面同样方便的一条穿过公海或穿过专属经济区的航道，本部分不适用于该海峡；在这种航道中，适用本公约其他有关部分其中包括关于航行和飞越自由的规定。

第二节 过境通行

第三十七条 本节的范围

本节适用于在公海或专属经济区的一个部分和公海或专属经济区的另一部分之间的用于国际航行的海峡。

第三十八条 过境通行权

1. 在第三十七条所指的海峡中，所有船舶和飞机均享有过境通行的权利，过境通行不应受阻碍；但如果海峡是由海峡沿岸国的一个岛屿和该国大陆形成，而且该岛向海一面有在航行和水文特征方面同样方便的一条穿过公海，或穿过专属经济区的航道，过境通行就不应适用。

2. 过境通行是指按照本部分规定，专为在公海或专属经济区的一个部分和公海或专属经济区的另一部分之间的海峡继续不停和迅速过境的目的而行使航行和飞越自由。但是，对继续不停和迅速过境的要求，并不排除在一个海峡沿岸国入境条件的限制下，为驶入、驶离该国或自该国返回的目的而通过海峡。

3. 任何非行使海峡过境通行权的活动，仍受本公约其他适用的规定的限制。

第三十九条 船舶和飞机在过境通行时的义务

1. 船舶和飞机在行使过境通行权时应：

(a) 毫不迟延地通过或飞越海峡；

(b) 不对海峡沿岸国的主权、领土完整或政治独立进行任何武力威胁或使用武力，或以任何其他违反《联合国宪章》所体现的国际法原则的方式进行武力威胁或使用武力；

(c) 除因不可抗力或遇难而有必要外，不从事其继续不停和迅速过境的通常方式所附带发生的活动以外的任何活动；

(d) 遵守本部分的其他有关规定。

2. 过境通行的船舶应：

(a) 遵守一般接受的关于海上安全的国际规章、程序和惯例，包括《国际海上避碰规则》；

(b) 遵守一般接受的关于防止、减少和控制来自船舶的污染的国际规章、程序和惯例。

3. 过境通行的飞机应：

(a) 遵守国际民用航空组织制定的适用于民用飞机的《航空规则》；国

有飞机通常应遵守这种安全措施，并在操作时随时适当顾及航行安全；

（b）随时监听国际上指定的空中交通管制主管机构所分配的无线电频率或有关的国际呼救无线电频率。

第四十条 研究和测量活动

外国船舶，包括海洋科学研究和水文测量的船舶在内，在过境通行时，非经海峡沿岸国事前准许，不得进行任何研究或测量活动。

第四十一条 用于国际航行的海峡内的海道和分道通航制

1. 依照本部分，海峡沿岸国可于必要时为海峡航行指定海道和规定分道通航制，以促进船舶的安全通过。

2. 这种国家可于情况需要时，经妥为公布后，以其他海道或分道通航制替换任何其原先指定或规定的海道或分道通航制。

3. 这种海道和分道通航制应符合一般接受的国际规章。

4. 海峡沿岸国在指定或替换海道或在规定或替换分道通航制以前，应将提议提交主管国际组织，以期得到采纳。该组织仅可采纳同海峡沿岸国议定的海道和分道通航制，在此以后，海峡沿岸国可对这些海道和分道通航制予以指定、规定和替换。

5. 对于某一海峡，如所提议的海道或分道通航制穿过该海峡两个或两个以上沿岸国的水域，有关各国应同主管国际组织协商，合作拟订提议。

6. 海峡沿岸国应在海图上清楚地标出其所指定或规定的一切海道和分道通航制，并应将该海图妥为公布。

7. 过境通行的船舶应尊重按照本条制定的适用的海道和分道通航制。

第四十二条 海峡沿岸国关于过境通行的法律和规章

1. 在本节规定的限制下，海峡沿岸国可对下列各项或任何一项制定关于通过海峡的过境通行的法律和规章：

（a）第四十一条所规定的航行安全和海上交通管理；

（b）使有关在海峡内排放油类、油污废物和其他有毒物质的适用的国际规章有效，以防止、减少和控制污染；

（c）对于渔船，防止捕鱼，包括渔具的装载；

（d）违反海峡沿岸国海关、财政、移民或卫生的法律和规章，上下任何商品、货币或人员。

2. 这种法律和规章不应在形式上或事实上在外国船舶间有所歧视，或在其适用上有否定、妨碍或损害本节规定的过境通行权的实际后果。

3. 海峡沿岸国应将所有这种法律和规章妥为公布。

4. 行使过境通行权的外国船舶应遵守这种法律和规章。

5. 享有主权豁免的船舶的船旗国或飞机的登记国，在该船舶或飞机不遵守这种法律和规章或本部分的其他规定时，应对海峡沿岸国遭受的任何损失和损害负国际责任。

第四十三条 助航和安全设备及其他改进办法以及污染的防止、减少和控制海峡使用国和海峡沿岸国应对下列各项通过协议进行合作：

（a）在海峡内建立并维持必要的助航和安全设备或帮助国际航行的其他改进办法；和（b）防止、减少和控制来自船舶的污染。

第四十四条 海峡沿岸国的义务

海峡沿岸国不应妨碍过境通行，并应将其所知的海峡内或海峡上空对航行或飞越有危险的任何情况妥为公布。过境通行不应予以停止。

第三节 无害通过

第四十五条 无害通过

1. 按照第二部分第三节，无害通过制度应适用于下列用于国际航行的海峡：

（a）按照第三十八条第1款不适用过境通行制度的海峡；或（b）在公海或专属经济区的一个部分和外国领海之间的海峡。

2. 在这种海峡中的无害通过不应予以停止。

第四部分 群岛国

第四十六条 用语

为本公约的目的：

（a）“群岛国”是指全部由一个或多个群岛构成的国家，并可包括其他岛屿；

（b）“群岛”是指一群岛屿，包括若干岛屿的若干部分、相连的水域和其他自然地形，彼此密切相关，以致这种岛屿、水域和其他自然地形在本质上构成一个地理、经济和政治的实体，或在历史上已被视为这种实体。

第四十七条 群岛基线

1. 群岛国可划定连接群岛最外缘各岛和各干礁的最外缘各点的直线群岛基线，但这种基线应包括主要的岛屿和一个区域，在该区域内，水域面积和包括环礁在内的陆地面积的比例应在一比一到九比一之间。

2. 这种基线的长度不应超过一百海里。但围绕任何群岛的基线总数中至多百分之三可超过该长度，最长以一百二十五海里为限。

3. 这种基线的划定不应在任何明显的程度上偏离群岛的一般轮廓。

4. 除在低潮高地上筑有永久高于海平面的灯塔或类似设施，或者低潮高地全部或一部与最近的岛屿的距离不超过领海的宽度外，这种基线的划定不应以低潮高地为起讫点。

5. 群岛国不应采用一种基线制度，致使另一国的领海同公海或专属经济区隔断。

6. 如果群岛国的群岛水域的一部分位于一个直接相邻国家的两个部分之间，该邻国传统上在该水域内行使的现有权利和一切其他合法利益以及两国间协定所规定的一切权利，均应继续，并予以尊重。

7. 为计算第1款规定的水域与陆地的比例的目的，陆地面积可包括位于岛屿和环礁的岸礁以内的水域，其中包括位于陡侧海台周围的一系列灰岩岛和干礁所包围或几乎包围的海台的那一部分。

8. 按照本条划定的基线，应在足以确定这些线的位置的一种或几种比例尺的海图上标出。或者，可以用列出各点的地理坐标并注明大地基准点的表来代替。

9. 群岛国应将这种海图或地理坐标表妥为公布，并应将各该海图或坐标表的一份副本交存于联合国秘书长。

第四十八条　领海、毗连区、专属经济区和大陆架宽度的测算

领海、毗连区、专属经济区和大陆架的宽度，应从按照第四十七条划定的群岛基线量起。

第四十九条　群岛水域、群岛水域的上空、海床和底土的法律地位

1. 群岛国的主权及于按照第四十七条划定的群岛基线所包围的水域，称为群岛水域，不论其深度或距离海岸的远近如何。

2. 此项主权及于群岛水域的上空、海床和底土，以及其中所包含的资源。

3. 此项主权的行使受本部分规定的限制。

4. 本部分所规定的群岛海道通过制度，不应在其他方面影响包括海道在内的群岛水域的地位，或影响群岛国对这种水域及其上空、海床和底土以及其中所含资源行使其主权。

第五十条　内水界限的划定

群岛国可按照第九、第十和第十一条，在其群岛水域内用封闭线划定内水的界限。

第五十一条　现有协定、传统捕鱼权利和现有海底电缆

1. 在不妨害第四十九条的情形下，群岛国应尊重与其他国家间的现有协定，并应承认直接相邻国家在群岛水域范围内的某些区域内的传统捕鱼权利和其他合法活动。行使这种权利和进行这种活动的条款和条件，包括这种权利和活动的性质、范围和适用的区域，经任何有关国家要求，应由有关国家之间的双边协定予以规定。这种权利不应转让给第三国或其他国民，或与第三国或其国民分享。

2. 群岛国应尊重其他国家所铺设的通过其水域而不靠岸的现有海底电缆。群岛国于接到关于这种电缆的位置和修理或更换这种电缆的意图的适当通知后，应准许对其进行维修和更换。

第五十二条　无害通过权

1. 在第五十三条的限制下并在不妨害第五十条的情形下，按照第二部分第三节的规定，所有国家的船舶均享有通过群岛水域的无害通过权。

2. 如为保护国家安全所必要，群岛国可在对外国船舶之间在形式上或事实上不加歧视的条件下，暂时停止外国船舶在其群岛水域特定区域内的无害通过。这种停止仅应在正式公布后发生效力。

第五十三条　群岛海道通过权

1. 群岛国可指定适当的海道和其上的空中航道，以便外国船舶和飞机继续不停和迅速通过或飞越其群岛水域和邻接的领海。

2. 所有船舶和飞机均享有在这种海道和空中航道内的群岛海道通过权。

3. 群岛海道通过是指按照本公约规定，专为在公海或专属经济区的一部分和公海或专属经济区的另一部分之间继续不停、迅速和无障碍地过境的目的，行使正常方式的航行和飞越的权利。

4. 这种海道和空中航道应穿过群岛水域和邻接的领海，并应包括用作通过群岛水域或其上空的国际航行或飞越的航道的所有正常通道，并且在这种航道内，就船舶而言，包括所有正常航行水道，但无须在相同的进出点之间另设同样方便的其他航道。

5. 这种海道和空中航道应以通道进出点之间的一系列连续不断的中心线划定，通过群岛海道和空中航道的船舶和飞机在通过时不应偏离这种中心线

二十五海里以外，但这种船舶和飞机在航行时与海岸的距离不应小于海道边缘各岛最近各点之间的距离的百分之十。

6. 群岛国根据本条指定海道时，为了使船舶安全通过这种海道内的狭窄水道，也可规定分道通航制。

7. 群岛国可于情况需要时，经妥为公布后，以其他的海道或分道通航制替换任何其原先指定或规定的海道或分道通航制。

8. 这种海道或分道通航制应符合一般接受的国际规章。

9. 群岛国在指定或替换海道或在规定或替换分道通航制时，应向主管国际组织提出建议，以期得到采纳。该组织仅可采纳同群岛国议定的海道和分道通航制；在此以后，群岛国可对这些海道和分道通航制予以指定、规定或替换。

10. 群岛国应在海图上清楚地标出其指定或规定的海道中心线和分道通航制，并应将该海图妥为公布。

11. 通过群岛海道的船舶应尊重按照本条制定的适用的海道和分道通航制。

12. 如果群岛国没有指定海道或空中航道，可通过正常用于国际航行的航道，行使群岛海道通过权。

第五十四条 船舶和飞机在通过时的义务、研究和测量活动、群岛国的义务以及群岛国

关于群岛海道通过的法律和规章第三十九、第四十、第四十二和第四十四各条比照适用于群岛海道通过。

第五部分 专属经济区

第五十五条 专属经济区的特定法律制度

专属经济区是领海以外并邻接领海的一个区域，受本部分规定的特定法律制度的限制，在这个制度下，沿海国的权利和管辖权以及其他国家的权利和自由均受本公约有关规定的支配。

第五十六条 沿海国在专属经济区内的权利、管辖权和义务

1. 沿海国在专属经济区内有：

（a）以勘探和开发、养护和管理海床上覆水域和海床及其底土的自然资源（不论为生物或非生物资源）为目的的主权权利，以及关于在该区内从事

经济性开发和勘探，如利用海水、海流和风力生产能等其他活动的主权权利；

（b）本公约有关条款规定的对下列事项的管辖权：

（1）人工岛屿、设施和结构的建造和使用；

（2）海洋科学研究；

（3）海洋环境的保护和保全；

（c）本公约规定的其他权利和义务。

2. 沿海国在专属经济区内根据本公约行使其权利和履行其义务时，应适当顾及其他国家的权利和义务，并应以符合本公约规定的方式行事。

3. 本条所载的关于海床和底土的权利，应按照第六部分的规定行使。

第五十七条　专属经济区的宽度

专属经济区从测算领海宽度的基线量起，不应超过二百海里。

第五十八条　其他国家在专属经济区内的权利和义务

1. 在专属经济区内，所有国家，不论为沿海国或内陆国，在本公约有关规定的限制下，享有第八十七条所指的航行和飞越的自由，铺设海底电缆和管道的自由，以及与这些自由有关的海洋其他国际合法用途，诸如同船舶和飞机的操作及海底电缆和管道的使用有关的并符合本公约其他规定的那些用途。

2. 第八十八至第一百一十五条以及其他国际法有关规则，只要与本部分不相抵触，均适用于专属经济区。

3. 各国在专属经济区内根据本公约行使其权利和履行其义务时，应适当顾及沿海国的权利和义务，并应遵守沿海国按照本公约的规定和其他国际法规则所制定的与本部分不相抵触的法律和规章。

第五十九条　解决关于专属经济区内权利和管辖权的归属的冲突的基础

在本公约未将在专属经济区内的权利或管辖权归属于沿海国或其他国家而沿海国和任何其他一国或数国之间的利益发生冲突的情形下，这种冲突应在公平的基础上参照一切有关情况，考虑到所涉利益分别对有关各方和整个国际社会的重要性，加以解决。

第六十条　专属经济区内的人工岛屿、设施和结构

1. 沿海国在专属经济区内应有专属权利建造并授权和管理建造、操作和使用：

（a）人工岛屿；

（b）为第五十六条所规定的目的和其他经济目的的设施和结构；

（c）可能干扰沿海国在区内行使权利的设施和结构。

2. 沿海国对这种人工岛屿、设施和结构应有专属管辖权，包括有关海关、财政、卫生、安全和移民的法律和规章方面的管辖权。

3. 这种人工岛屿、设施或结构的建造，必须妥为通知，并对其存在必须维持永久性的警告方法。已被放弃或不再使用的任何设施或结构，应予以拆除，以确保航行安全，同时考虑到主管国际组织在这方面制订的任何为一般所接受的国际标准。这种拆除也应适当地考虑到捕鱼、海洋环境的保护和其他国家的权利和义务。尚未全部拆除的任何设施或结构的深度、位置和大小应妥为公布。

4. 沿海国可于必要时在这种人工岛屿、设施和结构的周围设置合理的安全地带，并可在该地带中采取适当措施以确保航行以及人工岛屿、设施和结构的安全。

5. 安全地带的宽度应由沿海国参照可适用的国际标准加以确定。这种地带的设置应确保其与人工岛屿、设施或结构的性质和功能有合理的关联；这种地带从人工岛屿、设施或结构的外缘各点量起，不应超过这些人工岛屿、设施或结构周围五百公尺的距离，但为一般接受的国际标准所许可或主管国际组织所建议者除外。安全地带的范围应妥为通知。

6. 一切船舶都必须尊重这些安全地带，并应遵守关于在人工岛屿、设施、结构和安全地带附近航行的一般接受的国际标准。

7. 人工岛屿、设施和结构及其周围的安全地带，不得设在对使用国际航行必经的公认海道可能有干扰的地方。

8. 人工岛屿、设施和结构不具有岛屿地位。它们没有自己的领海，其存在也不影响领海、专属经济区或大陆架界限的划定。

第六十一条　生物资源的养护

1. 沿海国应决定其专属经济区内生物资源的可捕量。

2. 沿海国参照其可得到的最可靠的科学证据，应通过正当的养护和管理措施，确保专属经济区内生物资源的维持不受过度开发的危害。在适当情形下，沿海国和各主管国际组织，不论是分区域、区域或全球性的，应为此目的进行合作。

3. 这种措施的目的也应在包括沿海渔民社区的经济需要和发展中国家的特殊要求在内的各种有关的环境和经济因素的限制下，使捕捞鱼种的数量维持在或恢复到能够生产最高持续产量的水平，并考虑到捕捞方式、种群的相互依存以及任何一般建议的国际最低标准，不论是分区域、区域或全球性的。

4. 沿海国在采取这种措施时，应考虑到与所捕捞鱼种有关联或依赖该鱼种而生存的鱼种所受的影响，以便使这些有关联或依赖的鱼种的数量维持在或恢复到其繁殖不会受严重威胁的水平以上。

5. 在适当情形下，应通过各主管国际组织，不论是分区域、区域或全球性的，并在所有有关国家，包括其国民获准在专属经济区捕鱼的国家参加下，经常提供和交换可获得的科学情报、渔获量和渔捞努力量统计，以及其他有关养护鱼的种群的资料。

第六十二条　生物资源的利用

1. 沿海国应在不妨害第六十一条的情形下促进专属经济区内生物资源最适度利用的目的。

2. 沿海国应决定其捕捞专属经济区内生物资源的能力。沿海国在没有能力捕捞全部可捕量的情形下，应通过协定或其他安排，并根据第 4 款所指的条款、条件、法律和规章，准许其他国家捕捞可捕量的剩余部分，特别顾及第六十九条和第七十条的规定，尤其是关于其中所提到的发展中国家的部分。

3. 沿海国在根据本条准许其他国家进入其专属经济区时，应考虑到所有有关因素，除其他外，包括：该区域的生物资源对有关沿海国的经济和其他国家利益的重要性，第六十九条和第七十条的规定，该分区域或区域内的发展中国家捕捞一部分剩余量的要求，以及尽量减轻其国民惯常在专属经济区捕鱼或曾对研究和测定种群做过大量工作的国家经济失调现象的需要。

4. 在专属经济区内捕鱼的其他国家的国民应遵守沿海国的法律和规章中所制定的养护措施和其他条款和条件。这种规章应符合本公约。

5. 沿海国应将养护和管理的法律和规章妥为通知。

第七十四条　海岸相向或相邻国家间专属经济区界限的划定

1. 海岸相向或相邻国家间专属经济区的界限，应在国际法院规约第三十八条所指国际法的基础上以协议划定，以便得到公平解决。

2. 有关国家如在合理期间内未能达成任何协议，应诉诸第十五部分所规定的程序。

3. 在达成第1款规定的协议以前，有关各国应基于谅解和合作的精神，尽一切努力作出实际性的临时安排，并在此过渡期间内，不危害或阻碍最后协议的达成。这种安排应不妨害最后界限的划定。

4. 如果有关国家间存在现行有效的协定，关于划定专属经济区界限的问题，应按照该协定的规定加以决定。

第六部分　大陆架

第七十七条　大陆架的定义

1. 沿海国的大陆架包括其领海以外依其陆地领土的全部自然延伸，扩展到大陆边外缘的海底区域的海床和底土，如果从测算领海宽度的基线量起到大陆边的外缘的距离不到二百海里，则扩展到二百海里的距离。

2. 沿海国的大陆架不应扩展到第4款至第6款规定的界限以外。

3. 大陆边包括沿海国陆块没入水中的延伸部分，由陆架、陆坡和陆基的海床和底土构成，它不包括深洋洋底及其洋脊，也不包括其底土。

4. (a) 为本公约的目的，在大陆边从测算领海宽度的基线量起超过二百海里的任何情形下，沿海国应以下列两种方式之一，划定大陆边的外缘：

(1) 按照第7款，以最外各定点为准划定界限，每一定点上沉积岩厚度至少为从该点至大陆坡脚最短距离的百分之一；或 (2) 按照第7款，以离大陆坡脚的距离不超过六十海里的各定点为准划定界限。

(b) 在没有相反证明的情形下，大陆坡脚应定为大陆坡坡底坡度变动最大之点。

5. 组成按照第4款 (a) 项 (1) 和 (2) 目划定的大陆架在海床上的外部界限的各定点，不应超过从测算领海宽度的基线量起三百五十海里，或不应超过连接二千五百公尺深度各点的二千五百公尺等深线一百海里。

6. 虽有第5款的规定，在海底洋脊上的大陆架外部界限不应超过从测算领海宽度的基线量起三百五十海里。本款规定不适用于作为大陆边自然构成部分的海台、海隆、海峰、暗滩和坡尖等海底高地。

7. 沿海国的大陆架如从测算领海宽度的基线量起超过二百海里，应连接以经纬度坐标标出的各定点划出长度各不超过六十海里的若干直线，划定其大陆架的外部界限。

8. 从测算领海宽度的基线量起二百海里以外大陆架界限的情报应由沿海国提交根据附件二在公平地区代表制基础上成立的大陆架界限委员会。委员会应就有关划定大陆架外部界限的事项向沿海国提出建议，沿海国在这些建议的基础上划定的大陆架界限应有确定性和拘束力。

9. 沿海国应将永久标明其大陆架外部界限的海图和有关情报，包括大地基准点，交存于联合国秘书长。秘书长应将这些情报妥为公布。

10. 本条的规定不妨害海岸相向或相领国家间大陆架界限划定的问题。

第七十八条　沿海国对大陆架的权利

1. 沿海国为勘探大陆架和开发其自然资源的目的，对大陆架行使主权权利。

2. 第 1 款所指的权利是专属性的，即如果沿海国不勘探大陆架或开发其自然资源，任何人未经沿海国明示同意，均不得从事这种活动。

3. 沿海国对大陆架的权利并不取决于有效或象征的占领或任何明文公告。

4. 本部分所指的自然资源包括海床和底土的矿物和其他非生物资源，以及属于定居种的生物，即在可捕捞阶段在海床上或海床下不能移动或其躯体须与海床或底土保持接触才能移动的生物。

第七十九条　上覆水域和上空的法律地位以及其他国家的权利和自由

1. 沿海国对大陆架的权利不影响上覆水域或水域上空的法律地位。

2. 沿海国对大陆架权利的行使，绝不得对航行和本公约规定的其他国家的其他权利和自由有所侵害，或造成不当的干扰。

第八十条　大陆架上的海底电缆和管道

1. 所有国家按照本条的规定都有在大陆架上铺设海底电缆和管道的权利。

2. 沿海国除为了勘探大陆架，开发其自然资源和防止、减少和控制管道造成的污染有权采取合理措施外，对于铺设或维持这种海底电缆或管道不得加以阻碍。

3. 在大陆架上铺设这种管道，其路线的划定须经沿海国同意。

4. 本部分的任何规定不影响沿海国对进入其领土或领海的电缆或管道订立条件的权利，也不影响沿海国对因勘探其大陆架或开发其资源或经营在其管辖下的人工岛屿、设施和结构而建造或使用的电缆和管道的管辖权。

5. 铺设海底电缆和管道时，各国应适当顾及已经铺设的电缆和管道。特别是，修理现有电缆或管道的可能性不应受妨害。

第八十一条 大陆架上的人工岛屿、设施和结构

第六十条比照适用于大陆架上的人工岛屿、设施和结构。

第八十二条 大陆架上的钻探沿海国有授权和管理为一切目的在大陆架上进行钻探的专属权利。

第八十三条 对二百海里以外的大陆架上的开发应缴的费用和实物

1. 沿海国对从测算领海宽度的基线量起二百海里以外的大陆架上的非生物资源的开发，应缴付费用或实物。

2. 在某一矿址进行第一个五年生产以后，对该矿址的全部生产应每年缴付费用和实物。第六年缴付费用或实物的比率应为矿址产值或产量的百分之一。此后该比率每年增加百分之一，至第十二年为止，其后比率应保持为百分之七。产品不包括供开发用途的资源。

3. 某一发展中国家如果是其大陆架上所生产的某种矿物资源的纯输入者，对该种矿物资源免缴这种费用或实物。

4. 费用或实物应通过管理局缴纳。管理局应根据公平分享的标准将其分配给本公约各缔约国，同时考虑到发展中国家的利益和需要，特别是其中最不发达的国家和内陆国的利益和需要。

第八十四条 海岸相向或相邻国家间大陆架界限的划定

1. 海岸相向或相邻国家间大陆架的界限，应在国际法院规约第三十八条所指国际法的基础上以协议划定，以便得到公平解决。

2. 有关国家如在合理期间内未能达成任何协议，应诉诸第十五部分所规定的程序。

3. 在达成第 1 款规定的协议以前，有关各国应基于谅解和合作的精神，尽一切努力作出实际性的临时安排，并在此过渡期间内，不危害或阻碍最后协议的达成。这种安排应不妨害最后界限的划定。

4. 如果有关国家间存在现行有效的协定，关于划定大陆架界限的问题，应按照该协定的规定加以决定。

第八十五条 开凿隧道

本部分不妨害沿海国开凿隧道以开发底土的权利，不论底土上水域的深度如何。

第七部分　公海

第八十六条　本部分规定的适用

本部分的规定适用于不包括在国家的专属经济区、领海或内水或群岛国的群岛水域内的全部海域。本条规定并不使各国按照第五十八条规定在专属经济区内所享有的自由受到任何减损。

第八十七条　公海自由

1. 公海对所有国家开放，不论其为沿海国或内陆国。公海自由是在本公约和其他国际法规则所规定的条件下行使的。公海自由对沿海国和内陆国而言，除其他外，包括：

（a）航行自由；

（b）飞越自由；

（c）铺设海底电缆和管道的自由，但受第六部分的限制；

（d）建造国际法所容许的人工岛屿和其他设施的自由，但受第六部分的限制；

（e）捕鱼自由，但受第二节规定条件的限制；

（f）科学研究的自由，但受第六和第十三部分的限制。

2. 这些自由应由所有国家行使，但须适当顾及其他国家行使公海自由的利益，并适当顾及本公约所规定的同“区域”内活动有关的权利。

第八十八条　公海只用于和平目的

公海应只用于和平目的。

第八十九条　对公海主权主张的无效

任何国家不得有效地声称将公海的任何部分置于其主权之下。

第九十条　航行权

每个国家，不论是沿海国或内陆国，均有权在公海上行驶悬挂其旗帜的船舶。

第九十一条　船舶的国籍

1. 每个国家应确定对船舶给予国籍、船舶在其领土内登记及船舶悬挂该国旗帜的权利的条件。船舶具有其有权悬挂的旗帜所属国家的国籍。国家和船舶之间必须有真正联系。

2. 每个国家应向其给予悬挂该国旗帜权利的船舶颁发给予该权利的

文件。

第九十二条 船舶的地位

1. 船舶航行应仅悬挂一国的旗帜，而且除国际条约或本公约明文规定的例外情形外，在公海上应受该国的专属管辖。除所有权确实转移或变更登记的情形外，船舶在航程中或在停泊港内不得更换其旗帜。

2. 悬挂两国或两国以上旗帜航行并视方便而换用旗帜的船舶，对任何其他国家不得主张其中的任一国籍，并可视同无国籍的船舶。

第九十三条 悬挂联合国、其专门机构和国际原子能机构旗帜的船舶

以上各条不影响用于为联合国、其专门机构或国际原子能机构正式服务并悬挂联合国旗帜的船舶的问题。

第九十四条 船旗国的义务

1. 每个国家应对悬挂该国旗帜的船舶有效地行使行政、技术及社会事项上的管辖和控制。

2. 每个国家特别应：

（a）保持一本船舶登记册，载列悬挂该国旗帜的船舶的名称和详细情况，但因体积过小而不在一般接受的国际规章规定范围内的船舶除外；

（b）根据其国内法，就有关每艘悬挂该国旗帜的船舶的行政、技术和社会事项，对该船及其船长、高级船员和船员行使管辖权。

3. 每个国家对悬挂该国旗帜的船舶，除其他外，应就以下列各项采取为保证海上安全所必要的措施：

（a）船舶的构造、装备和适航条件；

（b）船舶的人员配备、船员的劳动条件和训练，同时考虑到适用的国际文件；

（c）信号的使用、通信的维持和碰撞的防止。

4. 这种措施应包括为确保下列事项所必要的措施：

（a）每艘船舶，在登记前及其后适当的间隔期间，受合格的船舶检验人的检查，并在船上备有船舶安全航行所需要的海图、航海出版物以及航行装备和仪器；

（b）每艘船舶都应具备适当资格，特别是具备航海术、航行、通信和海洋工程方面资格的船长和高级船员负责，而且船员的资格和人数与船舶种类、大小、机械和装备都应是相称的；

（c）船长、高级船员和在适当范围内的船员，充分熟悉并须遵守关于

海上生命安全，防止碰撞，防止、减少和控制海洋污染和维持无线电通信所适用的国际规章。

5. 每一国家采取第 3 款和第 4 款要求的措施时，须遵守一般接受的国际规章、程序和惯例，并采取为保证这些规章、程序和惯例得到遵行所必要的任何步骤。

6. 一个国家如有明确理由相信对某一船舶未行使适当的管辖和管制，可将这项事实通知船旗国。船旗国接到通知后，应对这一事项进行调查，并于适当时候采取任何必要行动，以补救这种情况。

7. 每一国家对于涉及悬挂该国旗帜的船舶在公海上因海难或航行事故对另一国国民造成死亡或严重伤害，或对另一国的船舶或设施、或海洋环境造成严重损害的每一事件，都应由适当的合格人士一人或数人或在有这种人士在场的情况下进行调查。对于该另一国就任何这种海难或航行事故进行的任何调查，船旗国应与该另一国合作。

第九十五条　公海上军舰的豁免权

军舰在公海上有不受船旗国以外任何其他国家管辖的完全豁免权。

第九十六条　专用于政府非商业性服务的船舶的豁免权

由一国所有或经营并专用于政府非商业性服务的船舶，在公海上应有不受船旗国以外任何其他国家管辖的完全豁免权。

第九十七条　关于碰撞事项或任何其他航行事故的刑事管辖权

1. 遇有船舶在公海上碰撞或任何其他航行事故涉及船长或任何其他为船舶服务的人员的刑事或纪律责任时，对此种人员的任何刑事诉讼或纪律程序，仅可向船旗国或此种人员所属国的司法或行政当局提出。

2. 在纪律事项上，只有发给船长证书或驾驶资格证书或执照的国家，才有权在经过适当的法律程序后宣告撤销该证书，即使证书持有人不是发给证书的国家的国民也不例外。

3. 船旗国当局以外的任何当局，即使作为一种调查措施，也不应命令逮捕或扣留船舶。

第九十八条　救助的义务

1. 每个国家应责成悬挂该国旗帜航行的船舶的船长，在不严重危及其船舶、船员或乘客的情况下：

(a) 救助在海上遇到的任何有生命危险的人；

(b) 如果得悉有遇难者需要救助的情形，在可以合理地期待其采取救助行动时，尽速前往拯救；

（c）在碰撞后，对另一船舶、其船员和乘客给予救助，并在可能情况下，将自己船舶的名称、船籍港和将停泊的最近港口通知另一船舶。

2. 每个沿海国应促进有关海上和上空安全的足够应用和有效的搜寻和救助服务的建立、经营和维持，并应在情况需要时为此目的通过相互的区域性安排与邻国合作。

第九十九条　贩运奴隶的禁止

每个国家应采取有效措施，防止和惩罚准予悬挂该国旗帜的船舶贩运奴隶，并防止为此目的而非法使用其旗帜。在任何船舶上避难的任何奴隶，不论该船悬挂何国旗帜，均当然获得自由。

第一百条　合作制止海盗行为的义务

所有国家应尽最大可能进行合作，以制止在公海上或在任何国家管辖范围以外的任何其他地方的海盗行为。

第一百零一条　海盗行为的定义

下列行为中的任何行为构成海盗行为：

（a）私人船舶或私人飞机的船员、机组成员或乘客为私人目的，对下列对象所从事的任何非法的暴力或扣留行为，或任何掠夺行为：

（1）在公海上对另一船舶或飞机，或对另一船舶或飞机上的人或财物；

（2）在任何国家管辖范围以外的地方对船舶、飞机、人或财物；

（b）明知船舶或飞机成为海盗船舶或飞机的事实，而自愿参加其活动的任何行为；

（c）教唆或故意便利（a）或（b）项所述行为的任何行为。

第一百零二条　军舰、政府船舶或政府飞机由于其船员或机组成员发生叛变而从事的海盗行为

军舰、政府船舶或政府飞机由于其船员或机组成员发生叛变并控制该船舶或飞机而从事第一百零一条所规定的海盗行为，视同私人船舶或飞机所从事的行为。

第一百零三条　海盗船舶或飞机的定义

如果处于主要控制地位的人员意图利用船舶或飞机从事第一百零一条所指的各项行为之一，该船舶或飞机视为海盗船舶或飞机。如果该船舶或飞机曾被用以从事任何这种行为，在该船舶或飞机仍在犯有该行为的人员

的控制之下时，上述规定同样适用。

第一百零四条　海盗船舶或飞机国籍的保留或丧失

船舶或飞机虽已成为海盗船舶或飞机，仍可保有其国籍。国籍的保留或丧失由原来给予国籍的国家的法律予以决定。

第一百零五条　海盗船舶或飞机的扣押

在公海上，或在任何国家管辖范围以外的任何其他地方，每个国家均可扣押海盗船舶或飞机或为海盗所夺取并在海盗控制下的船舶或飞机，和逮捕船上或机上人员并扣押船上或机上财物。扣押国的法院可判定应处的刑罚，并可决定对船舶、飞机或财产所应采取的行动，但受善意第三者的权利的限制。

第一百零六条　无足够理由扣押的赔偿责任

如果扣押涉有海盗行为嫌疑的船舶或飞机并无足够的理由，扣押国应向船舶或飞机所属的国家负担因扣押而造成的任何损失或损害的赔偿责任。

第一百零七条　由于发生海盗行为而有权进行扣押的船舶和飞机

由于发生海盗行为而进行的扣押，只可由军舰、军用飞机或其他有清楚标志可以识别的为政府服务并经授权扣押的船舶或飞机实施。

第一百零八条　麻醉药品或精神调理物质的非法贩运

1. 所有国家应进行合作，以制止船舶违反国际公约在海上从事非法贩运麻醉药品和精神调理物质。

2. 任何国家如有合理根据认为一艘悬挂其旗帜的船舶从事非法贩运麻醉药品或精神调理物质，可要求其他国家合作，制止这种贩运。

第一百零九条　从公海从事未经许可的广播

1. 所有国家应进行合作，以制止从公海从事未经许可的广播。

2. 为本公约的目的，“未经许可的广播”是指船舶或设施违反国际规章在公海上播送旨在使公众收听或收看的无线电传音或电视广播，但遇难呼号的播送除外。

3. 对于从公海从事未经许可的广播的任何人，均可向下列国家的法院起诉：

（a）船旗国；

（b）设施登记国；

（c）广播人所属国；

（d）可以收到这种广播的任何国家；或

（e）得到许可的无线电通信受到干扰的任何国家。

4. 在公海上按照第3款有管辖权的国家，可依照第一百一十条逮捕从事未经许可的广播的任何人或船舶，并扣押广播器材。

第一百一十条 登临权

1. 除条约授权的干涉行为外，军舰在公海上遇到按照第九十五条和第九十六条享有完全豁免权的船舶以外的外国船舶，非有合理根据认为有下列嫌疑，不得登临该船：

（a）该船从事海盗行为；

（b）该船从事奴隶贩卖；

（c）该船从事未经许可的广播而且军舰的船旗国依据第一百零九条有管辖权；

（d）该船没有国籍；或

（e）该船虽悬挂外国旗帜或拒不展示其旗帜，而事实上却与该军舰属同一国籍。

2. 在第1款规定的情形下，军舰可查核该船悬挂其旗帜的权利。为此目的，军舰可派一艘由一名军官指挥的小艇到该嫌疑船舶。如果检验船舶文件后仍有嫌疑，军舰可进一步在该船上进行检查，但检查须尽量审慎进行。

3. 如果嫌疑经证明为无根据，而且被登临的船舶并未从事嫌疑的任何行为，对该船舶可能遭受的任何损失或损害应予赔偿。

4. 这些规定比照适用于军用飞机。

5. 这些规定也适用于经正式授权并有清楚标志可以识别的为政府服务的任何其他船舶或飞机。

第一百一十一条 紧追权

1. 沿海国主管当局有充分理由认为外国船舶违反该国法律和规章时，可对该外国船舶进行紧追。此项追逐须在外国船舶或其小艇之一在追逐国的内水、群岛水域、领海或毗连区内时开始，而且只有追逐未曾中断，才可在领海或毗连区外继续进行。当外国船舶在领海或毗连区内接获停驶命令时，发出命令的船舶并无必要也在领海或毗连区内。如果外国船舶是在第三十三条所规定的毗连区内，追逐只有在设立该区所保护的权利遭到侵犯的情形下才可进行。

2. 对于在专属经济区内或大陆架上，包括大陆架上设施周围的安全地带内，违反沿海国按照本公约适用于专属经济区或大陆架包括这种安全地带的法律和规章的行为，应比照适用紧追权。

3. 紧追权在被追逐的船舶进入其本国领海或第三国领海时立即终止。

4. 除非追逐的船舶以可用的实际方法认定被追逐的船舶或其小艇之一或作为一队进行活动而以被追逐的船舶为母船的其他船艇是在领海范围内，或者，根据情况，在毗连区或专属经济区内或在大陆架上，紧追不得认为已经开始。追逐只有在外国船舶视听所及的距离内发出视觉或听觉的停驶信号后，才可开始。

5. 紧追权只可由军舰、军用飞机或其他有清楚标志可以识别的为政府服务并经授权紧追的船舶或飞机行驶。

6. 在飞机进行紧追时：

（a）应比照适用第 1 至第 4 款的规定；

（b）发出停驶命令的飞机，除非其本身能逮捕该船舶，否则须其本身积极追逐船舶直至其所召唤的沿海国船舶或另一飞机前来接替追逐为止。飞机仅发现船舶犯法或有犯法嫌疑，如果该飞机本身或接着无间断地进行追逐的其他飞机或船舶既未命令该船停驶也未进行追逐，则不足以构成在领海以外逮捕的理由。

7. 在一国管辖范围内被逮捕并被押解到该国港口以便主管当局审问的船舶，不得仅以其在航行中由于情况需要而曾被押解通过专属经济区的或公海的一部分为理由而要求释放。

8. 在无正当理由行使紧追权的情况下，在领海以外被命令停驶或被逮捕的船舶，对于可能因此遭受的任何损失或损害应获赔偿。

第八部分　岛屿制度

第一百二十一条　岛屿制度

1. 岛屿是四面环水并在高潮时高于水面的自然形成的陆地区域。

2. 除第 3 款另有规定外，岛屿的领海、毗连区、专属经济区和大陆架应按照本公约适用于其他陆地领土的规定加以确定。

3. 不能维持人类居住或其本身的经济生活的岩礁，不应有专属经济区或大陆架。

第十一部分　“区域”

第一节　一般规定

第一百三十三条　用语

为本部分的目的：

(a)“资源”是指“区域”内在海床及其下原来位置的一切固体、液体或气体矿物资源，其中包括多金属结核；

(b) 从“区域”回收的资源称为“矿物”。

第一百三十四条　本部分的范围

1. 本部分适用于“区域”。

2. “区域”内活动应受本部分规定的支配。

3. 关于将标明第一条第1款第（1）项所指范围界限的海图和地理坐标表交存和予以公布的规定，载于第六部分。

4. 本条的任何规定不影响根据第六部分大陆架外部界限的划定或关于划定海岸相向或相邻国家间界限的协定的效力。

第一百三十五条　上覆水域和上空的法律地位

本部分或依其授予或行使的任何权利，不应影响“区域”上覆水域的法律地位，或这种水域上空的法律地位。

第二节　支配“区域”的原则

第一百三十六条　人类的共同继承财产

“区域”及其资源是人类的共同继承财产。

第一百三十七条　“区域”及其资源的法律地位

1. 任何国家不应对“区域”的任何部分或其资源主张或行使主权或主权权利，任何国家或自然人或法人，也不应将“区域”或其资源的任何部分据为己有。任何这种主权和主权权利的主张或行使，或这种据为己有的行为，均应不予承认。

2. 对“区域”内资源的一切权利属于全人类，由管理局代表全人类行使。这种资源不得让渡。但从“区域”内回收的矿物，只可按照本部分和管理局的规则、规章和程序予以让渡。

3. 任何国家或自然人或法人，除按照本部分外，不应对“区域”矿物主张、取得或行使权利。否则，对于任何这种权利的主张、取得或行使，应不予承认。

第一百三十八条 国家对于“区域”的一般行为

各国对于“区域”的一般行为，应按照本部分的规定、《联合国宪章》所载原则，以及其他国际法规则，以利维持和平与安全，促进国际合作和相互了解。

第一百三十九条 确保遵守本公约的义务和损害赔偿责任

1. 缔约国应有责任确保“区域”内活动，不论是由缔约国、国有企业或具有缔约国国籍的自然人或法人所从事者，一律按照本部分进行。国际组织对于该组织所进行的“区域”内活动也应有同样责任。

2. 在不妨害国际法规则和附件三第二十二条的情形下，缔约国或国际组织应对由于其没有履行本部分规定的义务而造成的损害负有赔偿责任；共同进行活动的缔约国或国际组织应承担连带赔偿责任。但如缔约国已依据第一百五十三条第4款和附件三第四条第4款采取一切必要和适当措施，以确保其根据第一百五十三条第2款（b）项担保的人切实遵守规定，则该缔约国对于因这种人没有遵守本部分规定而造成的损害，应无赔偿责任。

3. 为国际组织成员的缔约国应采取适当措施确保本条对这种组织的实施。

第一百四十条 全人类的利益

1. “区域”内活动应依本部分的明确规定为全人类的利益而进行，不论各国的地理位置如何，也不论是沿海国或内陆国，并特别考虑到发展中国家和尚未取得完全独立或联合国按照其大会第1541（86）号决议和其他有关大会决议所承认的其他自治地位的人民的利益和需要。

2. 管理局应按照第一百六十条第2款（f）项（1）目作出规定，通过任何适当的机构，在无歧视的基础上公平分配从“区域”内活动取得的财政及其他经济利益。

第一百四十一条 专为和平目的利用“区域”

“区域”应开放给所有国家，不论是沿海国或内陆国，专为和平目的的利用，不加歧视，也不得妨害本部分其他规定。

第一百四十二条 沿海国的权利和合法利益

1. “区域”内活动涉及跨越国家管辖范围的“区域”内资源矿床时，应适当顾及这种矿床跨越其管辖范围的任何沿海国的权利和合法利益。

2. 应与有关国家保持协商，包括维持一种事前通知的办法在内，以免侵犯上述权利和利益。如“区域”内活动可能导致对国家管辖范围内资源的开发，则需事先征得有关沿海国的同意。

3. 本部分或依其授予或行使的任何权利，应均不影响沿海国为防止、减轻或消除因任何“区域”内活动引起或造成的污染威胁或其他危险事故使其海岸或有关利益受到的严重迫切危险而采取与第十二部分有关规定相符合的必要措施的权利。